금융시장의 이해

Financial Market

금융시장의 이해

Financial Market

저 자 백 재 승

도서출판 예림

저자소개

백 재 승 (白宰昇)

약 력

고려대학교 경영대학 및 동대학원을 졸업(경영학박사)하였고 현대해상화재보험(주)와 한국산업증권(주)에서 근무한 실무경력이 있다. Journal of Finance(2006), Journal of Financial Economics(2004, 2012)에 논문을 게재하였고, 이외 기업금융, 지배구조와 파생상품 및 투자론 등 여러 주제와 관련하여 다수의 연구논문을 발표하였다.

주요 경력

- 현대해상화재보험(주), 한국산업증권(주) 근무
- 한국 공인회계사 (CPA) 시험 출제위원
- 미국 하와이대 경영대학 연구 및 강의교수
- 한국과학기술원(KAIST) 대우교수(Adjunct Professor)
- 한국경영학회, 기업경영학회, 증권학회, 재무학회, 재무관리학회 이사 및 편집위원
- 2009년 풀브라이트(Fulbright)재단 연구자상
- 한국외국어대학교 경상대학장 역임
- 현재, 한국외국어대학교 국제금융학과 교수 · 국제사회교육원장

주요 연구논문

- "Do Controlling Shareholder's Expropriation Incentive derives a link between Corporate Governance and Firm Value? Theory and Evidence", Journal of Financial Economics 105, 2012.
  - 2007년도, 2011년도 아시아-태평양 증권학회, 재무학회 최우수논문상
- "Business Groups and Tunneling: Evidence from Private Securities Offerings by Korean Chaebols", Journal of Finance 51, 2006.
- 2004년도 아시아-태평양 재무학회 최우수논문상
- "Corporate Governance and Firm Value: Evidence from Korean Financial Crisis", Journal of Financial Economics 71, 2004.
- "국제금융시장 자본조달과 기업지배구조의 효율성"
  - 2008년도 한국국제경영학회 "국제경영연구" 최우수논문상
- "기업집단(재벌)의 효율성과 주주 부의 극대화: 신주발행을 중심으로". 재무연구, 2002.
  - 2002년도 한국재무학회 "재무연구" 최우수논문 외 다수

저 서

- 증권시장의 이해 (2016)
- 외환시장의 이해 (2011)
- 재무정보와 주가 (2008)
- 글로벌시대의 국제경영 (2009)
- 미래지향적인 증권결제시스템 (2005)

책머리에

금융시장은 실물시장과 함께 경제를 구성하는 양대 축을 형성한다. 우리나라의 경제규모와 걸맞게 실질 국가경쟁력이 상승한 것도 이러한 금융시장의 성장세에 힘입은 결과라고도 볼 수 있다. 금융시장은 실물시장과 불가결하게 밀접한 관계를 맺으며 경제성장에 필요한 핵심적인 역할을 수행한다.

세계적인 펀드의 유행과 글로벌 유동성의 확대, 인도와 중국 등 아시아국가의 급속한 경제성장 그리고 이에 따른 세계 각 국 주식시장의 신장세에 힘입어 금융시장이 성장하였다. 2007년에는 유가증권시장의 KOSPI가 2,000pt를 넘어서는 등 우리나라 주식시장도 큰 폭의 상승세를 기록하였다. 주식시장의 호황은 국내 경제의 선진화와 함께 국민소득 4만불 시대로의 진입을 위한 중대한 계기가 되고 있는 것이 분명하다.

세계경제의 발전과 변화에 따라 이제 금융시장에 대한 이해와 금융활동은 개인이나 국가 등 모든 경제주체의 가치 극대화와 부의 극대화를 위해 필수불가결한 요소가 되었다. 하지만 2008년 미국 금융시장으로부터 불어 닥친 세계 금융위기는 금융시장의 존립 자체를 위협할 정도로 세계 경제에 큰 영향을 주었다. 금융시장 특히 증권시장이 투자수익을 가져다주지만 그만큼 위험요소가 크다는 걸 일깨운 대형 사건이기도 하다.

2010년대 중반 이후에는 금융상품이 보다 다양해지면서 ETF, ELS, ELW, ELD 등 신종 상품이 활발히 거래되고 ISA(개인종합자산관리계좌)와 같은 선진화된 투자상품이 등장하고 있다. 또한 금융시장에 인터넷은행이 출범하고 빅데이터, 핀테크와 같은 첨단기술이 접목되면서 새로운 발전단계로 접어들고 있다.

이 책은 저자가 그 동안 금융업계에서 익힌 실무와 학계에서 습득한 이론을 바탕으로 저술되었다. 전반적으로 금융시장을 처음 접하는 초보자 및 중급자 모두에게 도움이 되도록 금융시장 전반의 이해를 위해 실무적인 관점과 학문적인 요소를 함께 고려하였다. 따라서, 금융시장에 대한 대학의 교양 및 전공 강의와 금융시장을 공부하는 일반인들 모두에게 필요한 교재가 될 수 있다.

이 책은 학습효과를 높이기 위해 저자의 다른 책인 증권시장의 이해, 외환시장의 이해의 내용을 주로 참고 또는 전재하여 저술하였다. 금융시장 학습을 통하여 가치 극대화를 추구하는 기업과 부의 극대화를 추구하는 개인 등 개별 경제주체 모두에게 유익한 도움이 되기를 바란다.

2019년 2월 겨울 연구실에서

목 차

제1장

금융시장과 금융기관

1. 금융시장의 의의와 유형
2. 주요 금융시장
3. 우리나라의 주요 금융기관
4. 자본조달과 금융시장
5. 각 국의 주요 금융시장 개괄

들어가기

금융시장은 자금의 수요(자)와 공급(자)이 만나 자금을 융통하는 거래를 하는 곳이다. 금융시장 시스템 중에 자금의 수요(자)와 공급(자)이 화폐를 매개로 융통되는 곳이 주로 은행이 담당하는 화폐시장이고, 증권을 매개로 하여 융통되고 거래되는 곳은 자본시장(증권시장)이다. 보험시장은 개별 위험을 다수의 위험으로 모아 실제 발생한 위험을 보장함으로써 경제활동의 안정성에 기여한다.

또한 금융시장에서는 다양한 형태의 많은 화폐와 증권들이 거래되고 있다. 현금, 외화, 예금증서, 주식, 채권 등이 그 대표적인 예이다. 만기가 1년 이하인 경우를 단기금융시장 또는 화폐시장(money market)이라고 하고, 그 이상인 경우를 자본시장(capital market)이라고 구분한다.

금융시장에 참여하는 금융기관은 제도, 영역, 성격에 따라 고유한 업무를 영위하는데 대표적으로 은행, 증권회사, 보험회사 및 기타 금융기관으로 분류할 수 있다. 기타 금융기관에는 여신만을 취급하는 여신금융, 비은행예금취급기관, 공적금융기관, 상호금융기관 등이 포함된다. 금융시장을 이해하는데 필요한 금융시장의 의의와 기능에 관해 알아보고 금융기관의 전체적인 구성에 관해서 숙지하는 것이 필요하다.

1. 금융시장의 의의와 유형

(1) 금융시장의 의의

금융시장(financial market)은 자금의 수요자와 자금의 공급자(투자자) 사이에 거래가 이루어지는 시장이다. 금융거래가 이루어지는 금융시장은 반드시 구체적으로 눈에 보이는 시장의 형태를 가질 필요가 없으며, 사전 약속에 의한 만남, 인터넷 등의 추상적인 형태로 존재할 수도 있다. 금융시장은 자금의 수요자와 공급자간에 자금을 효율적으로 중개해줌으로써 국가 전체적 차원에서 자원을 효율적으로 배분해 주는 기능을 수행하는 곳이다. 자금의 수요자 입장에서는 필요한 자금을 적재적소에 적시에 조달할 수 있는 장을 제공하여 준다. 반면에 자금의 공급자(투자자) 입장에서는 자금 수요자에 관한 정보를 생산하여 주고 투자에 따른 위험을 분산하는 기능을 수행한다.

금융시장의 기능을 요약하면 다음과 같다.

- 자금을 원활하게 공급함으로써 경제자원을 효율적으로 분배하는 기능
- 경제주체의 여유자금을 자금이 필요한 수요자에게 공급하는 역할
- 중앙은행이 통화금융정책을 집행하는 대상으로서의 기능
- 투자위험 분산(risk pooling)과 정보생산 기능
- 위험 대비 및 보장 기능

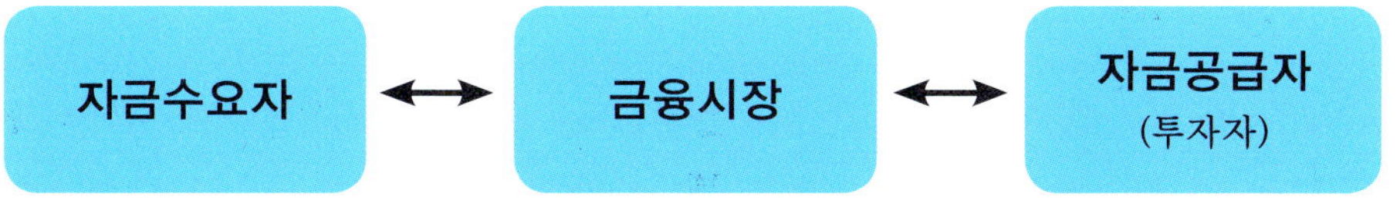

[그림 1-1] 금융시장의 의의

금융시장은 그 기준에 따라 여러 가지 형태를 보이게 되는데, 개략적인 내용은 다음과 같다.

① 제도 및 영역에 따라	은행, 증권(금융투자)회사, 보험회사, 비은행예금취급기관, 여신금융기관, 기타 금융기관
② 자금중개 방법에 따라	직접금융시장(증권발행, 제2금융권)과 간접금융시장(금융기관 중개, 제1금융권)
③ 만기구조 또는 공급기간(1년 기준)에 따라	단기금융시장 또는 화폐시장(money market)과 자본시장(capital market) 자본시장을 증권시장이라고도 함
④ 거래상품의 성격에 따라	화폐시장, 자본시장(주식시장, 채권시장), 파생금융시장, 외환시장
⑤ 구체적 시장이 존재하는 가에 따라	발행시장(primary market), 유통시장(secondary market)
⑥ 거래장소에 따라	국내금융시장, 국제금융시장

(2) 금융시장의 유형

① 제도 및 영역에 따라

제도 및 영역에 따라 금융기관을 은행, 비은행예금취급기관, 여신금융, 보험회사, 증권(금융투자)회사, 기타 금융기관으로 구분한다. 은행은 중앙은행, 시중은행, 지방은행, 특수은행(산업은행, 수출입은행, 기업은행, 농협은행, 수협은행)으로 구분하고 비은행예금취급기관은 종합금융회사, 저축은행, 새마을금고, 신협 등이 포함된다. 보험회사는 생명보험회사와 손해보험회사로 대별되고, 기타 금융기관은 벤처케피탈, 금융보조기관 등이다.

② 자금중개방법에 따라

자금의 수요와 공급에 있어 은행시장을 이용하는가, 기업이 직접 차입기능을 수행하는가의 여부에 따라 직접금융시장(제2금융권)과 간접금융시장(제1금융권)으로 구분한다. 은행에 예금한 돈이 자금의 수요자에 공급되는 경우 자금의 수요자와 공급자 간에 직접 자금대차가 이루어지지 않고 은행이 중개기능을 수행하는 것이므로 간접금융이라고 한다. 그러나 자금의 수요자가 직접 자기 명의로 증권을 발행하여 자금의 공급자(투자자)로부터 자금을 공급받게 되면 직접금융이 된다. 따라서 은행을 매개로 자금의 수요와 공급이 이루어지면 간접금융시장(제1금융권), 그렇지 않으면 직접금융시장(제2금융권)으로 구분한다. 흔히 제1금융권 즉, 은행권은 은행, 상호금융(농협, 수협), 새마을금고, 저축은행 등이 해당되고, 제2금융권은 증권(금융투자), 보험, 여신금융, 벤처케피탈 등이 해당된다.

③ 거래상품의 성격에 따라

자금의 사용기간(자금 공급자 입장에서는 투자기간)이 1년 이하의 단기일 경우 단기금융시장, 1년 이상의 장기일 경우 장기금융시장이 된다. 여기서 단기금융시장은 단기자금거래이므로 증권의 형태보다는 직접돈의 형태로 거래되므로 화폐시장(money market)이라고 한다. 장기금융시장은 자금의 수요자가 운영에 필요한 가용자본으로 이용할 수 있다는 차원에서 자본시장(capital market)이라고도 한다. 자금의 성격이 서로 다른 국가의 이종통화일 경우 외환시장(foreign exchange market)이라고 한다. 또한 파생상품시장(derivatives market)이 발달되어 있는데, 파생상품시장은 돈, 증권을 근거로 이들을 표상하는 특정한 지수를 개발하여 이 지수를 거래하는 시장을 말한다. 돈을 대상으로 한 금리선물시장, 증권을 대상으로 한 주가지수선물시장 등이 파생상품시장의 대표적인 것이다.

④ 구체적 시장이 존재하느냐의 여부에 따라

자금을 조달하고 투자하는데 구체적인 시장이 존재하느냐에 따라 발행시장(primary market), 유통시장(secondary market)으로 구분한다. 발행시장은 최초로 자금이 자금의 수요자에게 전달되는 시장으로서 증권거래소와 같은 구체적, 유형의 거래 메커니즘이 존재하지 않는다. 반면에 유통시장은 발행시장을 통해 시장으로 나온 증권이 거래되는 시장으로서 증권거래소와 같은 구체적인 유형의 시장이 존재한다.

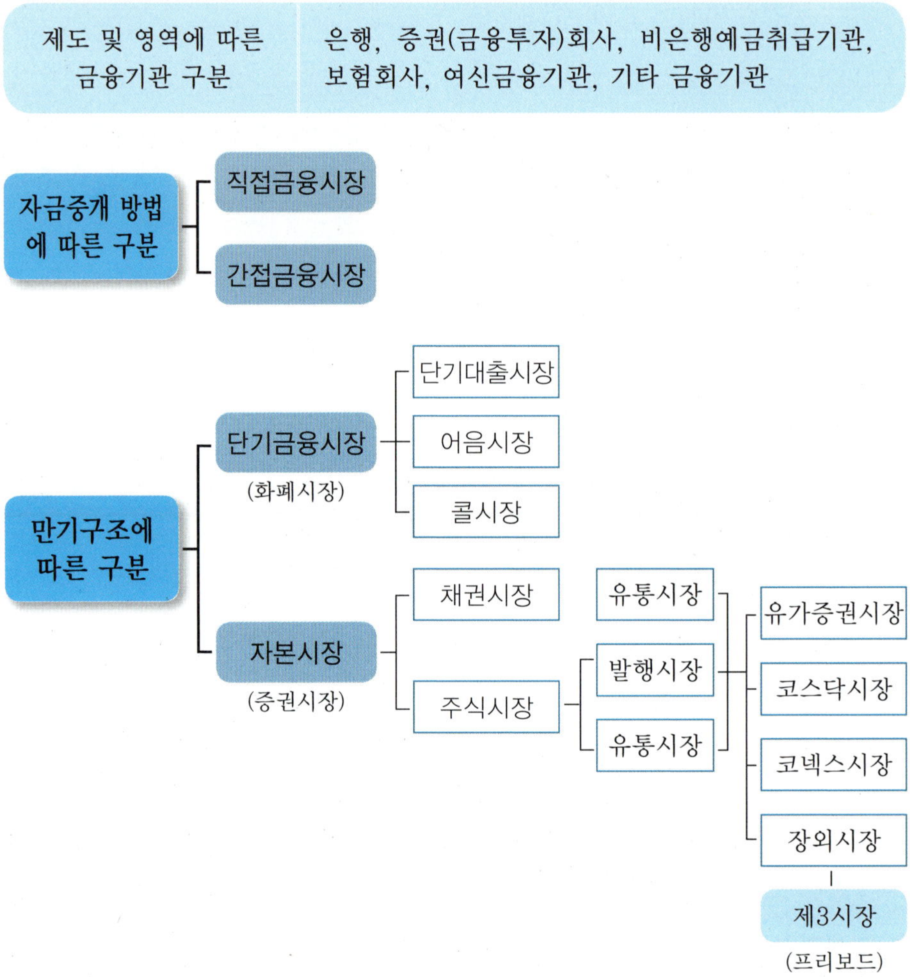

[그림 1-2] 금융시장의 구분

2. 주요 금융시장

금융시장(financial market)은 자금의 수요 · 공급자들에 대한 자금의 효율적인 중개활동(intermediation)을 통하여 산업 및 국가경제 발전에 기여하는 것을 목적으로 운영되는 시장이다. 자금이 아닌 실물이 생산되어 유통되는 시장을 실물시장(real market 또는 real asset market)이라고 한다. 금융시장은 크게 만기가 1년 이하인 상품을 거래하는 화폐시장(money market)과 만기가 1년 이상으로서 자금을 사용하는 자가 장기적 목적으로 사용가능한 상품을 거래하는 자본시장(capital market)으로 구분한다. 여기서 자본시장은 채권과 주식이라는 증권을 매개로 자금의 대차가 이루어지므로 증권시장(securities market)이라고도 칭한다. 보험시장과 함께 화폐시장, 자본시장을 3대 금융영역이라고 할 수 있다.

(1) 화폐시장(단기금융시장)

화폐시장은 만기 1년 이하의 금융상품이 거래되기 때문에 단기금융시장이라고 하는데, 여기에는 주로 예금-대출-어음상품이 속한다. 중앙은행이 단기적으로 통화량을 조작하기 위해(이를 공개시장조작정책이라고 함) 발행하는 통화안정증권도 주로 1년 이하로서 단기금융시장의 주요 상품으로 분류된다. 따라서 은행권이 다루는 시장 또는 금융상품이라고 간주된다. 화폐시장에서 거래되는 대표적인 금융상품에는 은행간 콜시장(call market, call money, call loan), 단기채권상품인 양도성예금증서(CD), 기업어음(CP), 환매조건부채권매매(RP), 표지어음, 통화안정증권, 단기재정증권(T-Bill) 등을 들 수 있다. 콜시장은 은행간 초단기금융거래상품시장이며, 자금을 빌리는 은행 입장에서 콜머니(call money), 자금을 대여하는 입장에서는 콜론(call loan)이 된다. 대부분이 1일물의 초단기로 거래된다. CD(certificate of deposit)는

통화안정증권은 만기가 2년 이상인 경우도 발행되므로 꼭 화폐시장상품이라고 하지는 못한다.

개인간 단기 금융거래상품이고, CP(commercial paper)와 RP(repurchase agreement)는 기업의 단기 금융거래상품이며, 표지어음은 어음거래에 수반된 어음을 모아서 판매하는 금융상품이다. T-Bill은 미국 금융시장의 단기 금융상품의 대표적인 것으로, 우리나라의 한국은행이 발행한 통화안정증권과 유사한 연방은행의 단기재정증권(Treasury Bill)이다.

미국의 재정증권(TB)에는 만기가 1년 이하의 단기인 T-Bill, 만기가 1년 이상 5년 이하의 중기인 T-Note, 만기가 5년 이상의 장기인 T-Bond의 3가지가 있다. 흔히 재정증권 또는 TB로 통칭한다.

(2) 자본시장

자본시장(capital market)은 만기 1년 이상의 금융상품이 거래되는 시장으로 자금을 사용하는 수요자 측면에서 볼 때 자본으로서 장기적으로 사용 가능한 자금이며, 자금을 공급해주는 투자자 측면에서도 장기적 안목으로 투자하게 된다. 특히 자본시장에서 거래되는 자금의 대차관계는 증권을 매개로 이루어지기 때문에 증권시장이라고 한다.

자본시장은 크게 거래되는 자금의 성격에 따라 채권시장과 주식시장으로 나뉘고, 채권과 주식을 기초자산으로 미래 가격변동을 대상으로 하는 파생상품시장이 등장하였다. 그러므로 자본시장은 채권시장, 주식시장, 파생상품시장으로 구분하게 되는 것이다. 어음도 채권으로서 채권시장상품에 속할 수도 있지만, 어음의 만기는 대개 1년 이하로서 채권이라기보다는 단기대여상품에 속한다고 볼 수 있으므로 화폐시장 상품에 속한다.

또한 주식이나 채권이 유통되기 전 단계와 유통단계로 구분하여 발행시장, 유통시장으로 구분한다. 유통시장은 다시 시장형태에 따라 장내시장(유가증권시장, 코스닥시장, 코넥스시장), 장외시장 및 제3시장으로 분류되고, 거래방법에 따라서는 딜러시장, 브로커시장 및 경매시장으로 나뉜다.

딜러시장(dealer market)은 딜러가 거래상대방이 되어 매수 및 매도에 참여하는 것이고, 브로커시장(broker market)의 브로커는 매수 및 매도를 기계적으로 연결하고 수수료만 받는다. 경매시장(auction market)은 일정 기간 동안 일정한 장소에 전달된 매수/매도 주문을 접수하여 대량으로 체결하는 방법이다. 자본시장의 최근 추세를 보면, 투자수익을 거두려는 투자자들의 다양한 욕구에 따라 적립식 · 거치식펀드와 뮤츄얼펀드, 인덱스펀드를 거쳐 ETF(exchange traded fund), ELW(equity linked warrant), ELD(equity linked deposit), ELS(equity linkded, securities), 개별주식선물 · 옵션 등 다양한 금융상품이 등장하면서 자본시장의 상품구조가 다양해지고 있으며, 전통적으로 채권과 주식만이 거래되는 자본시장에서 이들 신종 금융상품 투자가 보다 나은 수익을 창출하고 있다.

임의식 · 적립식 · 거치식 일반펀드와 뮤츄얼펀드, 인덱스펀드와 ETF의 차이점은 일반펀드와 인덱스펀드는 시장에서 매매가 불가능한 반면, 뮤츄얼펀드와 ETF는 매매가 가능한 수익증권이라는 차이가 있다. 이들 간접투자상품에 대한 구체적인 내용은 제10장에서 다루었다. 특히, 2000년대 이후 간접투자, 공동투자, 대행투자, 분산투자의 특징을 가진 펀드상품의 성장이 두드러지고 있다.

임의식: 투자자가 임의로 수시로 투자금을 입금하는 방식
적립식: 투자자가 정기적으로 투자금을 입금하는 방식
거치식: 투자자가 한번 투자금을 입금하면 그 자금으로 운용하여 실적을 배당하는 방식

(3) 보험시장

보험시장(insurance market)은 상해, 질병, 재해, 사망, 화재, 도난, 붕괴 등 각종 우연한 사고에 대해 보험료를 납부하고 우연한 사고 발생시 약정된 보험금을 지급받는 경제적 계약이 거래되는 시장이다. 다시 말하면 예상하지 못하는 위험을 갖고 있는 다수인에 대해 보험자가 보험료를 받아 기금을 형성하여 위험에 의한 사고를 당하였을 경우 보험금을 지급하여 신체적, 경제적 불안을 경감시키거나 해소시켜주는 제도이다.

보험시장은 보험으로 보장받는 대상(부보대상)에 따라 크게 생명보험과 손해보험으로 분류한다. 종신보험이나 화재보험은 생명보험과 손해보험이 각자 고유하게 다루는 영역이지만 실손의료보험이나 암보험처럼 생명보험과 손해보험이 공통으로 영위하는 상품도 있다.

(4) 파생금융시장

채권시장과 주식시장의 투자자가 투자하고 있는 채권이나 주식의 가격이 하락할 것에 대비하는 위험회피전략(헤지, hedge)으로 채권시장 또는 주식시장 전체의 가격 움직임을 대상으로 시장위험을 회피할 수 있는 금융상품에 투자할 수 있는데, 이들 금융상품을 파생상품(derivatives)이라고 하며, 이 시장을 파생금융시장이라고 한다(선물, 옵션, 스왑, 주가연계증권 등).
파생금융시장은 애초에 이렇게 투자자가 부담하는 시장위험(market risk)를 제거함으로써 투자위험을 감소시키는 헤지기법의 대상으로 출범하였으나, 이후 채권시장이나 주식시장의 상품을 투자하지 않은 상태에서 파생상품의 움직임에 대해서만 투기적인 거래를 행함으로써 투기적 요소가 큰 시장으로 인식되기도 한다. 파생상품시장은 현물거래라기보다는 주로 선물거래를 중심으로 하기 때문에 미래를 대상으로 하는 거래이다. 따라서 거래에 필요한 계약금(margin, 증거금)이 낮아 레버리지(leverage)가 커 손익확대현상이 커다랗게 나타난다.
파생금융시장에는 크게 선물시장(futures market), 옵션시장(option market), 스왑시장(swap market)이 있는데 모두 특정대상에 대하여 미래에 거래의 결제가 종료된다는 특징이 있다. 선물거래는 특정 미래 시점에 대상이 되는 자산의 매도 · 매수를 약속(promise to sell or buy)한 것이며, 옵션거래는 특정 미래 시점에 대상이 되는 자산을 매도 또는 매수할 수 있는 권리(rights to sell or buy)를 거래하는 것이다. 스왑거래는 특정 미래 시점에 대상이 되는 자산을 교환(promise to exchange)키로 한 것이다. 거래장소와 표준화 여부에 따라 장내파생상품과 장외파생상품으로 구분하기도 한다.

〈표 1-1〉 주요 금융시장

구분	시장	내용
화폐시장 (단기금융 시장)	예금대출시장	정기예금, 정기적금, 담보대출, 신용대출
	신탁시장	특정금전신탁, 불특정금전신탁
	콜시장	콜머니, 콜론
	단기채권시장	CD, CP, RP, 표지어음(어음할인시장), 통화안정증권
	기타	MMF, CMA, CDMA
자본시장	채권시장	채권발행시장 : 국채, 공채, 특수채, 금융채, 회사채
		채권유통시장 : 소매채권매매시장
	주식시장	주식유통시장 : 유가증권시장, 코스닥시장
보험시장	생명보험시장	
	손해보험시장	
파생 금융시장	선물시장	특정 자산을 미래 특정가격에 매매키로 한 약정 (Promise to sell or buy in the future)하여 거래하는 시장
	옵션시장	특정 자산을 미래 특정가격에 매매할 권리(Rights to sell or buy in the future)를 거래하는 시장
	스왑시장	특정 자산을 미래 특정가격에 교환키로 약정(Promise to exchange in the future)하여 거래하는 시장
외환시장	국제 단기금융시장(유로시장)	
	국제 채권시장	
	국제 주식시장	
기타	간접투자상품	일반펀드, 뮤추얼펀드, 인덱스펀드, ETF, 사모펀드, 헤지펀드
	신종상품	ELW, ELD, 개별주식선물, 개별주식옵션
	여신금융, 종합금융, 증권투자신탁, 부동산투자신탁, 자산운용	

(5) 외환시장

외환시장(foreign exchange market)은 자국의 화폐나 증권이 아닌 타국의 화폐나 증권이 거래되는 시장이다. 여기에도 단기금융시장(유로시장), 주식시장, 채권시장이 형성되어 금융시장을 형성한다. 자국의 화폐와 타국의 화폐 간 교환비율을 환율이라고 부르고 환율은 여러 요인에 의해 변화하게 된다. 이렇게 변화하는 환율에 따라 발생하는 환위험을 관리하는 전략이 사용된다. 외환시장 중에서도 타국의 금융거래를 전문적으로 수행하는 시장을 역외금융시장(offshore financial market)이라고 한다.

역외 금융시장의 대표적인 곳에는 뉴욕, 런던, 홍콩, 싱가폴 등이 있다.

이 가운데 특히 뉴욕금융시장은 원/달러 역외선물환거래(NDF, non-delivery forward)를 통해 원/달러 환율을 결정하는데 영향을 준다.

3. 우리나라의 주요 금융기관

우리나라의 주요 금융기관은 제도와 영역에 따라 크게 은행, 비은행예금취급기관, 보험회사, 여신금융, 증권(금융투자)회사, 기타 금융기관 및 금융보조기관으로 구분할 수 있다.

(1) 은행

은행은 중앙은행인 한국은행을 제외하고 일반은행(4대 시중은행, 부산 · 대구 · 광주 · 전북 · 경남 · 제주 지방은행, 외국은행)과 특수은행으로 나누고 상호금융형태인 농업협동조합, 축산업협동조합, 수산업협동조합도 은행업을 영위하는 것으로 분류한다.

특수은행은 국민경제의 발전을 위해 특수한 분야의 신용을 공급하고 정부의 정책 목표를 달성하는데 도움이 되도록 설립되어 운영되는 기관이다. 하지만 다수 특수은행이 민영화를 통해 일반 시중은행과 유사한 은행업무를 수행하고 영역이 철폐됨으로써 특수은행으로서의 구분은 희석되고 있다.

우리나라는 2017년부터 인터넷전문은행이 출범하여 영업을 하고 있다. 오프라인 지점이 없이 인터넷 상의 온라인으로 사업을 벌이는 은행을 말한다. 업무의 대부분은 비대면으로 금융자동화기기(ATM)나 인터넷, 모바일로 수행하여 편리성을 도모하고 있다. 특히 인터넷전문은행 송금과 결제를 간편화함으로써 은행 업무에 다양한 새로운 금융상품이 도입되고 있다.

(2) 비은행예금취급기관

은행 이외에 예금을 수신하는 기관으로 종합금융회사, 저축은행, 신용협동조합, 새마을금고, 우체국이 있다. 이들은 모두 예금과 대출 업무를 수행한다. 종합금융회사는 상업은행과 투자은행 기능을 모두 수행하는 곳으로 현재 국내에는 우리종합금융(주) 1곳만이 전업 종합금융회사이고 다른 곳은 겸업 종합금융회사이다. 대표적인 금융상품으로 은행과 증권업을 접목한 종합자산관리계좌(CMA) 상품을 판매한다.

저축은행의 전신은 상호신용금고인데 1997년 외환위기 이후 상호신용금고가 대거 통폐합되면서 상호저축은행으로 새로이 활동하고 있다.

신용협동조합과 새마을금고는 상호금융기관으로 조합원에 가입하여 조합원 상호간의 이익을 위해 금융서비스를 제공한다.

(3) 증권회사(금융투자회사)

보험회사와 함께 제2금융권 금융활동의 중추적 역할을 하는 기관으로 자본시장을 통한 자본조달과 유통시장 기능을 수행한다. 2009년 2월에 이전까지의 증권거래법 등 제반 법규가 "금융투자업과 자본시장에 관한 법률"(자본시장법)으로 통폐합되어 새로이 시행되었다. 자본시장법의 시행으로 기존의 증권회사, 선물회사, 투자자문회사, 자산운용회사 등은 금융투자회사로 순차적으로 통합된다. 그리고 금융투자회사는 투자매매, 투자중개, 투자자문, 투자일임, 집합투자, 신탁 등 6개 영역의 업무를 전부 영위할 수도 있고 선별적으로 취급할 수 있게 되었다.

(4) 보험회사

보험업법을 통해 보험업을 영위하기로 허가 받은 회사로서 불특정 다수의 보험가입자로부터 보험료를 받아 보험계약을 체결한 후, 보험금 지급 대상이 되는 사고가 발생한 경우 계약에 따라 보험금을 지급하는 회사이다. 개별적으로 대비하기 어려운 위험에 대해 다수인의 위험으로 모은 후 위험으로부터 실제 발생한 사고를 보장하는 위험인수와 보장 기능을 수행한다. 크게 생명보험회사와 손해보험회사로 구분하고 특수한 형태로 재보험, 보증보험, 무역보험 등이 있다.

(5) 여신금융회사

예금(수신) 활동을 하지 않고 대출(여신) 활동만을 영위하는 금융기관으로 소비자금융과 생산자금융을 원활하게 만드는 역할을 한다. 4대 여신금융으로 신용카드업, 리스업, 할부금융업, 신기술금융업이 있다. 대표적인 것으로 신용카드업을 들 수 있는데 소비자가 신용카드 로 물건을 구입하고 결제한 결제대금이 실제로 결제되는 시점까지 소비자에 대한 여신 즉, 소비자금융을 제공하는 기능을 한다. 제조업자가 생산과 관련된 물품을 구입한 경우 생산자금융을 지원하게 된다. 할부금융은 고가의 제품을 구입할 때 분할하여 상환하게 함으로써 소비자 또는 생산자의 효용을 높인다.

(7) 기타 금융기관

전술한 금융기관 외에 금융지주회사는 금융업을 영위하는 회사의 지분을 보유하고 그로부터 발생하는 배당을 주 수입원으로 하는 금융기관이다. 주식을 소유함으로써 자회사 형태로 금융기관을 지배 또는 관리하는 회사이다. 금융기관의 경쟁력 제고, 경영의 투명성 및 금융시장 선진화를 위해 우리나라도 시중은행 및 주요 증권회사에서 금융지주회사가 출범하였다.

신탁회사는 은행신탁, 증권신탁, 부동산신탁을 영위하는 기관으로 은행신탁은 은행의 신탁계정을 이용하여 여러 자산에 투자한 후 수익을 분배한다. 증권투자신탁과 부동산투자신탁은 각각 증권과 부동산의 관리, 운용을 목적으로 한다. 흔히 증권투자신탁은 펀드로 불리우고 부동산투자신탁은 리츠(REITs)상품이 대표적으로 통용된다.

신용평가회사는 투자자 보호를 위하여 금융상품 및 신용공여에 대하여 원리금이 상환될 가능성과 기업, 법인, 투자기구, 국가 등의 신용등급을 평가하는 기업이다. 세계 3대 신용평가기관은 미국의 S&P(standard & poors), Moody's와 영국의 Fitch사이며, 국내 3대 신용평가기관으로는 한국신용평가(KIS), 한국기업평가(KMCC), 한국신용정보(NICE)가 있다.

자산운용회사는 증권투자회사의 위탁을 받아 펀드에 예치된 자산을 실제로 유가증권 투자에 운용하는 회사를 말한다. 투자자문회사는 투자자산의 운용에 관한 자문 및 평가 등의 업무를 하는 회사이다.

(8) 증권거래소 및 금융보조기관

자본시장법상 유일한 법정 증권거래소는 (주)한국거래소(Korea Exchange)이다. 한국거래소는 증권 및 장내파생 상품의 공정한 가격 형성과 그 매매, 그 밖의 거래의 안정성 및 효율성을 도모하기 위하여 증권거래소, 선물거래소, 코스닥위원회, (주)코스닥증권시장 등 4개 기관이 통합되어 2005년 1월 27일 설립되었다. 부산에 본사가 소재하고 있고 서울에 사옥을 두고 있다.

금융감독원은 금융기관에 대한 검사 · 감독업무 등의 수행을 통하여 건전한 신용질서와 공정한 금융거래관행을 확립하고 예금자 및 투자자 등 금융수요자를 보호함으로써 국민경제의 발전에 기여하는 목적을 가진다.

예금보험공사는 은행, 증권, 보험 등 금융회사가 파산 등으로 예금을 지급할 수 없는 경우 예금자보호법에 따라 예금의 지급을 보장함으로써 예금자를 보호하고 금융제도의 안정성을 유지하는데 이바지하고자 설립되어 운영되는 기관이다.

무역보험공사는 우리나라 '수출 · 수입보험제도' 를 전담 · 운영하는 정부출연기관으로 다양한 무역보험 상품 개발 및 고부가가치 서비스 개발에도 힘쓰고 있다.

금융결제원과 한국예탁결제원은 금융 및 증권거래 지급결제서비스와 관련한 금융서비스 및 금융거래정보를 제공한다. 거래하는 금융회사에 가지 않고도 현금인출, 계좌이체, 송금, 정보조회 등 각종 지급결제서비스를 편리하게 이용할 수 있는 것은 금융결제원의 금융공동망으로 전 금융회사가 네트워크로 연결되어 있기 때문이다.

〈표 1-2〉 우리나라의 주요 금융기관

구분		기관
은행	일반은행	시중은행, 지방은행, 외국은행 국내지점
	특수은행	한국수출입은행, 한국산업은행, IBK기업은행, 농협은행 · 수협은행
	인터넷전문은행	케이뱅크, 카카오뱅크
비은행예금 취급기관	종합금융회사, 저축은행, 신용협동조합, 새마을금고, 우체국	
증권(금융투자) 회사	국내 증권회사, 외국계 증권회사 국내지점	
보험회사	생명보험회사, 손해보험회사(재보험사, 보증보험회사 포함), 우체국	
여신금융	신용카드회사, 리스회사, 할부금융회사, 신기술금융회사	
기타 금융기관	금융지주회사, 신탁회사, 신용평가회사, 자산운용회사, 투자자문회사	
증권거래소 및 금융보조기관	한국거래소, 금융감독원, 예금보험공사, 무역보험공사, 금융결제원, 한국예탁결제원, 각 협회(은행연합회, 금융투자협회, 생명보험협회, 손해보험협회, 여신금융협회, 저축은행중앙회)	

4. 자본조달과 금융시장

(1) 자금과 자본

흔히 자금(돈, money)과 자본(capital)은 혼용되는데, 대개 자금 중에서 경제주체가 자신의 영업활동에 장기간 사용할 수 있는 부분을 자본이라고 한다. 따라서 자금 중에서 외상매입금, 당좌대출과 같이 단기에 사용하고 갚거나 원상복구 해놓아야 하는 단기성 자금은 통상 자본이라고 하지 않는다.

자금을 필요로 하는 수요자의 입장에서 볼 때 자금은 두 가지 종류로 존재하게 된다. "네 돈"(빚)과 "내 돈"(밑천)이다. "네 돈"을 부채(debt) 또는 타인자본이라고 하고, "내 돈"을 자기자본(equity)이라고 부른다. 자금을 조달한 기업이나 조직은 이 돈을 가지고 운영에 필요한 자산(asset)을 구입하게 된다. 이 때 구입하는 자산은 유동성이 높은 자산과 고정된 형태로 유동성이 떨어지는 유형자산 등으로 구분된다. 이는 좌우균형을 맞춘 재산목록인 재무상태표(statement of financial position 또는 balance sheet)에서 확인할 수 있다.

(2) 자본조달과 금융시장

① 자본의 원천과 사용

각 개별경제주체(가계, 기업, 정부 등)가 필요한 자본을 조달하는 행위는 주로 금융시장에서 이루어진다. 금융시장 이외에서도 지인을 통해 구할 수도 있지만, 합리적인 경제주체를 가정하면 대부분의 자본조달은 금융시장을 통해 수행되어진다고 볼 수 있다. 그러므로 자본조달을 통해 필요한 자본을 조달하여 이를 사용하거나 투자하는 경제적 행위를 이해하기 위해서는 금융시장에 대한 이해가 선행되어야 한다.

앞서 설명한 대로 자금(돈, money)과 자본(capital)은 혼용되는데, 대개 자금 중에서 조달주체가 자신의 경영활동에 필요한 만큼 장기간(대개 1년 이상)

사용할 수 있는 부분을 자본이라고 한다. 금융시장의 발달에 따라 자금이나 자본의 집합이 금융시장에서 활발하게 거래되는데 이를 집합투자자금 즉, 펀드(fund)라고 한다. 펀드는 자금의 집합적인 형태로서 펀드가입자는 수익증권을 소지하고 가입금액에 따라 수익금을 배분받을 권리를 가진다.

부채(빚)나 자기자본(밑천)으로 조달한 자본은 자산(asset)의 형태로 사용된다. 만일 조달한 자본을 사용하지 않고 두는 경우에는 현금 및 예금의 형태로 자산항목에 남게 된다. 이렇게 자본의 원천(source)과 사용(use)을 적는 것을 장부 또는 재산목록 또는 재무상태표(balance sheet)라고 칭한다.

조금 더 구체적으로 재무상태표의 항목을 설명하면 〈표 1-3〉과 같다.

〈표 1-3〉 자금의 원천과 운용(재무상태표)

<table>
<tr><th colspan="2">재무상태표의 좌변:
자금의 운용(Uses of Fund)</th><th colspan="2">재무상태표의 우변:
자금의 원천(Sources of Fund)</th></tr>
<tr><td rowspan="2">자산</td><td>자산 유동자산
(Current asset)</td><td rowspan="2">부채와
자본</td><td>네 돈(빚, 대출, 차입, 부채, Debt)
· 이자지급, 법적의무사항
· 채권자(debt-holder)
· 채권자는 채권의 증권 보유</td></tr>
<tr><td>고정자산
(Fixed asset)</td><td>내 돈(밑천, 자기자본, Equity)
· 배당지급, 법적의무는 아님
· 주주(shareholder)
· 주주는 주식의 증권 보유</td></tr>
<tr><td colspan="2">조달한 자금으로 필요한
자산을 구입하고 이를 기록</td><td colspan="2">필요한 자금을 부채와 자본으로 조달</td></tr>
</table>

② 부채와 자본

"네 돈(부채)"을 공급받은 수요자는 반드시 자금의 공급자(채권자라고 함)에게 '이자와 원금'을 지급해야 하는 의무를 지게 되고, 이자와 원금의 일부 또는 전부에 대한 채무불이행이 발생할 경우 어김없이 "파산"이나 "부도"라는 법적책임(legal liability)을 부담하게 된다. 때문에 부채를 책임계정(liability)으로 부르기도 한다. 이에 반해 "내 돈"을 공급받은 수요자는 '이자와 원금'의무를 부담하지도 않고, 이와는 다른 형태의 특정한 경제적 의무를 가지지도 않는다. 그야말로 "내 돈"처럼 쓸 수 있는 자금이다. 다만, '배당'(dividend)을 통해 정기적으로 얼마간의 금전적, 물질적 보상을 자금의 제공자(주주)에게 지급할 수는 있다. 그러나 이마저도 법적의무는 없는 것이다. 따라서 배당을 지급하지 않는다고 해서 자금의 제공자가 자금을 공급받은 자에 대해 법적인 책임을 물을 수 없다. 이는 빚이 아닌 밑천을 대준 것이기 때문에 당연한 것이다.

이러한 연유로 밑천을 대준 사람(주주)은 빚의 형태로 자금을 제공한 사람(채권자)에 비해 높은 투자위험을 부담하게 되고, 높은 투자위험 부담은 밑천의 제공자인 주주로 하여금 보다 높은 수익률을 기대하게 하는 배경이 된다. 주주가 높은 기대수익률을 거둘 수 있는 방법에는 위에서 말한 "배당"과 "시세차익"이다.

이와 같이 자금의 종류에 따라 채권자와 주주로 나뉘고, 채권자와 주주는 각각 채권과 주식이라는 두 가지 형태의 증권을 보유하게 된다. 즉, 채권자는 빚을 대준데 대한 증서로서 채권을 보유하고, 채권은 채무증서를 표시하게 되는 것이다. 주주는 밑천을 준데 대한 증서로서 주식을 보유하고, 주식은 소유권(지배권) 및 재산분배청구권을 표시하게 된다. 여기서의 이익청구권은 물론 채권자에게 '이자와 원금'(원리금이라고 함)을 지급한 이후의 재산에 대한 분배청구권이므로 채권자에 비해 후순위에 속하는 권리이다. 주주는 소유주식에 비례하여 그 지분만큼 회사에 대한 소유권이 있다는 의미에서 '소유주(shareholder)'라고 한다.

채권의 원리금 지급을 기업이 발행하는 회사채의 쉬운 예로 들어보자.

만일 어떤 기업이 100,000원의 회사채를 연 10% 이자율, 만기 3년으로 발행하고 이를 어떤 투자자가 매입(채권자)하였다고 하자. 이 경우 기업은 10,000원의 이자(=100,000원×10%)를 3년간 년 채권자에게 지급하고, 만기가 되는 3년도 말에 원금 100,000원을 지급한다.

즉, 1년차에 이자 10,000원,
2년차에 이자 10,000원,
3년차에 이자 10,000원, 원금 100,000원

이자와 원금(원리금) 총 130,000원 지급

이상과 같이 자금을 필요로 하는 자가 발행하는 증권의 종류에는 채권과 주식의 두 가지가 있으며, 협의의 증권시장이라고 하면 주로 이 채권과 주식이 유통되는 시장을 말한다.

③ 금융시장 자본조달 수단

자본조달 수단에는 먼저 은행을 통한 대출, 주식발행을 통해 조달하는 자기자본(equity), 채권발행을 통해 조달하는 타인자본(부채, debt)로 구분할 수 있다. 다음으로 기간에 따라 단기자본(1년 이하), 장기자본(1년 이상)으로 나눈다. 은행시장을 이용하느냐에 따라 직접금융, 간접금융으로 구분함은 전술한 바와 같다. 기타 수단으로는 리스금융(leasing), 할부금융, 종합금융 등의 여신금융을 통한 특수한 형태의 자본조달이 있다.

④ 투자자 단위에 의한 자본조달 수단

투자자 단위는 얼마나 많은 수의 자금 공급자가 개입되느냐를 말한다. 투자자 단위에 의해서는 공모와 사모로 구분한다. 공모(public offerings)는 불특정 다수의 50인 이상을 대상으로 한 자금모집이고, 사모(private placements)는 50인 이하의 특정인을 대상으로 한 자금모집이다. 영미권에서는 통상 100인 이상을 기준으로 공모와 사모로 나누기도 한다. 흔히 사모펀드는 소수로부터 자금을 모집하여 투자한 다음 수익금을 분배하는 펀드를 말하고, 공모펀드는 일반 대중으로부터 자금을 모집하는 펀드이다.

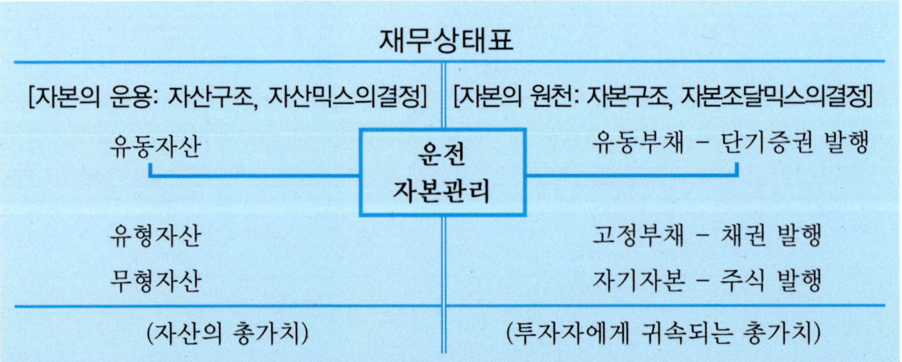

[그림 1-3] 자본조달과 재무상태표 항목

5. 각 국의 주요 금융시장 개괄

(1) 일본

가까운 일본의 금융시장은 세계 금융시장 중에서도 중요한 비중을 차지하고 있다. 은행과 증권시장이 잘 발달되어 있고 오래 전부터 대형은행과 금융기관이 경제의 주요한 핵심역할을 담당하고 있다. 주거래은행제도(main bank system)를 두고 각 기업이 은행 중심의 자금조달과 지배구조를 가진다는 특징이 있다. 하지만 자본시장 비중이 커지고 있으며, 동경과 오사카 두 곳에 증권거래소를 두고 있다. 국채와 회사채 중심의 채권시장이 활발하게 운영되고 있으며, 콜시장, CD · CP · RP(Gensaki) 시장이 개설되어 있다. 주식시장 가격지표로는 니혼게이자이신문(日本經濟新聞)이 225개 종목의 가격을 평균하여 발표하는 Nikkei225 index가 있다. 우리나라의 코스닥(KOSDAQ)시장과 유사한 성격인 자스닥(JASDAQ)시장이 운영되고 있다.

(2) 미국

연방준비제도를 통해 12개 연방준비은행이 있고 상업은행이 전국 단위 또는 각 주별로 영업을 영위한다. 연방준비은행과 가입은행 간 연방기금(federal fund) 은행간시장이 잘 형성되어 있다. 이외에도 주택금융기관과 소비자금융기관 및 투자은행이 발달되어 있다. 세계 최대 금융시장인 미국의 주식시장은 뉴욕증권거래소, 시카고증권거래소와 필라델피아증권거래소 등이 있으며, 우리나라의 코스닥시장과 유사한 성격인 나스닥(NASDAQ)시장이 운영되고 있다. 인터넷을 이용한 전자거래시스템으로 ECN(electronic communication networks)이 개설되어 있다. 잘 발달된 국채시장(treasury bond market)과 회사채시장이 있으며, 은행인수어음(banker's acceptance, BA), CD와 CP시장이 활성화되어 있다. 주식시장 가격지표로는 뉴욕증권거래소(NYSE) 상장종목 중 30개 종목의 매일의 주가를 평균하여 산출하는 다우존스공업평균지수(Dow Jones Industrial 30 Average, DJIA)와 500개 종목의 주가를 시가총액으로 가중평균하여 산출하는 S&P500 지수가 있다.

(3) 영국

1700년대 이후 중앙은행인 영란은행(Bank of England)를 위시하여 예금은행, 투자신탁, 보험회사, 연기금 등이 골고루 잘 발달되어 왔다. 미국, 일본과 함께 세계 금융시장의 주축을 이루고 있는 영국의 금융시장에는 런던증권거래소(LSE)가 유명하다. 독일의 프랑크푸르트(Frankfurt) 증권거래소와 함께 유럽 증권거래소의 핵심적 지위를 가지고 있다. 런던금융센터(London finance center)는 국제금융시장 특히 유로시장(Euro market)의 중심지로서 달러 등 단기금융상품들이 "City"라고 불리우는 금융기관 밀집지역에서 활발히 거래된다. 특히 "City" 지역에서는 매일 11시10분에 주요 은행의 대출금리를 평균하여 은행간 대출금리인 "LIBOR(London Inter-Bank Offered Rate)"를 발표하는데, 이는 미국의 연방은행금리(FRB Rate)과 함께 세계 금융시장의 주요 금리로 활용된다. 주식시장 가격지표로는 파이낸셜타임스(FT)와 런던증권거래소(LSE)가 공동으로 발표하는 FTSE100지수가 있다. 세계 최대 보험조합인 로이드보험조합(Lioyds's of London)이 영업을 하며 보험인수시장을 형성하고 있다.

(4) 중국

중앙은행으로 중국인민은행이 있고 상업은행으로는 국영상업은행(중국농업은행, 중국은행 및 중국인민건설은행), 도시상업은행(중국공상은행, 교통은행, 중신실업), 지방상업은행(초상은행, 광동발전은행, 심천발전은행, 상해푸동은행 등) 및 외국계은행이 있다. 신흥 금융시장의 대표주자인 중국 금융시장은 상하이와 선전(심천) 그리고 홍콩에 증권거래소를 두고 있다. 중국은 정부 중심의 증권시장을 이루고 있기 때문에 다른 국가에 비해 채권시장은 활발하지 않은 편이다. 주식시장에서 거래되는 주식의 종류에는 A shares, B shares, H stock이 있는데, A shares는 전 종목으로서 내국인과 허가받은 외국인투자자에 한해서만 거래되는 것이고, B shares는 외국인투자자가 거래할 수 있는 한정된 종류의 주식이다. H주식(H stock)은 중국기업으로서 홍콩증권거래소에 상장되어 거래되는 것으로서 다른 말로 R주식(Red Stock)이라고도 부른다. 홍콩기업 주식은 항셍주(Hangseng)로 부른다. 주요 가격지표로는 상하이증권거래소(SSE)의 상하이종합지수가 있고, 홍콩의 항셍지수가 있다. 우리나라 코스닥과 같은 차스닥(CHASDAQ)이 선전거래소(심천거래소)에서 운영되고 있다.

6. 본 서의 구성

본 서는 금융시장에 관한 내용의 기본적인 이해를 돕기 위해 아래와 같이 우리나라 금융시장의 제도와 영역에 따라 구성하였다.

제2장은 금융시장의 가장 근간을 이루는 은행과 은행업에 대해 다룬다.

제3장은 주로 은행권에서 취급하는 만기 1년 이내의 단기금융상품시장(화폐시장이라고도 함)에 관하여 설명한다.

제4장은 금융시장이 존재하여 경제활동을 원활하게 하고 이를 통해 경제주체의 효용을 증가시키는 이론적 배경에 대해 간략하게 소개한다.

제5장은 일반은행처럼 예금과 대출 기능을 모두 수행하지 않고 예금과 대출 중 대출(여신)업무만 영위하는 여신금융시장을 설명한다.

제6장은 은행, 증권과 함께 3대 금융영역으로 불리는 보험시장에 대해 다룬다.

제7장은 자본시장이 투자의 대상으로 여겨지는 배경과 투자의 기본개념에 대해 이해를 돕는다.

제8장은 자본시장(증권시장)에서 발행되고 거래되는 가장 기본적이며 중요한 주식 및 주식시장에 관해 설명한다.

제9장은 주식과 함께 자본시장의 양대 축을 구성하는 채권에 대해 기본개념을 살펴본다.

제10장은 간접투자상품의 대표적인 상품인 펀드와 신탁 및 이를 운용하는 자산운용시장에 대해 다룬다.

제11장은 파생금융상품을 이해하기 위해 선물, 옵션, 스왑의 세 가지 기본상품을 중심으로 설명한다.

제12장은 외환시장으로 외화가 거래되는 구조 및 외화의 교환가격인 환율과 환율변동으로 인한 환위험에 관해 소개한다.

제13장은 금융거래가 국제적으로 이루어지는 국제금융시장의 개념과 의의를 다룬다.

학습정리

01. 변화하는 국내외 경제환경 하에서 자신의 소중한 자산을 효율적으로 운용해 나가기 위해서는 금융시장과 투자행위 전반에 대하여 올바른 이해가 선행되어야 한다.

02. 금융시장은 자금의 수요자와 공급자간에 자금을 효율적으로 중개해줌으로써 국가 전체적 차원에서 자원을 효율적으로 배분해 주는 기능을 수행하는 곳이다.

03. 금융시장의 제도 및 영역에 따라 금융기관을 은행, 비은행예금취급기관, 보험회사, 여신금융기관, 증권(금융투자)회사, 기타 금융기관으로 구분한다.

04. 금융시장은 화폐시장과 증권시장(자본시장)으로 대별될 수 있는데, 화폐시장은 1년 이하의 단기금융상품이 거래되고, 증권시장은 금융거래가 화폐가 아닌 증권을 매개로 이루어지는 장기 금융시장을 말한다. 증권시장은 경제주체의 자본이 되는 주식이나 채권이 거래된다는 의미에서 자본시장(capital market)이라고 부른다.

05. 증권시장은 크게 거래대상에 따라 주식시장, 채권시장, 파생상품시장으로 나뉘고, 유통되기 전 단계와 유통단계로 구분하여 발행시장, 유통시장으로 구분한다. 간접투자, 대행투자, 공동투자, 분산투자의 특징을 가진 펀드상품도 증권시장의 주요 거래상품이다.

06. 증권시장에 주식의 형태로 투자하는 사람은 주주, 채권의 형태로 투자하는 사람은 채권자로 부르며, 각각 기업에 대해서 소유주와 확정소득청구권자의 지위를 가진다.

07. 금융시장의 제도 및 영역에 따라 금융기관을 은행, 비은행예금취급기관, 증권(금융투자)회사, 보험회사, 기타금융기관으로 구분한다.

08. 자본조달 수단에는 먼저 은행을 통한 대출, 주식발행을 통해 조달하는 자기자본(equity), 채권발행을 통해 조달하는 타인자본(부채, debt)로 구분할 수 있다. 기타 수단으로는 리스금융(leasing), 할부금융, 종합금융 등의 여신금융을 통한 특수한 형태의 자본조달이 있다.

09. 채권이나 주식 등의 증권을 이용하여 발행기관의 명의로 직접 자금을 빌리는 행위는 직접금융이고 은행을 이용하여 자금을 공급받는 경우 간접금융이 된다. 흔히 간접금융활동을 '제1금융권', 직접금융활동을 '제2금융권'이라고 구분하기도 한다.

10. 국제금융시장의 또 다른 한 축을 이루고 있는 외환시장(foreign exchange market)은 자국의 화폐나 증권이 아닌 타국의 화폐나 증권이 거래되는 시장이다. 국제금융시장에도 단기금융시장(유로시장), 주식시장, 채권시장이 형성되어 금융시장이 형성되어 있다.

제2장

은 행

1. 은행의 기본적인 이해
2. 예금과 예금상품
3. 대출과 대출상품
4. 어음업무 및 환업무
5. 기타 판매업무
   (펀드, 보험 및 카드)

들어가기

금융시장하면 떠오르는 가장 쉬운 상품은 은행의 예금과 대출일 것이다. 그만큼 금융시장의 시작은 예금과 대출로부터 발현되어 현재까지도 주요한 금융행위 및 금융상품의 대상이 되고 있다. 다양한 예금과 대출 상품에 대한 금융활동이 광범위하게 이루어지는 금융시장은 은행시장이고 이를 담당하는 기관이 은행이다.

금융시장은 자금의 수요(자)와 공급(자)이 만나 자금을 융통하는 거래를 하는 곳이다. 금융시장 시스템 중에 자금의 수요(자)와 공급(자)이 주로 예금과 대출 및 어음을 매개로 하여 융통되고 거래되는 곳이 은행이다.

금융시장에서는 다양한 형태의 많은 증권들이 거래되고 있다. 예금증서, 주식, 채권 등이 그 대표적인 예이다. 이들 중 만기가 1년 이하인 경우를 단기금융시장 또는 화폐시장(money market) 상품이라고 하고, 그 이상인 경우를 장기금융시장 또는 자본시장(capital market) 상품으로 구분한다. 여기서 은행은 주로 증권의 유통보다는 예금이나 대출 그리고 만기가 짧은 화폐시장 상품을 주로 거래한다. 만기가 길고 증권의 유통을 중심으로 하는 곳은 자본시장 또는 증권시장이라고 부른다.

금융시장에 대한 학습이 효과적이기 위해서는 먼저 은행의 예금, 대출에 대한 기본적인 개념과 의의 및 상품에 대해 이해가 필요하다. 그리고 관련된 화폐시장 즉, 만기가 짧고 상대적으로 안전한 자산(safety asset)에 속하는 단기금융상품에 관해서도 숙지하는 것이 필요하다. 이번 장과 다음 장에서는 은행과 화폐시장에 관한 이해를 돕는다.

1. 은행의 기본적인 이해

(1) 의의와 기능

① 은행의 의의

금융시장은 자금의 수요자와 공급자간에 자금을 효율적으로 중개해줌으로써 국가 전체적 차원에서 자원을 효율적으로 배분해 주는 기능을 수행하는 곳이다. 자금의 수요자 입장에서는 필요한 자금을 조달하고 공급자(투자자) 입장에서는 잉여자금으로 수익을 추구하거나 위험을 분산 또는 제거하는 기능을 수행한다.

자금의 수요와 공급에 있어 은행시장을 이용하는가, 기업이 직접 차입기능을 수행하는가의 여부에 따라 직접금융시장(제2금융권)과 간접금융시장(제1금융권)으로 구분한다. 은행에 예금한 돈이 자금의 수요자에 공급되는 경우 자금의 수요자와 공급자 간에 직접 자금대차가 이루어지지 않고 은행이 중개기능을 수행하는 것이므로 간접금융이라고 한다. 그러나 자금의 수요자가 직접 자기 명의로 증권을 발행하여 자금의 공급자(투자자)로부터 자금을 공급받게 되면 직접금융이 된다. 따라서 은행을 매개로 자금의 수요와 공급이 이루어지면 간접금융시장(제1금융권), 그렇지 않으면 직접금융시장(제2금융권)으로 구분한다.

은행이 다루는 금융상품은 예금-대출-어음 등 주로 1년 이하의 만기를 가지거나 유동성 및 안정성이 강조된다. 따라서 장기적인 투자나 수익률을 추구하는 개념보다는 예금 지급이 보장되거나 유동성이 높은 저축 및 단기 자산운용의 비중이 큰 금융자산이 융통된다. 이러한 연유로 은행권이 다루는 상품은 대부분 원금 보장이 되거나 예금자보호법에 의해 일정금액까지 지급이 보장된다.

② 은행의 기능

은행은 당좌예금계정의 개설을 통하여 생산이나 소비 및 국제거래에 필요한 수표 · 어음 등의 지급수단을 창설하여 경제활동을 원활하게 하는 중요한 역할도 수행한다. 따라서 은행은 수표, 어음, 단기금융증서 등 만기가 짧은 상품이 거래되는 화폐시장 금융활동의 중추적인 기능을 담당하게 되는 것이다. 은행업에는 불특정 다수의 거래 및 고객이 존재하고 경제활동의 근간을 이루는 활동을 수행하고 있으므로 은행이 부실화될 경우 막대한 손실이 발생할 수 있다. 이러한 연유로 각 국가는 은행에 대해 건전성에 대해 상시 감독을 실시하고 있다. 이러한 규제의 중요한 내용에는 진입 및 퇴출 규제, 자산건전성제도, 대손충당금 및 대손상각 규제, 출자한도 규제, 경영실태 평가제도, 자기자본규제제도(바젤 I, Ⅱ, Ⅲ 협약) 등이 있다. 어떤 경우 정부의 경제정책 수행 과정에서 은행이 통제받거나 일정 의무를 담당하기도 한다. 통화량 조절, 경제위기 극복 등에서 은행의 역할이 중요해진 것은 다수 국가에서 증명되고 있다.

(2) 은행의 구분

① 일반은행과 특수은행

우리나라를 비롯하여 대부분의 국가에서는 일반상업은행(일반은행)과 특수은행의 체제로 은행권이 형성되어 있다. 우리나라도 중앙은행인 한국은행을 제외하고 은행법에 따라 일반은행과 특수은행으로 구분하고 있다. 일반은행은 다시 영역과 영업지역을 기준으로 시중은행, 지방은행, 외국은행 국내지점 및 인터넷전문은행으로 나눈다.

2019년 현재 우리나라 시중은행은 KB국민은행, 신한은행, 우리은행, KEB하나은행 등 4대 시중은행과 BNK부산은행, 경남은행, DGB대구은행, JB전북은행, 광주은행, 신한제주은행 등 지방은행 및 스탠다드차타드은행(SC은행)과 한국씨티은행 등의 외국은행이 영업을 영위하고 있다. 특수은행은 한국산업은행, 한국수출입은행, 농협은행, 수협은행이 있다.

미국은 1933년 글래스스티걸법으로 불리우는 은행법을 통해 일반은행을 상업은행(CB, commercial bank)과 투자은행(IB, investment bank)으로 분류하였지만 2000년에 이 법을 폐지하여 영역구분이 철폐되었다. 하지만 아직도 상업은행과 투자은행은 대체로 다른 영업을 영위한다. 우리나라의 경우 투자은행 업무는 증권회사가 주로 담당하고 있다.

상업은행(CB)과 투자은행(IB)

상업은행은 일반은행의 영업형태로서 예금자로부터 예금을 받아 이를 대출하고 받은 이자를 예금이자로 돌려주고 나머지는 수익원으로 한다. 즉, 예금이자와 대출이자의 차이(= 예대마진 또는 예대스프레드)가 은행의 수익이 된다. 미국의 모건스탠리은행, 체이스맨하튼은행, 영국의 홍콩상하이(HSBC) 등이 이에 속한다.

투자은행은 고객의 자금을 유가증권이나 부동산 및 기타 다양한 형태의 자산에 투자하여 발생한 운용수익을 고객에게 환원하고 운용수수료나 투자차익 중 일부를 수익원으로 한다. 따라서 투자수익이 좋은 경우와 좋지 않은 경우 수익이 상업은행에 비해 크게 발생하고 원금이 보장되지 않는다. 미국의 JP모건, 메릴린치 등이 이에 속한다.

상업은행도 수익을 높이기 위한 투자운용을 하지만 안정성과 유동성이 높은 화폐시장 상품에 주로 투자하기 때문에 위험이 큰 유가증권이나 부동산 등에 투자하는 투자은행과는 성격이 다르다.

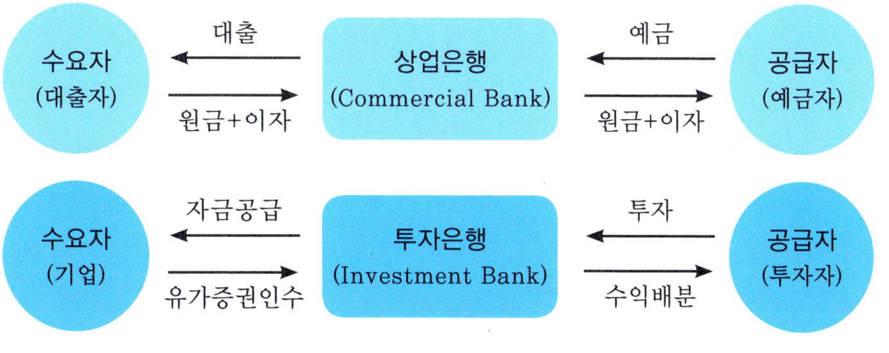

[그림 2-1] 상업은행과 투자은행

(자료: 한국은행)

한편 인터넷전문은행은 핀테크(FINTECH, financial technology)의 발달과 함께 기존 은행처럼 고객이 직접 은행을 방문하지 않고 인터넷 상에서 은행업무를 볼 수 있도록 한 새로운 은행시스템이다. 미국은 1995년부터 인터넷전문은행이 개설되었고 우리나라도 2017년부터 케이뱅크, 카카오뱅크가 영업을 개시하여 온라인이나 모바일을 이용하여 대면하지 않고 계좌개설, 송금, 이체, 대출 등 은행업무를 수행하고 있다.

은행 이전에 증권회사(예: 키움증권) · 보험회사(온라인다이렉트보험) 등 제2금융권에는 온라인전문기관이 이미 진입해 영업을 하고 있었으나 은행업이 미진하던 상황에서 미국 · 유럽 · 일본 등에서 다양한 형태의 인터넷전문은행이 틈새시장 중심의 전략을 통해 경쟁을 활성화시키고 있고 앞으로도 금융기술 발달과 4차 산업혁명에 추세에 맞추어 우리나라에서도 확대될 것으로 전망된다.

② 비은행예금취급기관

비은행예금취급기관은 일반은행과 특수은행 이외에 예금을 취급하고 수신한 예금을 특정목적의 대출로 연계하여 예금-대출 마진으로 수익을 창출하는 기관이다. 종합금융회사, 상호저축은행, 신용협동조합, 새마을금고 및 우체국이 이에 해당한다. 이에 대해서는 후술한다.

(3) 은행의 업무

은행 업무의 기본골격은 부채(예금, 차입금)와 자본으로 구성된 자금조달의 원천을 통해 자본을 조달하고 이를 대출과 투자에 운용하여 수익을 발생시키는 구조이다. 따라서 예금은 원리금상환의무가 있는 부채이고 대출은 원리금상환청구권이 있는 자산에 해당한다.

① 은행의 자금조달업무(부채와 자본 항목)

은행의 자금조달원천인 부채 항목의 대표적인 것에는 예금(외화예금), CD발행, 콜론(call loan), 차입금(외화차입금), 은행채 등이 있다. 이 가운데 예금이 가장 높은 비중을 차지하고 다른 항목은 CD와 차입금이다. 자산(자금운용)은 대출이고 부채(자금조달)는 예금이다.

CD발행은 은행이 예금을 예치하여 자금을 조달하는 것은 같지만 예금증서와 다르게 양도성예금증서(CD, certificate of deposit)을 무기명 할인 방식으로 발행하고 예금자는 이를 다시 제3자에게 매도하는 거래를 통하여 만기전까지 유통시장에서 거래된다. 따라서 CD거래는 단기금융시장의 주요한 상품으로 이용된다.

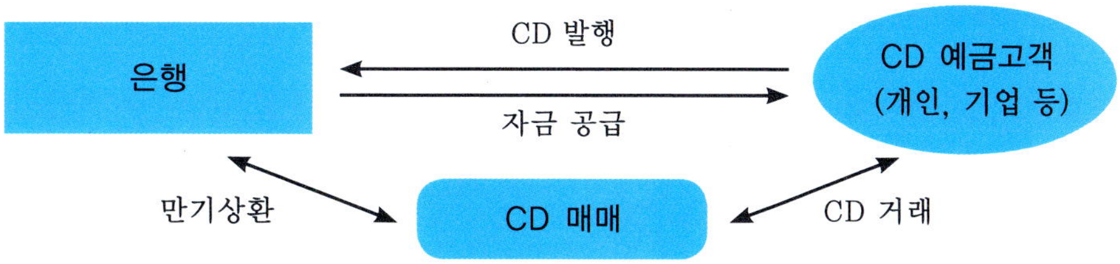

[그림 2-2] CD 발행과 CD 거래

콜론 또는 콜거래는 은행이 대출 등을 많이 일으키는 바람에 발생한 지급준비금 과부족을 해소하기 위해 다른 은행으로부터 차입하는 초단기 은행간거래를 말한다. 만기는 90일까지이지만 하루만 사용하는 1일물이 대부분이다. 이때 적용받는 콜금리는 초단기 우량 금리로 간주되어 기준금리보다 낮게 형성되는 경우가 많다. 펀드를 운용하는 자산운용회사도 펀드를 운용하기 위한 수탁재산의 일부를 유동성자산으로 남겨두어야 하기 때문에 콜거래를 이용한다. 장기자금조달은 국내 및 해외 장기차입금과 은행채 발행을 통해 주로 조달한다.

자본은 주주들이 납입한 자본금과 잉여금으로 구성된다. 은행은 민간자본이 주요 주주로 참여하지만 공공성의 성격도 짙어 정부나 국가기관이 주주로 참여하는 경우도 많다. 또한 대기업이 일정지분 이상에 지분을 보유하지 못하도록 출자제한으로 은행과 산업자본을 분리(은산분리)하기도 한다.

〈표 2-1〉 은행의 자금조달과 자금운용 주요 항목

<table>
<tr><th colspan="3">자금운용(자산)</th><th colspan="2">자금조달(부채와 자본)</th></tr>
<tr><td rowspan="7">국내자산</td><td colspan="2">현금</td><td rowspan="4">국내부채</td><td>요구불예금</td></tr>
<tr><td rowspan="4">대출금</td><td rowspan="4">할인어음
당좌대출
일반자금대출
무역금융
주택자금대출</td><td>저축성예금(CD발행)</td></tr>
<tr><td>한은차입금</td></tr>
<tr><td>외화예금</td></tr>
<tr><td rowspan="3">해외부채</td><td>외화차입금</td></tr>
<tr><td colspan="2">고정자산</td><td>외화예금</td></tr>
<tr><td colspan="2">기타</td><td>지급보증</td></tr>
<tr><td rowspan="2">해외자산</td><td colspan="2">외국환</td><td rowspan="2">자기자본</td><td>자본금</td></tr>
<tr><td colspan="2">기타</td><td>잉여금</td></tr>
</table>

② 은행의 자금운용업무(자산 항목)

은행은 예금이나 예탁금을 유동성을 확보하기 위한 현금이나 지급준비금에 일부 유보하고 나머지는 대부분 대출이나 투자(어음 할인, 신탁)에 운용하여 수익을 거두게 된다. 따라서 은행의 자산은 주로 이러한 현금, 대출 및 어음으로 구성된다. 대출은 형태와 목적에 따라 다양한 상품이 있고, 투자는 단기국공채, 기업어음, 은행인수어음, 신탁계정을 이용한 간접투자상품 등으로 이루어진다.

단기국공채의 대표적인 것에는 국채와 통화안정증권 매입 · 매도 거래를 들 수 있는데 통화안정증권은 중앙은행인 한국은행이 통화량을 조절할 목적으로 발행하고 매입하는 것으로 은행이 주요 거래대상이다. 은행은 이렇게 보유한 통화안정증권을 다시 환매조건부채권매매(RP) 등으로 재매각하여 자금을 조달한다. 이러한 배경으로 환매조건부채권매매는 단기금융상품의 주요 거래원이 된다.

기업어음(CP) 거래는 상거래(진성어음)나 단기 자금조달(융통어음)를 위해 발행한 단기 어음을 은행에서 할인매입함으로써 은행은 자금운용처로 활용하고, 경제활동 차원에서는 단기거래를 지원하게 된다.

무역대금결제를 위해 발행된 환어음(bill of exchange)을 은행이 지급의무를 확약해준 것을 은행인수어음(BA)이라고 하고 이는 단기무역금융활동의 주요 자금거래 형태가 된다. 은행이 무역거래에서 발생한 단기 환어음을 할인매입함으로써 거래 관계자인 수출업체, 원자재공급업체, 투자자 등을 보호하여 무역거래를 원활하게 해주는 역할을 한다.

환어음과 약속어음의 차이

환어음이란 어음의 작성자(발행인)가 제3자(지급인)에 대하여 어음에 기재된 금액을 일정한 기한 내에 어음상의 권리자(수취인 또는 지시인)에게 지급할 것을 위탁하는 유가증권을 말한다. 환어음의 이용이 가장 빈번한 것은 국제적인 송금거래이다. 예를 들어, 뉴욕의 A가 서울의 B에게 무역대금을 송금하려면 뉴욕의 C은행에 현금을 납입하고, C은행 서울지점이나 거래은행 D를 지급인으로 하는 환어음을 발행받아 이를 B에게 보내는 방법이다.

약속어음은 발행인(채무자)이 수취인(채권자)에게 직접 어음금액을 지급하겠다고 약속하여 채무자가 채권자에게 발행하는 반면, 환어음은 제3자(지급인)에게 어음에 기재된 금액을 수취인에게 지급하라는 증서로 채권자가 채무자 앞으로 발행하여 결제되는 것이다.

2. 예금과 예금상품

(1) 예금의 이해

예금을 통해 저축하여 미래 시점에 이자를 더한 금액의 수익을 얻는 활동은 은행의 가장 근간을 이루는 것이다. 이러한 예금 또는 저축상품을 제공하는 금융기관이 은행 이외에도 증권회사, 보험회사 등이 존재하지만 여전히 대표적인 은행의 금융상품이다. 예금을 하는 목적에는 자유로이 입출금하기 위한 목적, 목돈을 마련하기 위한 목적, 자산을 증식하기 위한 목적, 주택마련 및 노후대책을 위한 목적, 대출을 위한 목적 등 다양한 배경이 존재한다. 하지만 예금의 기본적인 속성은 현재의 유동성 및 소비를 포기하고 미래 소비를 선택한 데 대한 대가로 시간가치만큼 이자가 붙어 항상 원금보다 많은 금액이 주어진다. 그리고 일정 한도까지는 납입한 예금이 보호되어 원하는 금액의 지급이 보장된다. 우리나라의 경우 1인당 5천만원까지 예금자보호법이 적용된다.

은행은 불특정다수의 고객이 예탁하는 예금을 모아 자금을 필요로 하는 수요자에게 대출하고 받는 이자를 예금이자로 지불한다. 따라서 예금은 은행의 입장에서는 가장 중요하면서 먼저 상환해야 하는 부채이면서 대출이자와 예금이자의 차이가 주 수입원을 이루는 수익의 원천이 된다.

생애 주기 차원에서 보면 청년기에는 자금 수요가 자금 공급보다 많기 때문에 예금을 할만한 자금이 많지 않지만 점차 중년기에 접어들면 자금 공급이 커지면 잉여자금이나 절약한 자금을 예금형태로 저축하면 노년기에 이를 사용함으로써 수입과 지출이 균형을 이룰 수 있다. 예금에 붙은 이자는 여러 형태로 수령할 수 있는데 입출금이 자유로운 보통예금의 경우 낮은 이자율로 유동성만을 제공하는 반면 정기예금이나 정기적금은 높은 이자가 붙고 이를 복리로 계산하여 받을 수도 있다.

> 복리(compounding interest)는 원금에 이자가 붙고 이자가 붙은 원리금에 다시 이자가 붙어 기간이 경과할수록 상환받는 원리금이 단리에 비해 크게 늘어나는 이자계산방식이다. 복리는 예금이자에만 적용되는 것이 아니라 마이너스통장 대출 등 대출이자에도 복리가 붙는 형태가 있다. 이 경우에는 반대로 대출이자가 크게 불어나므로 이를 고려해야 한다.

예금 기간이 길수록 높은 이자율을 적용받는 것이 일반적이어서 예외적인 경우를 제외하고는 통상 장기금리가 단기금리가 높게 형성된다.

(2) 예금상품

① 요구불예금

요구불예금은 수시 입출금이 자유로운 예금이다. 요구불예금의 대표적인 것에는 보통예금과 당좌예금, 별단예금, 공공요금 및 시장금리부 수시입출금식 예금(MMDA)이 있다.

● 보통예금

고객이 원하는 때 언제든지 불입하고 인출할 수 있는 예금으로 은행의 입장에서는 고객이 수시로 입출금을 하기 때문에 자유로이 대출로 운용할 수 있는 여건이 제한되어 있어 이자율이 낮게 책정된다.

● 당좌예금

예금을 인출할 때 현금이 아닌 당좌수표을 통하고 당좌수표를 가진 사람이나 기업은 수표 액수만큼 당좌예금에서 현금으로 인출할 수 있다. 주로 기업이 이용하는 것으로 상거래를 할 때 당좌수표를 발행하여 소지인이 은행으로부터 현금을 찾아갈 수 있도록 은행에게 지급을 위탁하는 것이다. 이를 당좌거래라고 하고 이렇게 은행이 지급을 대행하여 줌에 따라 원칙적으로 이자는 지급하지 않는다. 당좌예금에 설정된 한도(credit line)보다 많은 금액의 수표가 발행되어 융통될 수도 있는데 이 초과금액 또는 대출상품을 당좌대월(당좌차월)이라고 한다. 이들 두 예금은 요구불예금의 대표적인 것이기도 하다.

● 별단예금, 공공예금

요구불예금에는 보통예금과 당좌예금 외에 일시적 보관이나 단기 송금 결제를 위한 별단예금, 특정 단체나 목적의 수납대행을 위해 개설되는 공공예금이 있다.

● MMDA

시장금리부 수시입출금식 예금(MMDA, money market deposit account)은 제2금융권의 입출금식 투자관리 계좌에 대항하여 은행권에서 판매하는 경쟁상품이라고 볼 수 있다. 고객의 예금을 단기금융상품에 투자하여 수익률을 제고한 것으로 5백만원 이상 최저 예금을 두는 경우가 많다.

② 저축성 예금

저축성 예금은 일정기간 자금을 불입하거나 예치한 후 원리금을 지급받는 상품이다. 의 대표적인 것에는 정기예금과 정기적금 및 특수한 형태의 저축이 있다. 국내은행의 경우 저축성예금의 비중이 약 80% 수준으로 요구불예금의 비중보다 훨씬 높다.

● 정기예금

사전에 약속한 일정 기간이 경과한 후 예금을 인출한다는 조건 하에 그 댓가로 높은 이자를 지급하는 예금이다. 매월 이자를 지급받는 방식과 이자를 복리로 계산하여 적립하여 두었다가 만기에 한꺼번에 돌려주는 방식의 두 가지가 있다.

● 정기적금

매월 또는 매 기간에 일정한 금액을 불입한 후 만기가 되면 높은 이자와 함께 원리금을 수령하는 예금이다. 정기예금에 비해 상대적으로 소득이 적거나 불안정한 때 유리한 예금이다. 정기적금이 소액의 자금이라도 일정 기간 모아 목돈을 마련하기 위한 상품이라면 정기예금은 이자를 받아 생활하거나 목돈을 늘리기 위한 상품이라고 볼 수 있다.

정기예금과 정기적금 두 예금상품 모두 1년 이상의 장기 저축일 경우 11.2%의 세금감면혜택을 가진다.

● 정기예탁금

새마을금고, 신용협동조합 등의 상호금융기관은 은행의 정기예금에 대한 경쟁상품으로 정기예탁금을 취급하는데 이자가 높고 이자소득에 대한 세금이 낮다. 이들 예금에 가입하려면 먼저 조합원이 되어야 한다는 특징이 있다.

● 특수한 형태의 저축성 예금

노인, 유공자, 장애인, 기초생활보장수급자을 대상으로 한 생계형 저축, 근로소득자를 위해 이자소득세를 감면해주고 높은 금리를 우대하는 재형저축, 농어민에 대해 일정 한도를 두어 우대 금리와 세금 혜택을 주는 농어가목돈마련저축, 주가지수나 환율에 연동하여 이자가 지급되는 지수연동형정기예금 및 달러나 엔화 등 주요 외국환으로 예금하는 외화예금이 있다. 여기서 지수연동형정기예금은 파생금융상품이 연계되어 있는 경우 원금보장이 되지 않지만 그만큼 높은 수익을 기대할 수 있다.

③ 자산증식을 위한 저축성 예금

은행의 저축성 예금상품에는 만기가 짧으면서 상대적으로 높은 이자를 추구하는 화폐시장 단기금융상품이 있는데 주요한 것들로는 환매조건부채권(RP), 기업어음(CP), 양도성예금증서(CD), 표지어음이 있다. 이에 관해서는 제3장에서 후술한다.

④ 주택구입을 위한 저축성 예금

저축상품의 주 목적은 목독마련을 통해 주택을 구입하고 노후에 생활안정을 기하려는 것이 우선순위에 포함된다. 주택마련을 위한 대표적인 예금에는 주택청약저축, 주택청약예금, 주택청약부금 및 주택청약종합저축이 있다. 주택청약종합저축은 기존에 있던 앞의 세 가지 예금 및 저축을 종합하여 2009년부터 판매되었다. 전용면적 85㎡ 이하의 공공주택(청약저축), 모든 민영주택과 전용면적 85㎡를 초과하는 공공주택(청약예금), 전용면적 85㎡ 이하의 민영주택(청약부금) 등 기존의 주택청약 관련 상품에서 구별하였던 기능을 한데 통합하였다. 국민주택과 민영주택을 가리지 않고 모든 신규 분양주택에 사용할 수 있어 만능청약통장이라고도 한다. 이외에도 장기주택마련저축이 있다.

⑤ 노후대책을 위한 저축성 예금

노후대책을 위한 예금에는 연금저축과 주택연금이 대표적이다. 연금은 일정 금액을 적립하여 일정기간 후 연금으로 원리금을 수령하는 장기금융상품이다. 연금상품은 판매기관에 따라 크게 은행권의 연금저축, 증권회사의 연금펀드, 보험회사의 연금보험이 있는데 은행에서 판매하는 상품은 연금저축이다. 모두 세액공제 혜택이 있고 연간 한도가 제한되어 있다.

주택연금(역모기지론)은 소득이 여유롭지 않은 60세 이상의 노년층이 소유한 9억원 이하의 주택을 담보로 매월 또는 수시로 연금처럼 자금을 수령하는 상품이다. 주택담보대출(모기지론)과 유사하지만 연금처럼 수령한다는 점과 연금 종료시 주택가액이 대출금액보다 크게 계약하여 부족분을 납입할 필요가 없다는 점이 다르다.

⑥ 신탁상품

● 특정금전신탁

은행의 신탁계정에서 은행에게 맡겨지는 투자자의 신탁재산에 대해 운용대상을 지정하여 운용하는 신탁상품으로 목돈을 운용하는데 알맞은 은행상품이다. 맞춤형과 분리과세형이 있다. 맞춤형특정신탁은 은행이 고객이나 신탁의 특성별로 신탁상품을 설계하면 투자자는 맞긴 자금의 운용대상이나 방법 등의 조건을 특정하여 지시한다. 이후 은행은 조건대로 자금을 운용한 후 운용수익을 신탁고객에게 실적배당한다. 고객의 운용지시를 집행하므로 투자에 따르는 손익은 위탁자의 몫이며, 원본 및 이익보전계약이 불가능하여 예금자보호법에 의하여 원금이 보장되지 않는다는 특징이 있다. 특정금전신탁 가운데 10년 이상의 만기를 가진 장기채권에 투자하는 경우 금융소득종합과세 대상소득에서 제외할 수 있는데 이는 분리과세특정신탁상품이다.

● 불특정금전신탁

특정금전신탁과 달리 신탁단위별로 고객으로부터 신탁재산을 모은 후 고객이 투자할 곳을 특정하는 것이 아니라 신탁받은 금융기관이 채권, 주식 또는 대출 등의 활동을 통해 자산을 운용하고 그 수익을 할당하는 상품이다. 특정금전신탁과 다르게 고객의 요구와 다른 투자나 운용이 가능하므로 고객과 신탁 운용기관 사이에 원본 보존 및 이익 보존에 관한 계약이 가능하다는 특징이 있다.

개인종합자산관리계좌(ISA)

우리나라는 2016년부터 은행, 증권회사 모두 개인종합자산관리계좌(ISA, individual savings account)을 판매하고 있다. 연간 2천만원 한도 내에서 예금 · 적금 · 펀드 · 파생금융상품 등 다양한 금융상품에 투자할 수 있고, 세금 우대 혜택도 있어 만능통장으로 불린다. 5년 동안 200만원까지 수익금에 대해 비과세이고 2백만원이 넘을 경우 초과분에 대해 9.9% 분리과세한다. 단, 5년 또는 3년(청년 및 총급여 5000만원 이하 소득자에 해당함) 이상 가입해야 한다.

3. 대출과 대출상품

(1) 대출의 이해

대출(loan)은 자금을 필요로 하는 수요자에게 원리금을 상환받기로 하고 자금을 공여하는 행위이다. 이 때 자금 차입자는 자신의 신용(credit)이나 가지고 있는 담보를 제시 또는 제공하고 돈을 빌린 다음 약속한 만기에 원리금을 상환한다. 따라서 자신의 신용이나 경제적인 상황 등에 합당하고 대출 목적에 맞도록 합리적인 대출을 받는 것이 절실할 것이다.

은행 입장에서 대출은 자금운용의 원천으로서 자산 항목이다. 즉, 보유한 자금으로 자금수요자에게 대출하고 원리금상환청구권을 가진다. 따라서 은행영업의 구조상 예금은 반환해야할 부채이지만 대출은 자산으로 분류된다. 은행자금운용의 40~50%를 차지하는 대출은 예금과 함께 은행의 가장 중요한 업무이자 예금-대출의 이자율 차이(예대마진 또는 예대스프레드)는 은행의 주요 수익원이 된다.

대출을 받을 때 고려해야 하는 점에는 여러 가지가 있지만 크게 상환능력, 상환기간 및 대출목적이 합당해야 한다. 목적에 맞지 않는 대출이나 과도한 대출은 원리금을 상환하는데 부담을 주어 연체를 하여 신용에 문제가 생길 수 있고 심각한 경우에는 재산을 압류당하는 상황에 처할 수 있다.

(2) 대출상품

대출의 종류에는 담보를 제공하는지, 대출금리가 변동하는지, 소비 또는 생산을 위한 것인지, 상환방식은 어떤 것인지 등에 따라 다양한 형태가 있다.

① 담보유무에 따라

담보를 제공하는지에 따라 신용대출, 보증대출, 담보대출로 구분한다. 신용대출은 흔히 마이너스통장으로 부르는 한도대출과 일반신용대출이 있다. 신용등급 또는 신용평가등급에 따라 한도대출은 은행과의 약정에 따라 약정기간동안 건별로 대출승인을 받을 필요 없이 약정한도 내에서 사용할 수 있다는 장점이 있다. 하지만 은행은 마이너스통장 한도까지 상시로 자금공여를 제공해 주어야 하므로 다른 대출보다 이자율을 높게 책정하는 경향이 있다.

보증대출은 기업이나 제3자가 금융기관에서 자금의 대출·급부 등을 받는데 있어서 금융기관에 대하여 금전채무에 대하여 보증하여 주고 이를 통해 대출하는 것을 말한다. 보증보험 기능을 제공하는 기관으로 서울보증보험(주)가 영업을 영위하고 있고 공익기관으로 중소기업의 보증대출을 지원하는 한국중소기업지원센터, 한국중소벤처기업지원센터 등이 있다.

담보대출은 자금 차입자가 보유하거나 제3자가 보유한 재화나 물건을 담보로 제공하고 은행은 이를 취득한 뒤 담보가액의 범위 내에서 대출을 시행한다. 담보로 제공하는 재화의 종류에 따라 주택담보대출, 부동산담보대출, 재고자산담보대출, 매출채권담보대출, 유가증권담보대출 등의 형태가 있다.

매출채권담보대출과 팩토링

매출채권담보대출과 유사한 것으로 은행, 종합금융회사의 팩토링(factoring) 업무가 있다. 기업의 매출채권을 팩토링회사(factor)가 매입하여 대금회수, 매출채권관리, 부실채권보호, 금융제공 등의 혜택을 부여하는 서비스를 말한다. 매출채권담보대출과 팩토링이 다른 점은 매출채권에 부실이 발생하면 매출채권담보대출은 해당 기업이 책임을 지는 반면 팩토링은 매입한 팩토링회사가 부담한다는 차이가 있다.

② 대출금리가 변동하는지에 따라

만기까지의 상환기간 도중에 시중금리 변동에 따라 대출금리가 변동하면 변동금리대출, 변동하지 않으며 고정금리대출이다. 그러므로 대출 후 시장금리가 하락하면 갚아야 할 이자금액이 낮아지므로 변동금리대출이 유리해지고 반대로 시장금리가 상승하면 변동금리대출은 금리와 같이 상승하여 이자금액이 커지므로 고정금리대출이 유리해진다. 2010년대에 전 세계적으로 저금리 현상이 지속되었을 때 금리가 제로금리 또는 초저금리현상이 나타난 시국에서는 변동금리대출이 유리하였지만 금리가 변동하면서 이전에 비해 금리상승이 예상되면 고정금리대출이 상대적으로 원리금부담이 경감된다. 변동금리대출을 이용한 경우 월 단위, 분기 단위, 연 단위로 금리를 정산하여 이자를 계산한다.

③ 소비 또는 생산을 위한 것인지에 따라

● 소비자 신용

소비를 위한 것은 소비자 신용, 생산을 위한 것은 생산자 대출로 구분한다.

소비를 위한 재화나 서비스를 구입하기 위해 대출을 받는 것은 소비자 대출 또는 소비자 신용이다. 소비는 경제를 순환시켜 성장에 필요한 유효수요를 촉발시킨다는 점에서 소비자 대출도 대출의 한 형태로 자리잡았다. 또한 생애 전체를 볼 때 필요한 자금과 공급된 자금이 일치하지 않아 자금이 부족할 때 소비를 할 수 있도록 균형상태를 이루어준다는 점에서도 소비자 대출이 의미를 가진다. 생활안정자금부터 가전제품 구입, 자동차 구입까지 다양한 형태가 존재한다.

● 생산자 금융

생산자 대출 또는 생산자 금융은 생산과 관련된 자금을 융통해주는 것이다. 자금의 용도가 특별히 정해지지 않아 공장이나 사무실 운영에 필요한 운전자금대출, 약정 한도를 설정하여 그 금액의 범위 안에서 1년 이내의 단기간 동안 사전 통지없이 사용하는 대출한도(line of credit) 거래 및 무역거래에 필요한 자금을 융통해주는 무역금융까지 포함된다. 은행이 제공하는 기업어음할인 매입업무도 생산자 대출이라고 볼 수 있다. 일정 기간 약정을 통해 1년 이상 통상 3~5년까지 장기대출을 실행하는 텀론(term loan)도 생산자 금융의 주요 상품이다.

④ 상환방식에 따라

대출원금과 이자 즉, 대출원리금은 할부식으로 나누어 지급할 수 있고 일시에 전액상환할 수도 있다. 대출원리금을 나누어 지급하면 원금균등상환, 원리금균등상환, 만기에 전액을 상환하면 만기일시상환, 대출약정을 한 후 특정 시점이 경과한 시점에서 언제든 상환할 수 있는 거치식상환 등으로 나뉜다.

> 원금균등상환은 상환해야 할 원리금의 분배 구조상 원금상환금액이 균동하고 이자는 원금을 갚아가는 추이에 따라 점점 낮아지는 구조를 보인다. 원리금균등상환의 경우 상환 초기에는 원금상환금액이 크지 않기 때문에 상환금액에서 이자가 차지하는 비율이 높다가 원금 상환액이 증가하면서 원금 부분의 비율이 높아지는 특징이 있다.

⑤ 대출의 유동화

은행 등 금융기관은 대출로 발생한 채권을 집적(pooling)하여 이를 증권화한 다음 유통시장에 판매함으로써 자금을 조달하는 방법을 사용한다. 이를 통해 금융기관은 대출로 인한 위험을 줄이거나 대출을 자금조달로 유동화함으로써 운영의 효율성을 제고하게 된다.

대표적인 예로, 주택담보대출(mortgage loan)의 경우 장기로 대출이 실행되는 경우가 많은데 대출에 필요한 재원은 예금이나 자기자본으로 충당하게 되므로 예금-대출 기간의 불일치에 따른 위험조정의 필요성이 존재한다. 이러한 현상에 효과적으로 대응하기 위해 금융기관은 주택담보대출을 담보로 주택저당증권(MBS, mortgage backed securities)을 발행하여 자금을 조달함으로써 대출을 유동화하고 위험을 줄이는 효과를 본다.

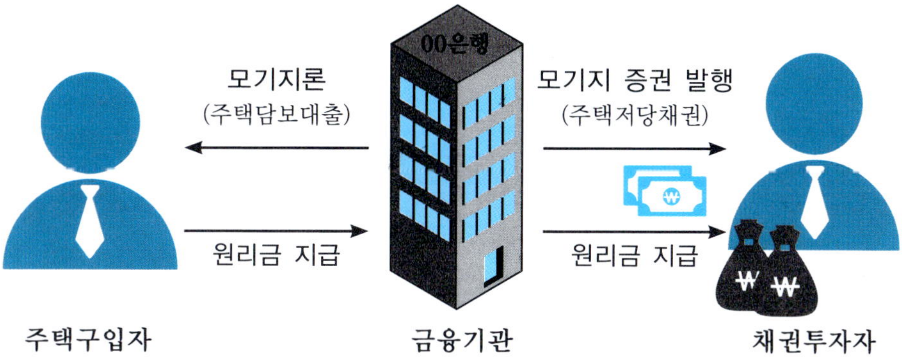

[그림 2-3] 주택저당증권(모기지증권)

대출유동화증권과 글로벌금융위기

주택가격이 폭락하거나 주택공급이 많아져 주택시장이 불안정해질 경우 주택담보대출을 받은 차입자가 원금상환을 하지 못하는 상황에 처하게 된다. 이러한 상황에서는 차입자, 금융기관, 주택저당증권(MBS) 발행자, MBS 투자자 모두 연쇄적으로 손실의 위험에 처하게 되는데 이런 현상이 미국을 중심으로 전 세계적으로 폭증하여 2008년 글로벌금융위기를 촉발한 계기가 되었다.

4. 어음업무 및 환업무

(1) 어음업무

은행의 자금운용의 하나로 어음업무가 있는데, 대표적인 것으로 전술한 바와 같이 기업어음(CP) 할인과 은행인수어음(무역어음)이 있다. 어음업무를 통해 은행은 상거래와 무역거래가 원활하게 이루어지는 역할을 함으로써 금융이 경제활동이 원활하게 이루어지도록 하는 중요한 기능을 수행한다.

(2) 환업무

환업무는 직접 현금을 주고 받지 않고 멀리 떨어져 있는 거래 당사자간에 자금을 보내거나 받을 때 이용하는 은행의 업무이다. 내국환, 외국환, 송금환, 추심환이 있다. 거래 당사자가 국내에 있는 경우 내국환, 당사자 중 한 명이 외국에 있는 경우 외국환으로 구분한다. 멀리 아프리카에 있는 업체와 거래할 때 수출입대금을 주고 받기가 어렵게 되는데 금융기관의 환업무를 통해 손쉽게 가능해진다. 지급의무자(수입업체)가 자금의 수령인(수출업체)에게 송금하는 형태는 송금환, 수령인(수출업체)이 제3자(은행)를 통해 지급의무자(수입업체)에 대한 지급을 부탁하는 형태는 추심환이다. 개인간의 거래와 달리 상거래나 무역거래에서는 추심환이 많이 이용된다. 이 때 은행은 채무자에게 어음을 대신 제시하여 자금의 대차관계를 결제하는 환업무를 수행하는 것이다.

은행업무의 신기술화로 간편송금, 간편결제, P2P대출 등이 주목을 받고 있다.

• 간편송금, 간편결제

정보기술이 발전하여 금융업무의 송금과 결제업무가 이용하기 쉽고 저렴한 것과 동시에 빠르게 이루어지는 추세이다. 간편송금의 대표적인 것에는 채팅앱을 통한 송금, 모바일머니를 이용한 모바일 송금서비스나 블록체인에 기반한 비트코인과 같은 암호화화폐, 가상화폐를 통한 송금을 들 수 있다.

• P2P(Peer to Peer) 대출

은행의 대출업무에 신기술을 접목한 것으로 온라인 상체서 별도의 영업점이 없이 대출과 차입이 이루어지는 대출이다. 다수 개인투자자(Peer)와 다수 대출신청자(Peer)를 연결해주는 서비스로 특정한 플랫폼(platform)을 통해 연결되어 이루어진다. 차입자와 대출자가 직접 연결되므로 기존 은행권 대출에 비해 차입비용이 낮고 대출이자가 유리한 장점이 있지만 금융기관의 서비스가 제공되지 않고 개별 신용으로만 거래하기 때문에 높은 위험이 존재한다.

5. 기타 판매업무(펀드, 보험 및 카드)

은행은 지금까지의 고유한 영역 외에 수익성을 제고하기 위해 제2금융권 상품인 펀드나 보험 및 카드를 판매하는 업을 영위하고 있다.

펀드의 경우 펀드에 모아진 자금을 자산운용회사가 운용하여 수익을 내지만 펀드의 판매는 주로 은행, 증권, 보험회사가 담당하고 있다. 이들 기관은 펀드를 판매하여 펀드판매수수료를 이익으로 추구하게 된다. 펀드판매에 따른 수수료는 운용수수료와 판매수수료로 구성되는데 운용수수료는 자산운용회사가, 판매수수료는 판매기관 수입으로 돌아간다.

한편 은행은 보험회사와 제휴나 협약을 맺어 보험상품을 판매한다. 이를 방카슈랑스(bankassurance) 또는 방카슈랑스 상품이라고 하는데 은행에서 보험판매자격증을 가진 직원이 보험상품을 설명하고 판매하고 있다.

마지막으로 은행은 신용카드 사업부를 두고 은행계열카드사에서 판매하는 신용카드를 판매한다. 단, 저축은행이나 케피탈회사는 신용카드를 판매하지 않고 시중은행이나 지방은행 등 카드업을 영위하도록 허가받은 은행에서 판매한다.

학습정리

01. 은행을 매개로 자금의 수요와 공급이 이루어지면 간접금융시장(제1금융권), 그렇지 않으면 직접금융시장(제2금융권)으로 구분한다.

02. 은행은 수표, 어음, 단기금융증서 등 만기가 짧은 상품이 거래되는 화폐시장 금융활동의 중추적인 기능을 담당한다.

03. 우리나라는 중앙은행인 한국은행을 제외하고 은행법에 따라 일반은행과 특수은행으로 구분하고 있다. 일반은행은 영역과 영업지역을 기준으로 시중은행, 지방은행, 외국은행 국내지점 및 인터넷전문은행으로 나눈다.

04. 은행 업무의 기본골격은 부채(예금, 차입금)와 자본으로 자본을 조달하고 이를 대출과 투자에 운용하여 수익을 발생시키는 구조이다. 따라서 예금은 원리금상환의무가 있는 부채이고 대출은 원리금상환청구권이 있는 자산에 해당한다.

05. 예금은 기본적으로 수시입출금이 가능한 요구불예금과 일정기간 예치하거나 불입한 후 원리금을 지급받는 저축성예금이 있다. 저축성예금이 훨씬 많은 비중을 차지한다.

06. 대출은 예금과 함께 은행의 가장 중요한 자금운용 업무이자 예금-대출의 이자율 차이(예대마진 또는 예대스프레드)는 은행의 주요 수익원이 된다.

07. 대출의 종류에는 담보를 제공하는지, 대출금리가 변동하는지, 소비 또는 생산을 위한 것인지, 상환방식은 어떤 것인지 등에 따라 다양한 형태가 있다.

08. 어음업무를 통해 은행은 상거래와 무역거래가 원활하게 이루어지는 역할을 함으로써 금융이 경제활동이 원활하게 이루어지도록 하는 중요한 기능을 수행한다.

09. 환업무는 직접 현금을 주고 받지 않고 멀리 떨어져 있는 거래 당사자간에 자금을 보내거나 받을 때 이용하는 은행의 업무로 내국환, 외국환, 송금환, 추심환이 있다.

제3장

화폐시장과 비은행예금 취급기관

1. 화폐시장
2. 비은행예금취급기관
3. 예금보호제도
4. 공적금융기관

들어가기

화폐시장 또는 단기금융시장은 금융시장 시스템 중에 만기가 1년 이하인 단기금융상품이 취급되고 거래되는 시장이다. 주로 일시적인 자금 수급과 불균형을 조절하기 위해 활용되기 때문에 자금시장이라고 한다. 주로 은행권에서 업무를 담당하며, 다양한 형태의 증권들이 거래되고 있다. 기업어음(CP), 양도성예금증서(CD), 환매조건부채권매매(RP), 은행인수어음(BA) 등이 그 대표적인 예이다.

화폐시장은 단기자금의 융통으로 효율적인 유동성 관리수단을 제공하고 시장금리 형성에 중요한 영향을 미친다. 또한 중앙은행 통화량조절정책(공개시장조작정책과 재할인율정책)의 수단으로서의 역할도 한다. 따라서 금융시장의 기본적인 근간을 이루면서 역사가 오래된 단기금융시장에서 거래되는 만기가 짧고 상대적으로 안전한 자산(safety asset)에 속하는 단기금융상품에 관해서도 숙지하는 것이 필요하다.

은행이 아니면서 은행과 유사하게 여신과 수신 기능을 모두 수행하는 기관이 있는데 이를 비은행예금기관이라고 하고 농협, 축협, 수협, 신협, 저축은행 등 상호금융기관, 새마을금고, 우체국 등이 이에 해당한다. 이 가운데 농협중앙회는 종합금융그룹으로서 국내 최대의 금융기관의 하나로 성장하여 금융시장업무의 대부분을 수행하고 있다.

예금자보호제도는 금융권에 예금이나 예탁금을 불입하는 금융소비자의 예금과 예탁금을 1인당 일정 금액 한도 내에서 공적기관이 지급을 보장함으로써 금융거래의 안정을 기하는 제도이다. 이번 장에서는 이들 기관의 업무와 제도에 대해서 학습한다.

1. 화폐시장

금융시장을 크게 구분하면 화폐시장, 자본시장 그리고 보험으로 분류한다. 화폐시장은 단기금융상품시장으로서 대개 만기가 1년 이하인 상품이 취급되고, 자본시장은 1년 또는 2년 이상의 만기를 취급한다. 화폐시장은 주로 은행에서, 자본시장은 증권회사(금융투자회사)에서, 보험은 보험회사에서 해당 시장에 속하는 상품을 판매한다. 본 절에서는 화폐시장 상품에 대해 알아본다.

(1) 의의

단기금융상품은 주로 은행에서 취급하는 화폐시장(money market)의 금융상품으로서 1년 이내의 만기가 대부분이기 때문에 안정성이 높은 한편, 시장에서 자유로이 거래되므로 유통성도 높은 편이다. 기업어음(CP), 양도성예금증서(CD), 환매조건부채권매매(RP), 은행인수어음(BA), 콜(Call)시장 등이 대표적인 예이다.

단기금융상품은 만기가 1년 이내로서 경제주체의 일시적 자금 부족을 신속하게 해소하는 유동성 관리 기능을 수행하며, 중앙은행의 공개시장조작정책을 수행하는 수단이 된다. 이때 중앙은행이 발행하는 증권을 통화안정증권이라고 한다. 통화안정증권은 2년 이상의 만기를 가진 것도 있으나, 대부분이 1년 이하의 만기를 가진다. 또한 중앙은행이 담당하는 어음의 재할인 기능을 통해 금융기관이 할인하여 보유한 어음을 재할인하여 매각할 때 적용되는 재할인율을 조절함으로써 통화량을 조절하는 수단으로 사용되기도 한다.

단기금융상품에 적용되는 금리는 시장에서의 금리 움직임을 나타내는 신호(market signal)로서의 역할을 수행한다는 중요성이 있다. 예를 들어, 개인에 대한 대출적용금리의 기준으로 사용되는 양도성예금증서(certificate of deposit, CD)금리는 콜금리, 회사채금리와 함께 우리나라 시장금리의 변동에 중요한 금리지표로 영향을 미친다. 1990년대 이후 거래 잔액 기준으로 보면 기업어음, 통화안정증권, 환매조건부채권매매, 양도성예금증서가 약 80~90%의 비중을 차지하고 그 다음으로 콜시장이 7~10%를 점유하고 있다.

(2) 우리나라의 단기금융상품

① 양도성 예금증서(Certificates of Deposit, CD)

은행이 은행, 법인 또는 개인을 상대로 발행하는 단기금융상품이다. 만기는 30일에서 1년 사이로 정할 수 있으나, 통상 30일이나 90일까지로 발행된다. 최저발행단위의 제한은 없으나 개인 1,000만원, 법인 10억원 이상 발행되는 것이 대부분이다. 이자지급은 할인방식으로 선 지급되고, 만기에 액면금액을 상환한다. 할인방식으로 선 지급된다는 의미는 예를 들어, 액면이 1,000만원이고 지급이자가 100만원이라면 900만원에 발행되어 만기에 1,000만원을 상환한다는 것을 뜻한다. 전술한 대로 흔히 CD금리는 시장에서 개인 대출금리의 기준금리로 이용되고 있다. 대출자의 신용도가 낮을수록 CD금리에 가산금리가 높게 부과된다.

예금에 가입하면 예금증서(예금통장)을 발행하여 예치금의 증명으로 보유하게 되지만 CD는 무기명 할인 방식으로 만기 이전에 자유로이 증서를 매매할 수 있다.

CD 거래의 예

예를 들어, 2개월 만기 이자율 10%의 CD에 가입하였다면 9백만원의 자금으로 1천만원짜리 무기명 CD를 받게 되고, 2개월 후 1천만의 만기금액을 찾게 된다. 그런데 CD는 무기명으로 발행되어 자유로이 매매될 수 있기 때문에 만일 1개월만 보유한 다음 다른 제3자에게 매도하였다고 가정하자. 그럼 예금자는 950만원을 받고 제3자는 만기에 1천만원을 수령하여 각각 5백만원의 이자수익이 발생한다. 이렇게 CD는 가입자와 만기 상환자가 다를 수 있어 거액거래가 많고 은행의 주요 자금조달원이 된다는 장점이 있다.

② 콜론(Call Loan), 콜머니(Call Money)

금융기관(특히, 은행)간에 일시적 자금부족을 메우기 위해 초단기자금을 거래하는 시장을 콜시장(call market)이라고 하고, 여기서 거래되는 자금이 콜자금이다. 콜자금을 대출하는 기관 입장에서는 콜론, 차입하는 기관 입장에서는 콜머니가 된다. 콜시장의 주된 기능은 법정 지급준비금을 관리하고 단기 유동성 부족을 조절하는 것이다.

만기는 30일 이내이지만, 하루 짜리 초단기 거래인 1일물이 대부분이다. 거래되는 자금은 채권 등 다양하나, 신용거래(담보나 보증이 없이 거래되는 것)가 통상적이다. 콜론이 적용되는 금리는 콜금리라고 하며, 미국 연방기금금리(federal funds rate)와 같이 국내 금리의 최우대금리(프라임레이트, prime rate)로 간주되고 중요한 기준금리의 역할을 한다.

우리나라는 1980년 이전에는 은행만이 콜시장에 참여할 수 있었지만 1980년 이후 제도권 금융기관은 모두 콜시장에 참여하고 있다. 콜거래는 은행간에 거래되는 직거래방식과 중개기관을 이용한 중개거래방식이 있다.

각 국의 최우대금리

각 국의 최우대금리(prime rate)는 가장 신용도가 높은 기관(통상 그 나라의 정부기관)이 초단기로 자금을 대출받았을 때 적용받는 금리이다. 그러나 이들 기관이 하루 짜리 초단기자금은 사용하지 않으므로, 대개 은행간 대출에 적용하는 은행간금리(inter-bank market)가 각 나라의 최우대금리로 간주된다. 우리나라의 콜금리, 미국의 연방기금금리(FRB금리), 유럽의 리보(LIBOR)금리 등이 이러한 은행간금리의 대표적인 예이다.

③ 기업어음(융통어음, Commercial Paper, CP)

기업이 단기자금을 조달하기 위해 발행하는 만기 1년 이내의 융통어음이다. 정상적인 상거래로 인해 발행되는 상업어음(진성어음, commercial bill)과는 구별되고 중도에 환매가 가능하다. 환매는 자금을 빌려주고 보유한 어음을 만기 이전에 내다 팔 수 있다는 의미이다. 최저발행단위의 제한은 없으나 통상 개인 5,000만원, 법인 10억원 이상으로 발행된다. 주로 종합금융, 증권회사에서 판매하고, 은행신탁이나 투자신탁 등의 금융기관의 신탁계정에서 할인매수함으로써 시장에서 거래된다. 기업어음을 발행하기 위해서는 한국신용평가, 한국신용정보, 한국기업평가 등 공인된 신용평가기관 중 2개 이상의 기관으로부터 우수한 신용등급(B등급 이상)을 받아야 한다.

④ 통화안정증권

공개시장조작정책을 통해 통화량(시중 유동성)을 조절하기 위해 중앙은행(한국은행)이 발행하는 증권이다. 만기는 2년까지이나, 대부분이 1년 미만의 만기를 가진 1년물이다. 특징적으로 중도환매가 불가능하기 때문에 만기까지 보유해야 한다. CD처럼 할인발행이 대부분이지만, 만기가 2년인 통화안정증권은 이표채로 3개월마다 이자를 지급하는 이표채의 형태로 발행된다. 경쟁입찰 또는 일반매출에 의해 발행되며, 이후 은행이나 증권회사 등을 통해 유통시장에서 거래된다.

⑤ 환매조건부채권매매(Repurchase Agreement, RP or Repo)

금융기관 특히 은행이 단기자금을 조달하기 위해 보유한 국채, 통화안정증권 등의 안정적인 채권을 매도하고 동시에 동일한 채권을 일정기간 후 만기일에 약정수익률을 보태어 매입하는 거래이다. 즉, 일정 기간 후 약속한 가격(이자를 더한 가격)으로 대상채권을 다시 매입하거나 매도하기로 하고 매도하는 채권이다. 환매조건부채권매매는 단기자금의 수급을 조절하는 기능과 동시에 채권시장의 유동성을 높이는 역할도 수행한다.

환매조건부채권매도와 환매조건부채권매수(reverse RP)로 구분되는데, 일정기간 후 다시 매입하기로 하고 발행하는 것을 **환매조건부채권매도**라고 한다. 단기금융상품이지만 거래대상이 장기채권이며, 채권 자체가 담보의 성격을 띤 안정된 거래라는 특징이 있다. 만기는 30일 이상이며, 만기에 제한은 없으나 통상 1년 이하이다. 중도환매가 가능하다. 또한, 최저발행단위의 제한은 없으나 통상 개인 1,000만원, 법인 10억원 이상으로 거래된다.

> **환매조건부채권매매**의 성격상 RP 거래에 주로 편입되는 자산에는 안정성과 유동성이 보장된 통화안정증권, 구채이고, 미국의 경우 단기재정증권(T-Bills)이 이용된다.

한국의 기준금리

우리나라는 1999년부터 콜금리가 기준금리역할을 해왔으나 2008년부터는 한국은행이 7일 만기 환매조건부채권(RP)을 매도할 때 적용하는 금리를 기준금리로 사용하고 있다. 이 때 적용되는 기준금리는 한국은행 금융통화위원회에서 정책적으로 결정하므로 우리나라의 기준금리는 은행간금리가 아닌 정책금리이기도 하다.

⑥ 표지어음

은행 등 금융기관이 판매하는 단기 투자상품이다. 금융기관이 기업으로부터 할인 매입하여 보유하고 있는 무역어음이나 상업어음 및 기타 매출채권을 한데 묶거나 여러 단위로 분할한 다음 이를 발행하여 판매하는 어음상품이다. 이 때 기초가 되는 어음과 다른 액면금액과 이자율을 적용한다. 어음상품이므로 기간이 길지 않고 어음을 기초로 하기 때문에 다른 단기금융상품보다 이자율이 높은 반면에 위험도 큰 특징이 있다.

⑦ 은행인수어음(BA)

은행인수어음(BA, banker's acceptance)은 무역거래를 위해 발행된 기한부 환어음(무역어음)을 은행이 지급을 보장, 인수한 어음을 말한다. 즉, 신용장발행은행을 어음의 인수인으로 하여 발행된 기한부어음이다. 인수인으로 되어있는 은행은 그 어음이 일정한 조건을 갖추면 그것을 인수하여 지급하는 의무를 부담한다. 통상 30~180일 기한이며, 은행이 미래의 날짜에 미리 정해진 수취인에게 일정 금액을 지불하겠다는 약속이다. 기업이 수출입 대금결제를 위해 발행한 어음에 은행의 신용이 가미해진 것으로 볼 수 있다. 무역거래 상에서 은행에 의해 확약된 어음으로 간주되어 기업어음(CP)이나 양도성예금증서(CD) 등과 함께 높은 신용도와 유동성을 지닌 단기금융상품으로 인식된다.

⑧ 머니마켓펀드(MMF)

단기 금융상품에 대한 간접투자상품으로 대표적인 것이 단기공사채형펀드인 MMF(money market fund)이다. 은행과 증권회사, 종합금융회사 등에서 취급한다. 고객의 돈을 모아 주로 단기금융상품이면서 금리가 높은 CP(기업어음), CD(양도성예금증서), 콜(call) 등에 투자하여 얻는 수익을 돌려주는 실적배당상품이다. 원금보장이 되지 않고 예금자보호법의 대상도 아니므로 편입되는 채권에 부실이 발생할 경우 수익률이 마이너스(-)가 될 수도 있다. MMF는 단기 금융상품에 대한 단기투자에 적합한 투자상품으로서 수시입출금이 가능하기 때문에 부동(浮動) 자금이 저금리나 금융시장 불안 등으로 인해 마땅한 투자대상을 찾지 못하고 있을 때 크게 증가하는 성격이 있다.

MMF에 편입되는 자산은 대개 국채, 통화안정증권, 신용등급이 A1 이상인 우량기업의 회사채 또는 기업어음(CP) 중 잔존만기가 짧은 것에 투자하여 운용하므로 안정성이 매우 높다는 특징도 있다. 하지만 카드 발급이 안 되어 현금인출기로 입출금을 할 수 없으며, 결제와 자동이체의 기능이 없어 공과금 등을 결제할 수 없다는 단점이 있다.

> **MMF와 CMA**
>
> MMF는 흔히 종합자산관리계좌(CMA, cash management account)와 비교된다. MMF가 은행의 단기 금융상품 간접투자상품이라면 CMA는 증권회사와 종합금융회사에서 고객의 예탁금을 어음 및 채무증서 등에 운용하고 그 수익을 고객에게 지급하는 수시입출금이 가능한 금융상품이다. 두 금융상품이 유사하지만 수익률이 다르고 편입하는 상품에 차이가 있으므로 투자자에게 적합하게 선택하는 것이 필요하다.

(3) 해외시장의 단기 금융상품

미국에도 연방기금(페더럴펀드)시장, RP시장, 단기재정증권시장, CD시장, BA시장, CP시장 등이 잘 발달되어 있다. 여기서 연방기금(federal fund)시장은 우리나라 콜시장과 유사한 은행간거래시장이지만 거래 주체가 연방은행과 가입은행 간 거래라는 점에서 차이가 있다. 연방기금은 은행의 관할 연방은행에 지급준비금으로 일정수준으로 예치한 자금을 의미한다. 이 자금으로 각 가입은행이 지급준비금의 과부족이나 초과공급 상에 균형을 유지하도록 자금의 융통성을 제공한다.

미국 정부가 국고에 충당하기 위해 발행하는 단기성 채권인 단기재정증권(T-Bills)은 통상 1년 이하의 만기로 발행되는 대표적인 해외 단기 금융상품이다. 우리나라의 경우 1년 이하의 국고채는 발행되지 않고, 통화량 조절 수단인 통화안정증권이 1년 이하로 발행되고 있다. 국내 은행간 금리인 콜금리가 적용되는 콜시장과 유사한 것이 연방기금시장(federal funds)이다. 연방준비은행(Federal Reserve Bank)이 전국 규모의 시중은행(상업은행)이나 지방의 주정부은행에 단기 자금을 대여하는 상품이다. 이 때 적용되는 재할인율(再割引率)인 연방준비금이사회금리(편의상 미국금리, 미연방금리 또는 FRB금리라고 함)는 영국 금융시장의 런던은행간적용금리(편의상 리보금리 또는 LIBOR라고 함, 정식명칭은 London Interbank Offered Rate)와 함께 세계 양대 기준금리(prime rate)로 이용된다.

미국의 FRB금리와 영국의 LIBOR금리는 그 결정방식에서 상당한 차이점을 보인다. 약술하면, FRB금리가 시장상황을 고려하여 연방준비금제도이사회에서 결정되는 반면, LIBOR금리는 런던 소재 11개 주요 은행이 제시하는 은행간 대출금리의 평균금리를 적용한다는 차이점이 있다. 2008년 현재 리보금리가 미연방금리보다 더 높은 금리수준을 유지하고 있다.

미국 연방금리나 리보금리가 기준금리로 사용되는 원리는 다음과 같다. 만일 연방금리가 3%라면, 대여기간이 길수록, 신용도가 낮을수록 연방금리에 가산되는 금리가 높아져 결과적으로 높은 금리가 적용되는 것이다. 리보금리도 이와 유사한 방법으로 이용된다.

이외에도 영국과 일본 등 주요 국가에서도 미국과 유사한 형태의 단기금융시장이 발달되어 단기 자금의 융통 및 거래가 이루어지고 있다.

달러화나 유로, 엔화가 자국 내에서 유통되지 않고 다른 나라에서 대출, 차입이 이루어지는 것을 유로화폐시장(Euro money market)이라고 한다. 달러화가 미국이 아닌 프랑스의 시중은행에서 단기간으로 대출이 일어나서 프랑스 현지기업에게 전해지면 이를 유로달러(Euro Dollars)라고 하고, 엔화가 일본이 아닌 미국의 씨티은행에서 미국 현지기업에 대해 단기성 대출이 일어나면 이를 유로엔(Euro Yen)이라고 한다. 이 가운데 유로달러 시장이 가장 큰 규모이기 때문에 대표적인 유로시장의 상품으로서 유로달러를 들게 된다.

＊참고: 화폐의 유용성에 관한 경제이론

화폐가 경제에 미치는 영향에 관한 이론으로 간략하게 다섯 가지의 이론을 소개한다.

① 케인즈의 유효수요이론

1935년 케인즈(J.M. Keynes)가 고용, 이자 및 화폐에 관한 일반이론(General Theory)에서 정부지출과 세금정책은 통화량보다 경제에 미치는 영향이 크다고 주장하였다. 정부가 지출을 늘리면 - 실업이 줄어들고 소비를 촉발 - 이는 유효수요를 증가시켜 생산을 높이는 효과를 가져와 - 투자, 고용 및 임금 등에서 정부가 추가적인 경제정책을 사용하지 않아도 되는 균형상태에 이른다는 것이다. 미국의 대공황(great panic)을 극복하는데 유용하였다는 측면에서 2008년 글로벌 금융위기 때 재조명받기도 하였다.

② 화폐수량설

미국 경제학자 피셔(Irvine Fisher)의 화폐수량설(quantity theory of money)은 경제총지출이 통화량 변화와 동일하고 총지출변화와 비례하여 물가가 변화하므로 결국 화폐의 공급과 경제활동에는 직접적인 관계가 존재한다고 주장하였다.

화폐 공급 감소	화폐에 대한 수요 증가	화폐 가치 상승	동일 가치의 화폐로 더 많은 상품 구입

→

화폐 공급 증가	화폐에 대한 수요 감소	화폐 가치 하락	동일 가치의 화폐로 더 적은 상품 구입

③ 노동가치이론

독일의 마르크스(K. Marx)는 노동가치이론(labour theory of value)에서 상품의 가치나 가격은 수요 · 공급이 아닌 생산을 위해 투입된 노동력의 가치로 결정된다고 하여 화폐나 경제정책의 유용성과는 다른 주장을 하였다. 예를 들어, 신발 한켤레를 만드는데 2시간이 소요되고 시간당 임금이 $20이면 신발의 가격은 $40로 형성되어야 한다는 것이다.

= 2시간, 시간당 임금 $20 = $40

④ 경기사이클이론

호주 경제학자 하이에크(F. Hayek)의 경기사이클(business cycle)이론은 경기 수축기에 금리가 하락하고 이러한 저금리는 신용확대 즉 대출증가로 이어져 금리가 오르는 과정을 순환한다고 하여 경기사이클과 화폐 수요 및 금리의 관계를 설명하였다.

경기 수축 – 금리 하락 – 화폐 수요 증가 – 금리 상승(경기 회복)
– 화폐 수요 감소 – 경기 하강

⑤ 신화폐수량설

미국의 프리드먼(M. Friedman)이 주창한 신화폐수량설(monetarism)에 따르면 정부가 통화공급을 위해 이자율을 조절할 수 있어서 금리를 내리면 소비가 진작시키고 금리를 올리면 소비를 줄이고 저축을 하기 때문에 통화량이 줄어든다. 즉, 통화정책의 중요성을 강조한다.

금리가 낮을 때	\$100의 소득으로 \$100의 소비	판매자는 \$100 소득	판매자는 \$100을 임금으로 지급
금리가 높을 때	\$100의 소득으로 \$50 저축, \$50 소비	판매자 \$50 소득	판매자 \$50 소득 판매자는 \$50을 임금으로 지급

2. 비은행예금취급기관

(1) 종합금융회사

종합금융회사는 상업은행과 투자은행 기능을 모두 수행하는 곳으로 가계대출 및 지급결제, 증권중개업과 보험업을 제외하고 장단기금융, 투자신탁, 시설대여, 벤처케피탈, 국제금융, 프로젝트파이낸싱 업무 등 기업에 대한 모든 금융업을 영위하는 제2금융권 기관이다. 현재 국내에는 우리종합금융(주) 1곳만이 전업 종합금융회사이고 다른 금융기관에서 겸업 형태로 종합금융업을 취급하고 있다. 은행의 예금통장 기능에 화폐시장 투자 수익을 가미한 종합자산관리계좌(CMA) 상품을 판매한다. CMA 상품은 고객이 맡긴 예금을 어음이나 단기금융상품에 투자하여 수익을 발생시키고 은행계좌를 통한 수시입출금이 가능하여 유용성이 높은 금융상품으로 알려져 있다. 또한 은행이나 증권회사의 CMA가 예금자보호대상이 아닌 반면 종합금융회사의 CMA는 보호대상이라는 특징이 있다.

프로젝트파이낸싱(PF, project financing)

대규모 공업단지나 상업시설 또는 사회간접시설과 관련된 투자와 운영 및 관리를 수행하고 사업 시작 후 발생하는 수익금을 회수하여 투자자에게 환원하여주는 금융행위이다. 프로젝트파이낸싱(흔히 'PF'하고 함)의 특징은 일반적인 자금조달방법으로 사용되는 차입이나 증권발행이 아니고 프로젝트의 자산 및 완성품, 사업성과에 비추어 투자가 이루어진다는 점이다. 따라서 사업주체나 시행자 또는 차입자의 신용이나 담보는 대출에 있어서 부차적으로 활용된다. 통상 규모가 크고 위험도가 높기 때문에 단독으로 실행되기보다 여러 기관이 자금 제공, 공사 시행, 보험 가입 등을 위해 참여하는 합작(joint venture)이나 콘소시움(consortium) 또는 신디케이트(syndicate)로 이루어진다. 프로젝트 수행과 관련한 위험에는 지연위험, 비용초과위험, 시장위험, 천재지변위험, 정치적위험, 국가위험 등이 존재한다. 사업을 벌이는 주체로서 명목적인 특수목적회사(SPC, special purpose company)가 설립되어 운영된다.
프로젝트를 완공하여 운영하거나 운영권을 넘기는 절차에 따라 BTL(build, transfer, lease), BLT(build, lease, transfer), BOT(build, operate, transfer) 등의 방식이 이용된다.

예를 들어, 어떤 대학이 기숙사를 BOT 방식(임대형투자사업)으로 완공한다고 가정하자. 대학이 A은행과 B콘소시움으로부터 기숙사 건설자금을 차입하고 투자금을 받아 C건설회사가 완공한 다음, 이를 대학이 운영토록 한다. 대학은 기숙사를 운영하기 위한 특수목적회사(SPC)를 설립하여 일정기간 운영하게 되는데 이 때 발생한 운영수익으로 차입금과 배당 형태로 상환한다. 이후 운영기간이 종료하면 운영권을 건설회사에 이양한다.

도로나 교량 등 대규모 사회간접자본이 필요한 국가에서 자본이나 건설기술이 열악한 경우 외국 자본이나 건설회사가 이를 완공한 후 일정기간 운영하거나 혹인 당해 국가에 운영권을 넘긴 후 임차료를 받는 등 여러 형태의 금융기법으로 활용된다. 이러한 프로젝트파이낸싱을 이용하면 건설자금이나 개발자금이 부족한 기업, 정부가 원하는 대규모 시설을 구축할 수 있어 민간이나 국가 차원에서 유용한 수단이다. 하지만 신용이나 담보보다는 사업의 성공에 따라 수익이 좌우된다는 점에서 위험도가 높아 세시함 사업성 평가가 필요하다.

(2) 상호금융기관

상호금융은 조합원의 자금을 예탁받아 이를 조합원에게 융자함으로써 조합원 상호간의 원활자금 융통을 꾀하는 호혜 금융의 일종이다. 신용협동조합을 비롯하여 농업협동조합, 수산업협동조합, 축산업협동조합, 새마을금고 등이 있다.

① 농·수·축산업 협동조합

이들 협동조합은 교육지원, 경제, 금융활동을 영위하고 금융부문은 상호금융과 금융지주로 나뉘어 있다. 상호금융은 농·수·축산업 협동조합의 단위조합에서 농·수·축산업자 및 지역 주민에게 필요한 예금, 대출과 서민금융 서비스를 제한된 형태로 취급한다. 2000년 7월에 농·축산업 및 인삼협동조합중앙회를 통합한 농업협동조합중앙회로 출범하여 현재 농협금융지주가 되었으며, 농협금융지주는 종합금융회사로 NH농협은행, NH투자증권, NH농협생명, NH손해보험, NH저축은행 등 종합금융그룹으로 업무를 영위하고 있다.

② 신용협동조합

흔히 신협으로 부르는 신용협동조합(credit unions)은 1좌 이상의 출자를 통해 조합원이 소유자이자 구성원인 금융기관이다. 조합원을 대상으로 한 예탁금이나 적금, 당좌대출, 어음할인, 주요 물품의 보관 및 보호예수업무, 신용카드업 등을 영위한다. 본연적으로 협동조합의 체제를 갖추고 있는데, 가칭 성남신용협동조합(지역), 약사신용협동조합(직업), 성가신용협동조합(종교) 등의 예에서처럼 지역·직업·종교 등 상호유대를 가진 개인이나 단체 간의 협동 조직을 기반으로 하여 자금의 조성과 이용을 도모하는 비영리 금융기관이다.

신용협동조합은 19세기 중반 독일에서 지역공동체나 산업공동체의 조합원을 위한 비영리단체로 처음 조직되었다. 이 때 보통증권(common bond)를 발행하여 나누어 가지고 이익금은 조합의 공동이익을 위해 재투자하였다. 이후 이탈리아를 비롯한 세계 각지에 파급되었다고 알려졌는데 우리나라는 1960년 부산의 메리놀병원에서 처음으로 성가신용협동조합이 만들어졌다.

교육지원부문	경제부문	금융부문
농업인의 권일을 대변하고 농업발전과 농가 소득 증대를 통해 농업인 삶의질 향상에 도움을 주고 있습니다. 또한 농촌사랑과 식생활 개선운동 등을 통해 농업과 농촌사회가 가지는 중요한 가치를 공유하고 있습니다.	농업인이 영농활동에 안전적으로 전념할 수 있도록 생산 · 유통 · 가공 · 소비에 이르기까지 다양한 경제사업을 지원하고 있습니다. 경제사업 부분은 크게 농업경제 부문과 축산경제 부분으로 나누어며, 농축산물 판로확대, 농축산물 유통구조개선을 통한 농가소득증대와 영농비영 절감을 위한 사업에 주력하고 있습니다	농협의 금융사업은 농협 본연의 활동에 필요한 자금과 수익을 확보하고, 차별화된 농업금융 서비스 제공을 목적으로 하고있습니다. 금융사업은 시중 은행의 업무 외에도 NH카드, NH보험, 외국환등의 다양한 금융 서비스를 제공하여 가정경제에서 농업경제, 국가 경제까지 책임을 다해 지켜나가는 우리나라의 대표 금융기관입니다
교육지원사업 농축협 육성 · 발정지도 영농 및 회원 육성 · 지도, 농업인 복지증진, 농촌사랑 · 식사랑 농사랑운동, 농정활동 및 교육사업사회공헌 및 국제협력 운동 등	**농업경제사업** 영농자재(비료, 농역, 농기계, 면세유 등) 공급, 산지유통혁신, 도매 사업, 소비지유통 활성화, 안전한 농식품 공급 및 판매 **축산경제사업** 축산물 생산, 도축, 가공, 유통, 판매사업, 축산 지도(컨설팅 등), 지원 및 개량사업, 축산 기자재(사료 등) 공급 및 판매	**상호금융사업** 농촌지역 농업금융 서비스 및 조합원 편익 제공, 서민금융 활성화 **농협금융지주** 종합금융그룹(은행, 보험, 증권, 선물 등)

[그림 3-1] 농협이 하는 일

(자료: 농협 홈페이지)

③ 새마을금고

신용협동조합과 유사하게 협동조합 체제로 운영되는 금융기관으로 지역협동조합이 발전된 형태로 볼 수 있다. 조합원 가입을 통해 자격을 취득한 회원으로부터 예탁금 및 적금 수입으로 조달한 자금을 회원에 대한 대출로 운용하는 신용사업을 영위한다. 예탁금에 대해 세제혜택이 주어진다. 예탁금, 적금 및 대출금의 종목과 이자율의 최고한도는 정부에서 정하며, 상환준비금으로서 예탁금 및 적금잔액의 10% 이상을 보유하되 이중 1/2 이상은 새마을금고

연합회에 예치하도록 되어 있다. 이러한 방식을 통해 자체적으로 예금보호제도를 수행한다는 특징이 있다. 따라서 새마을금고 예탁금은 1인당 5천만원까지 예금자보호가 되고 세제혜택이 있어 서민들에게 유리한 상품이라고 볼 수 있다. 새마을금고중앙회와 단위새마을금고 조직으로 구성되어 있다.

(3) 상호저축은행

흔히 저축은행(savings bank)이라고 하는 상호저축은행(mutual savings bank)은 기존에 상호신용금고로 설립되어 영업을 영위하다가 1997년 외환위기를 거쳐 대거 통폐합되면서 2001년에 상호저축은행법에 의해 상호저축은행으로 명칭이 변경되었다. 서민금고의 역할을 하는데 계원 또는 부금가입자의 어음할인 및 소액신용대출을 주 업무로 하였으나 다른 은행업으로 확장하였다.

본연적 의미의 상호저축은행은 우리나라 전통의 계(契)를 양성화했다고 볼 수 있다. 부금자로 가입하여 일정기간 동안 일정금액을 납입한 후 추첨이나 입찰 등의 방법으로 당첨자를 선정하여 금전을 지급하는 상호신용계업무가 시작이었다. 그러던 것이 일반은행의 예금업무와 같이 변천되면서 여러 은행업무도 겸업하게 된 것이다. 최근에는 예금과 대출의 경우 신용이 열악한 중소상인, 서민들을 위한 중금리 예금과 중금리 대출을 주로 수행한다.

2019년 8월 저축은행중앙회 통계에 따르면 현재 우리나라에는 79개 상호저축은행이 영업을 영위하고 있으며, 대출금 운용 내역을 보면 기업자금, 가계자금, 공공 및 기타 자금 순서로 이루어져 저축은행도 기업 중심의 활동이 이루어지고 있다.

(4) 우체국

우체국 예금, 우체국 대출, 우체국 보험 등 우체국 금융은 원래 금융기관의 금융서비스가 닿기 어려운 지역의 서민을 대상으로 한 것이었다. 국민경제

발전에 따라 우체국 금융은 1970년대에 사라졌다가 1983년에 부활하여 다른 일반 금융기관에 비해 상대적으로 소액이면서 혜택 면에서 유리한 예금 및 대출과 저렴한 보험료로 보장이 가능한 보험을 판매하고 있다. 이뿐만 아니라 우체국은 신용카드업과 집합투자업에도 진출하여 카드와 펀드를 판매하고 있어 국가에서 운영하는 시민형 금융기관의 역할을 겸하는 국민의 종합창구로 발전해가고 있다. 국가의 지원을 받음으로써 유리한 혜택을 제공하는 측면이 있지만 한편으로는 다른 금융기관과의 공정경쟁에서 우위를 점하고 있다는 특징이 있다.

3. 예금보호제도

(1) 개념과 목적

예금자보호제도는 금융권에 예금이나 예탁금을 불입하는 금융소비자의 예금과 예탁금을 1인당 일정 금액 한도 내에서 공적기관이 지급을 보장함으로써 금융거래의 안정을 기하는 제도이다. 고객의 예금인출(bank-run) 또는 예탁금 인출사태(fund-run), 금융기관의 파산 등으로 예금이나 보험금이 정상적으로 지급될 수 없을 때 공적기관인 예금보험공사에서 일정 한도 내에서 지급을 보장한다.

미국, 일본, 노르웨이, 캐나다 등 여러 나라에서 실시되고 있으며, 1933년 대공황으로 경제에 큰 타격을 입은 미국에서 처음으로 예금보호법을 제정하고 1934년 연방예금보험공사(FDIC, federal deposit insurance company)를 설립하여 가장 체계적으로 제도화되었다. 이후 여러 나라에서 설립되어 예금자를 보호하고 금융기관의 퇴출을 규율하며, 금융위기 발생 가능성에 대비한 금융안정시스템과 최종 대부자의 역할을 수행한다. 특히 2008년 글로벌

금융위기 및 2011년 유럽 재정위기의 극복과정에서 유럽과 일본 등 주요 국가에서 예금자보호한도를 대폭 강화하는 등의 조치를 통해 예금보호제도가 보다 활성화되었다. 이와 같은 예금보험제도는 금융안정을 도모하기 위해 금융기관이 파산하더라도 피해를 줄이고 추가적인 인출사태를 줄여 금융거래가 영향을 받지 않도록 하는 효과를 준다.
우리나라에서는 예금자보호법 의해 1996년에 설치된 예금보험공사가 예금보험업무를 수행하고 있다.

예금자보호의 예

금융기관에 영업정지 등 보험사고가 발생할 경우, 예금보험공사에서 금융기관별 1인당 5천만원 한도로 원금 및 이자를 보장한다. 예를 들어, 보호대상인 은행의 정기예금, 정기적금 및 종합금융회사 CMA의 세 가지에 각각 3천만원씩 가입하고 비보호대상인 은행의 MMF상품에 1천만원을 가입하였다면 예금자보호법에 의해 MMF를 제외한 상품에서 총 9천만원을 보장받는다.
다만, 금융기관이나 금융상품 모두 예금보호를 받지 않고 운용실적에 따라 수익금이 달라지는 투자상품 및 신종예금상품 등은 보호대상에서 제외된다. 혼동되는 예를 들면, 종합금융회사가 아닌 증권회사의 CMA는 실적배당상품의 성격이 짙어 예금보호가 되지 않아 예금지급을 보장받지 못한다.

예금보호를 받는 금융기관은 은행, 증권, 보험, 종합금융 및 상호금융이며, 이들 보호대상기관은 예금액의 일정 비율을 보험료로 납부한다. 새마을금고, 농 · 수협단위조합은 보장대상에서 제외되지만 새마을금고와 농 · 수협단위조합은 자체 기금으로 예금을 보장해 주고 있다.

예금보호제도는 크게 다음과 같은 세 가지 목적을 두고 있다.
(예금보험공사 홈페이지 www.kdic.or.kr 전재)

① 예금 지급불능 사태 방지

금융회사가 영업정지나 파산 등으로 고객의 예금을 지급하지 못하게 될 경우 해당 예금자는 물론 전체 금융제도의 안정성도 큰 타격을 입게 된다. 이러한 사태를 방지하기 위하여 우리나라에서도 예금자보호법을 제정하여 고객들의 예금을 보호하는 것이다.

② 보험의 원리를 이용하여 예금자 보호

예금보험은 그 명칭에서 알 수 있듯이 "동일한 종류의 위험을 가진 사람들이 평소에 기금을 적립하여 만약의 사고에 대비한다"는 보험의 원리를 이용하여 예금자를 보호하는 제도이다. 즉, 예금자보호법에 의해 설립된 예금보험공사가 평소에 금융회사로부터 보험료(예금보험료)를 받아 기금(예금보험기금)을 적립한 후, 금융회사가 예금을 지급할 수 없게 되면 금융회사를 대신하여 예금(예금보험금)을 지급한다.

③ 공적보험으로 금융 안정성 제고

예금보험은 예금자를 보호하기 위한 목적으로 법률에 의해 운영되는 공적보험이기 때문에 예금을 대신 지급할 재원이 금융회사가 납부한 예금보험료 만으로 부족할 경우에는 예금보험공사가 직접 재권(예금보험기금채권)을 빌행하는 등의 방법을 통해 재원을 조성한다. 이를 통해 사전적으로도 금융의 안정성을 제고하는 효과가 있다.

(2) 보호대상 금융회사와 금융상품

2019년 2월 현재 예금보호제도로 보호되는 금융회사의 규모는 다음과 같다. 혼동될 수 있는 기관으로 농협은행, 수협은행 및 외국은행 국내지점은 보호대상 금융회사이다. 단, 농·수협 지역 단위조합, 신용협동조합, 새마을금고는 현재 예금보험공사의 보호대상 금융회사는 아니며, 관련 법률에 따라 각 중앙회가 자체적으로 설치·운영하는 기금에 자금을 적립하여 예금자를 보호하고 있다. 마지막으로 우체국의 예금 및 보험금은 법률에 의거하여 국가가 지급을 책임진다.

〈표 3-1〉 예금보호 대상 금융기관의 수

(자료: 예금보험공사 홈페이지)

구분		국내	외국	계
은행		18	38	56
투자매매업자 – 투자중개업자	증권	43	11	54
	자산운용	48	0	48
	선물	2	0	2
	증권금융	1	0	1
	기타	10	0	10
	합계	104	11	115
보험회사	생명보험	24	0	24
	손해보험	16	4	20
종합금융회사		1	0	1
상호저축은행 및 상호저축은행중앙회		80	0	0
계		243	53	296

〈표 3-2〉 예금 보호 · 비보호 금융상품

구분	보호금융상품	비보호금융상품
은행	• 보통예금, 기업자유예금, 별단예금, 당좌예금 등 요구불예금 • 정기예금, 저축예금, 주택청약예금, 표지어음 등 저축성예금 • 정기적금, 주택청약부금, 상호부금 등 적립식예금 • 외화예금 • 예금보호대상 금융상품으로 운용되는 확정기여형 퇴직연금제도 및 개인형퇴직연금제도의 적립금 • 개인종합자산관리계좌(ISA)에 편입된 금융상품 중 예금보호 대상으로 운용되는 금융상품 • 원본이 보전되는 금전신탁 등	• 양도성예금증서(CD), 환매조건부채권(RP) • 금융투자상품(수익증권, 뮤추얼펀드, MMF 등) • 특정금전신탁 등 실적배당형 신탁 • 은행 발행채권 • 주택청약저축, 주택청약종합저축 등
투자 매매업자 · 투자 중개업자	• 증권의 매수 등에 사용되지 않고 고객계좌에 현금으로 남아 있는 금액 • 자기신용대주담보금, 신용거래계좌 설정보증금, 신용공여담보금 등의 현금 잔액 • 예금보호대상 금융상품으로 운용되는 확정기여형퇴직연금제도 및 개인형퇴직연금제도의 적립금 • 개인종합자산관리계좌(ISA)에 편입된 금융상품 중 예금보호 대상으로 운용되는 금융상품 • 원본이 부전되는 금전신탁 등	• 금융투자상품(수익증권, 뮤추얼펀드, MMF 등) • 선물 · 옵션거래예수금, 청약자예수금, 제세금예수금, 유통금융대주담보금 • 환매조건부채권(RP), 증권사 발행채권 • 종합자산관리계좌(CMA), 랩어카운트, 주가지수연계증권(ELS), 주식워런트증권(ELW) • 금현물거래예탁금 등
	• 증권금융회사가 「자본시장과 금융투자업에 관한 법률」 제330조제1항에 따라 예탁받은 금전	
보험회사	• 개인이 가입한 보험계약 • 퇴직보험 • 변액보험계약 특약 • 변액보험계약 최저사망보험금 · 최저연금적립금 · 최저중도인출금 · 최저종신중도인출금 등 최저보증 • 예금보호대상 금융상품으로 운용되는 확정기여형퇴직연금제도 및 개인형퇴직연금제도의 적립금 • 개인종합자산관리계좌(ISA)에 편입된 금융상품 중 예금보호 대상으로 운용되는 금융상품 • 원본이 보전되는 금전신탁 등	• 보험계약자 및 보험료납부자가 법인인 보험계약 • 보증보험계약, 재보험계약 • 변액보험계약 주계약(최저사망보험금 · 최저연금적립금 · 최저중도인출금 · 최저종신중도인출금 등 최저보증 제외) 등
종합 금융회사	• 발행어음, 표지어음, 어음관리계좌(CMA) 등	• 금융투자상품(수익증권, 뮤추얼펀드, MMF 등) • 환매조건부채권(RP), 양도성예금증서(CD), 기업어음(CP), 종금사 발행채권 등
상호저축은행 및 상호저축 은행중앙회	• 보통예금, 저축예금, 정기예금, 정기적금, 신용부금, 표지어음 • 상호저축은행중앙회 발행 자기앞수표 등	• 저축은행 발행채권(후순위채권 등) 등

4. 공적금융기관

예금보험공사가 금융시장 및 금융기관의 최후의 예금지급자로서의 역할을 수행한다면 이와 유사하게 공적 금융기관이 설립되어 정책적인 목적의 공적인 금융기능을 담당하고 있다. 한국주택금융공사, 한국자산관리공사, 한국무역보험공사, 한국투자공사 등이다.

(1) 한국주택금융공사

한국주택금융공사는 주택시장 안정을 위한 금융기능 제고를 위해 2004년 3월 설립된 기관으로 크게 주택저당증권(MBS) 발행 및 주택금융보증 기능을 수행한다. 주택저당증권은 은행, 보험회사 등 금융기관으로부터 주택담보대출과 관련한 주택저당채권을 양도받아 이들 담보로 발행하는 증권이다. 이를 통해 은행 등 금융기관이 보다 안전하게 용이하게 주택시장 안정을 위한 대출을 시행토록 지원하는 역할을 한다. 주택저당증권의 원리금은 양도받은 주택저당채권의 관리, 처분, 운용으로 발생하는 수익으로 충당한다.

(2) 한국자산관리공사

한국자산관리공사(캠코)는 금융기관이나 기업의 부실자산을 관리 및 정리하기 위해 기존의 성업공사를 확대 개편하여 1999년 설립한 기관이다. 이외에도 기업구조조정업무, 금융소외자 신용회복지원업무, 국유재산 관리 및 체납조세정리업무 등을 수행한다.

(3) 한국무역보험공사

한국무역보험공사는 이전에 한국수출입은행에서 담당하던 수출보험을 1992년 7월 수출보험을 전담하는 한국수출보험공사로 출범하였다가 2010년에는 수입보험제도를 도입하면서 한국무역보험공사로 명칭을 변경하였다. 무역거래에서 발생할 수 있는 계약불이행, 환율변동으로 인한 원화결제금액 손실 등을 부보하여 줌으로써 금융기관이 수출입업자에게 무역금융을 원활하게 제공토록 하는 기능을 수행한다.

(4) 한국투자공사

한국투자공사는 정부와 한국은행, 공공기금 등으로부터 위탁받은 외환보유액 및 공공자산의 운용업무를 효율적으로 수행하여 금융산업 발전에 기여코자 2005년 7월에 설립된 기관이다. 주로 해외에서의 투자를 늘려 국제금융시장에서의 한국의 위상을 높이고 해외국부투자전문기관으로 장기·분산 투자하여 국부를 보존하고 증대하는 노력을 하고 있다.

학습정리

01. 단기 금융상품은 화폐시장의 1년 만기 이내의 상품으로서 유동성이 높고, 위험도가 낮은 특징이 있다. CD, CP, RP, Call, 통화안정증권, T-Bills 등이 대표적 상품이다.

02. 통화안정증권은 공개시장조작정책을 통해 통화량(시중 유동성)을 조절하기 위해 중앙은행(한국은행)이 발행하는 증권이다. 만기는 2년까지이나, 대부분이 1년 미만의 만기를 가진 1년물이다. 특징적으로 중도환매가 불가능하기 때문에 만기까지 보유해야 한다.

03. 금융기관(특히, 은행)간에 일시적 자금부족을 메우기 위해 초단기자금을 거래하는 시장을 콜시장이라고 하고, 여기에 적용되는 은행간금리(inter-bank rate)가 콜금리이다. 통상 각 나라의 초단기우량금리의 기준이 된다.

04. 단기 금융상품에 대한 간접투자상품의 대표적인 것이 MMF이다. MMF는 단기 금융상품에 대한 단기투자에 적합한 투자상품으로서 수시입출금이 가능하기 때문에 부동(浮動) 자금이 저금리나 금융시장 불안 등으로 인해 마땅한 투자대상을 찾지 못하고 있을 때 크게 잔고가 증가하는 성격이 있다.

05. 일정 기간 후 약속한 가격(이자를 더한 가격)으로 대상채권을 다시 매입하거나 매도하기로 하고 매도하는 환매조건부채권매매는 단기자금의 수급을 조절하는 기능과 동시에 채권시장의 유동성을 높이는 역할도 수행한다.

06. 은행인수어음(BA)은 무역거래를 위해 발행된 기한부 환어음(무역어음)을 은행이 지급을 보장, 인수한 어음으로 기업어음(CP)이나 양도성예금증서(CD) 등과 함께 높은 신용도와 유동성을 지닌 단기금융상품으로 인식된다.

07. 상호금융은 조합원의 자금을 예탁받아 이를 조합원에게 융자함으로써 조합원 상호간의 원활자금 융통을 꾀하는 호혜 금융의 일종으로 신용협동조합을 비롯하여 농업협동조합, 수산업협동조합, 축산업협동조합, 새마을금고 등이 있다. 이 가운데 축산업협동조합은 농업협동조합과 통합하여 농협금융지주로 운영되고 있다.

08. 예금자보호제도는 금융권에 예금이나 예탁금을 불입하는 금융소비자의 예금과 예탁금을 1인당 일정 금액 한도 내에서 공적기관이 지급을 보장함으로써 금융거래의 안정을 기하는 제도이다.

제4장

금 융 시 장 이론적 배경

1. 금융시장의 효용
2. 이자율과 투자
3. 투자과정
4. 포트폴리오선택이론과 자본자산가격결정모형

들어가기

금융시장은 자금의 수요와 공급을 통하여 생산활동 등 전반적인 경제행위를 원활하게 해주는 역할을 한다. 고대 로마시대에 환전상으로부터 시작된 금융시장은 예금과 대출이라는 전통적인 금융기능으로부터 투자와 위험관리 및 가상화폐로 발전하며 경제활동의 근간을 이룬다. .

각 국가에서는 오랜 역사를 통해 그 나라의 경제구조에 맞는 금융시장 체제를 구축하며 현재에 이르고 있다. 금융시장의 제 기능과 역할을 수행하기 위해서는 금융시장이 시장에 참여하는 경제주체의 효용을 높이고 궁극적으로는 경제활동에 도움이 된다는데 배경을 둔다.

금융활동을 활발하게 수행하기 이전과 이후 참여자의 효용이 증가하는 관계를 알아본다.

예를 들어, 실물경제만 존재할 때와 금융시장이 존재할 경우 시장참여자의 효용이 증가한다. 또한 생산 및 소비의 기회만 존재할 경우보다 금융시장을 이용한 차입과 대출의 기회를 활용하면 더 높은 효용이 달성된다. 또한 외국과의 무역거래에서도 금융기관을 통한 금융중개활동이 거래의 안전성과 효율성을 증가시킨다.

또한 투자는 투자목표와 투자제약을 고려한 투자전략을 수립하고 이를 실행해 나가야 한다. 이번 장에서는 투자와 이자율의 기본원리에 대해 학습한다.

1. 금융시장의 효용

(1) 로빈슨크루소 경제(Robinson Crusoe Economy) 원리

각 국가에서는 오랜 역사를 통해 그 나라의 경제구조에 맞는 금융시장 체제를 구축하며 현재에 이르고 있다. 금융시장의 제 기능과 역할을 수행하기 위해서는 금융시장이 시장에 참여하는 경제주체의 효용을 높이고 궁극적으로는 경제활동에 도움이 된다는데 배경을 둔다.
금융시장의 효용을 설명하기 위해 배가 난파되어 무인도에 혼자 살게 된 로빈슨크루소의 경제원리를 예로 들어보자. 무인도에서 혼자만의 삶을 영위하게 된 로빈슨크루소에게는 정치, 경제, 사회, 문화의 영역 중 경제의 영역이 단연코 중요한 행위가 된다. 혼자만의 활동이 하루를 차지하는 로빈슨크루소에게는 정치나 사회는 기본적인 삶에 큰 도움이 되지 않지만 목숨을 연명해야 하는데 필요한 경제나 시간을 보내는데 긴요한 문화 그 중에서도 경제의 영역이 관심의 대상이 될 것이다.

무인도에 연명할 수 있는 식량으로 사과나무 한 그루에 10개의 사과가 있다고 가정하자.

| 소비의 기회 | 먼저 로빈슨크루소에게 연명을 위해 주어진 선택은 10개의 사과를 어떻게 소비하는가이다. 즉, 10개를 오늘 한꺼번에 먹고 긴 시간을 연명하느냐, 10개 중 1개씩을 차례로 먹으면서 연명하느냐, 그렇지 않으면 나중에 10개를 먹느냐 등의 시차선호(time preference)에 관한 소비의 기회만 존재한다.

| 생산의 기회 | 로빈스크루소가 다 먹은 사과의 씨를 심어서 사과나무를 재배한 다음 이 사과를 먹을 기회가 존재한다고 하자. 즉, 이전에 시차선호에 의한 소비의 기회만 존재하는데 더불어 생산의 기회가 존재한다면 로빈슨크루소의 삶의 연명에 관한 효용은 증가할 것이다.

| 교환의 기회 | 어느 날 로빈슨크루소가 사는 섬의 옆 무인도에 로빈슨후드가 표류하여 살게 되었다고 생각해 보자. 그리고 로빈슨후드가 살게 된 옆 무인도에는 배나무가 있어서 배나무를 먹어 연명할 수 있다고 가정하자. 그러면 사과만 먹던 로빈슨크루소에게는 사과를 배와 교환하여 효용을 높이는 기회가 생긴다. 이를 통해 로빈슨크루소의 삶의 가치는 높아질 것이다.

| 차입, 대출의 기회 | 로빈슨크루소가 사는 무인도에 로빈슨제인이 표류하여 와서 사과를 평소보다 많이 소비하게 되었다. 먹을 사과가 모자라게 된 로빈슨크루소는 로빈슨후드에게 배를 가져다가 로빈슨제인과 함께 소비하고 이를 나중에 재배한 사과로 갚기로 했다. 이 때 갚는 사과는 빌려온 배와의 교환비율보다 높게 함으로써 로빈슨후드가 배를 빌려주게 할 유인을 제공한다.

[그림 4-1] 로빈스크루소 경제

(2) 금융시장의 효용

로빈슨크루소는 배를 먼저 빌려서 먹고 나중에 더 많은 사과로 상환하는 경제활동을 수행하여 보다 높은 만족을 가져다주는 상황이 된다. 즉, 로빈슨크루소는 차입의 기회, 로빈슨후드는 대출의 기회를 가짐으로써 이전에 비해 더 많은 효용을 가지게 되는 것이다. 이처럼 금융시장은 생산, 소비, 교환과 함께 소비자, 생산자의 효용을 극대화시키는데 유용한 경제활동이다.

이 때 로빈슨크루소와 로빈슨후드 간에 미래 사과로 상환하는 시점에서 배를 현재 교환하는 비율보다 더 많은 비율로 상환하게 되면 이 초과수량은 이자(interest)가 된다. 이자의 원금에 대한 비율을 이자율이라고 하고, 이자율은 다른 조건이 일정하다면 차입자의 신용이 우수할수록, 차입하는 기간이 길수록 높아지는 성격을 띤다. 차입자의 신용에 따른 이자율의 변화는 신용등급평정(credit rating)과 관계되고, 차입자의 기간에 따라 이자율이 변하는 구조를 이자율의 기간구조(term structure)라고 한다.

금융시장이 존재할 때 시장참여자의 효용이 극대화된다는 이론적 배경은 생산, 소비와 금융시장이 병존하는 경우 가장 높은 효용이 달성된다는 점으로 간략하게 다음과 같이 설명할 수 있다.

> 이자율의 기간구조는 본 서에서는 다루지 않지만 만기 차이에 따른 이자율의 변화를 분석한 이론으로 기대이론(expectation theory), 유동성프리미엄이론(liquidity premium theory), 선호서식지이론(preferred habitat theory), 시장분할이론(marekt segmentation theory)이 있다.

① 소비와 지축의 기회가 존재할 경우

[그림 4-2]는 현재소비와 미래소비 사이에 소비와 저축의 선택 기회만 존재할 경우이다. 예산제약선(금융시장선)은 일정한 소득 하에 금융시장에서 시장이자율로 차입이나 대출을 함으로써 현재소비와 미래소비의 선택에서 최대만족을 주는 조합이다. 따라서 금융시장선의 각 점은 주어진 소득(W_0)으로부터 차입 또는 대출로 가능한 현재와 미래 소비점들이다. 현재소비(C_0)는 현재소득(W_0)과 미래소득(W_1)의 현재가치이고, 미래가능소비(C_1)는 현재소비(C_0)와 미래소비의 현재가치가 된다. 그리고 무차별곡선은 두 상품에 대하여 투자자가 동일한 만족(효용)을 가지는 조합을 연결한 선이다. 무차별곡선은 한계효용체감의 법칙에 의해 원점에 대해 볼록하고 원점에서 멀어질수록 효용이 커지는 것을 의미한다(한계효용체감의 법칙의 쉬운 예로서, 새해 각오로 운동을 열심히 하겠다고 결심하였는데 시간이 갈수록 운동에서 느끼는 만족감이 떨어지면서 점차 운동을 게을리하는 것을 들 수 있다).

이 때 소비자가 금융시장을 이용하는 경우 소비자의 최적 선택은 금융시장선과 무차별곡선의 접점에서 이루어진다. 최적선택점에서 현재에 C_0를 소비하고 미래에 C1을 소비함으로써 주어진 소득으로 가장 높은 효용을 얻을 수 있다.

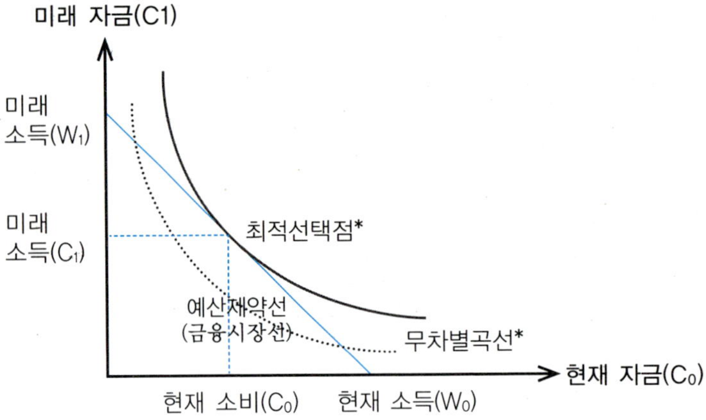

[그림 4-2] 소비와 금융시장

② 생산 및 소비와 저축의 기회가 존재할 경우

생산활동이 가능해지면 생산기회를 이용함으로써 소득의 흐름에 따라 소비를 할 때보다 높은 효용을 얻을 수 있다. 생산가능곡선과 무차별곡선의 접점에서 최적 소비선택이 이루어지는데 이는 유보된 소비가 생산에 투입되어 미래 소비로 전환되는 과정을 통해 보다 높은 효용이 나타난다.
그림에서와 같이 소비자의 최적 선택은 생산가능곡선의 기울기인 한계변환율(MRT, marginal rate of transformation)과 무차별곡선의 접점으로 효용이 증가한다. 이는 유보된 소비가 생산에 투입되어 미래소비로 전환되는 비율로 생산을 통해 수익이 증대할 것으로 기대되고 이는 투자 증가를 가져와 더 높은 효용을 창출하기 때문이다. 즉, 미래 소비가 기존의 금융시장선에 의한 소비와 생산에 의한 투자수익이 합쳐져 효용이 증가한다.

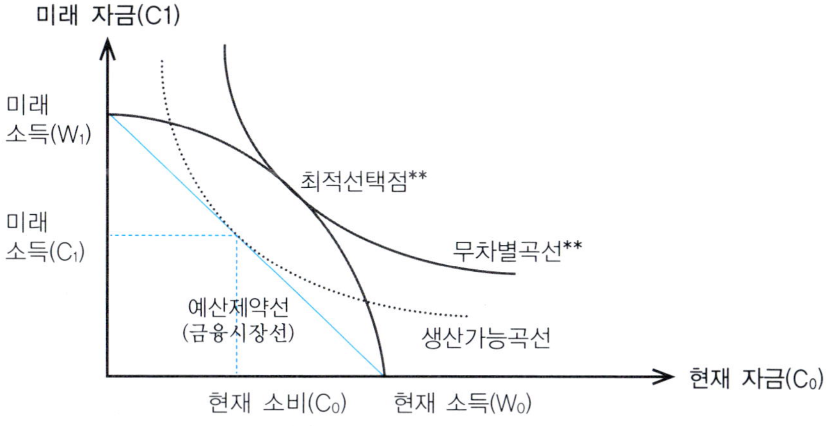

[그림 4-3] 생산, 소비와 금융시장

③ 차입 · 대출의 기회, 생산 및 소비의 기회가 존재할 경우

마지막으로 금융시장이 존재하여 차입과 대출이 가능해져 차입자와 대출자 간 자금의 효율적 이전이 이루어지면 최적생산(투자) 결정과 최적 소비는 분리되고 가장 높은 수준의 효용이 실현된다(Fisher의 분리정리). 즉, 금융시장을 통해 차입자와 대여자 간 자금이 보다 효율적으로 이전됨으로써 높은 수준의 효용이 달성되는 것이다.

피셔의 분리정리는 최적투자결정은 주관적인 선호와 무관하게 객관적인 시장이자율에 결정된다는 것으로 소비자의 소비결정과 투자결정은 서로 독립적으로 이루어진다는 이론이다. 소유와 경영의 분리를 뒷받침하는 근거를 제공하기도 한다. 기업의 주주는 소비에 대해 서로 다른 시간선호를 갖지만 투자결정은 결국 시잠이자율에 의해 이루어지므로 소유와 경영이 분리된다는 논거이다.

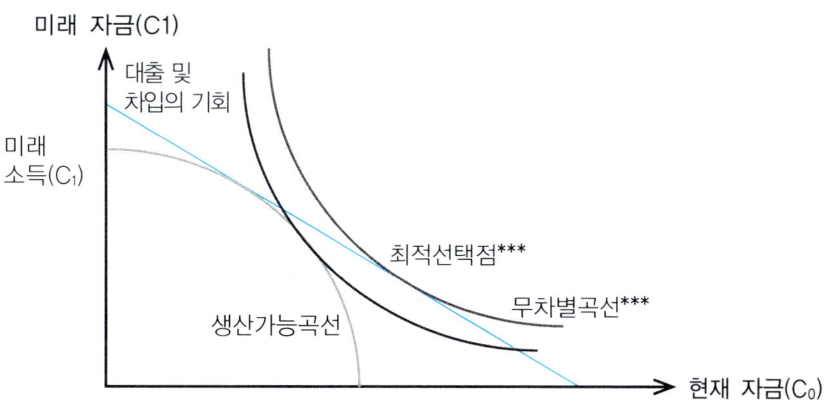

[그림 4-4] 차입 · 대출의 기회, 생산 및 소비와 금융시장

(3) 금융시장과 실물경제

금융활동은 실물경제와 불가분의 관계로 실물경제 활동을 도와 경제성장 및 순환에 중요한 역할을 한다. 무역거래의 예를 들어 이러한 관계를 설명해 본다. 무역거래에서 대외결제 및 상품수입 과정을 원활하게 하기 위하여 수입업체의 요청에 따라 수입업체 거래은행이 발행하는 신용과 관련한 증서를 신용장(L/C, letter of credit)이라고 한다. 신용장에 적힌 거래내용과 수출업체가 제시하는 서류의 내역이 일치하면 수입업체 거래은행이 수출대금 지급을 보증한다. 이를 통해 수출업체와 수입업체는 대금결제와 상품수입 거래 과정에서 발생하는 거래위험을 제거하기 때문에 금융활동이 실물경제에 도움이 되는 예가 된다.

이 과정을 도해하면 다음과 같다. 그림에서와 같이 한국의 신발수출업체는 S국의 신발수입업체에 1백만달러어치 신발을 수출하는 계약을 체결하였다. S국의 수입업체의 대금결제에 관해 확약을 받고 싶은 한국의 신발수출업체는 신용장 거래를 원한다. 이에 두 업체는 각자의 거래은행에 수출계약 사실을 알리고 수출서류를 근거로 무역금융을 개시한다.

① S국의 수입업체는 거래은행에 신용장 개설을 의뢰하는데 무역계약과 수입업체의 신용 및 거래관계 등을 감안하여 수입대금 지급을 확증하는 신용장을 개설하여 이를 한국 수출업체의 거래은행에 통지한다.

② 한국 수출업체의 거래은행은 신용장 내용을 수출업체에게 통지하고 수출업체는 무역계약에 따라 신발을 S국의 수입업체에 선적한다. 또한 수출업체는 선적하였다는 증서(선하증권, bill of lading) 및 다른 구비서류와 함께 환어음을 작성, 발행하여 거래은행에 제출하고 수출대금을 수취한다. 이 때 수취대금은 환어음을 할인하여 매각하는 것이기 때문에 대금지급의 불확실성 및 지급시점까지의 기간이자를 감안하여 수출대금 1백만달러보다 적은 금액을 수령하게 된다.

③ 환어음을 매입하고 대금을 지급해준 한국의 거래은행은 환어음과 상품선적서류를 S국의 신용장 개설은행에 보내어 확인을 받고, S국의 은행은 이를 수입업체에게 제시한 다음 은행 자금으로 한국의 거래은행에 상환한다.

④ S국의 은행은 환어음을 은행인수어음(B/A) 시장에 매각하여 자금을 회수하고 수입업체로 하여금 어음결제일에 대금을 결제하도록 한다. 또는 은행인수어음 시장에서 만기에 은행이 어음을 결제하고 이 만기 환어음을 수입업체에게 제시하여 자금을 결제받기도 한다.

⑤ 수입업체가 선적서류를 운송회사에 제시하고 신발을 인도받으면 무역거래는 종결된다. 이러한 과정을 통해 어음할인시장이 무역거래를 돕는 역할을 하게 되는 것이다.

⑥ 은행거래에서 발생한 어음은 은행이 보유하지 않고 다시 이를 중앙은행에 재할인을 하여 위험을 낮추고 어음거래의 유동성을 높일 수 있다. 이 때 중앙은행이 제시하는 할인율을 재할인율이라고 하며, 재할인율은 통화량 조절 정책의 수단으로 사용된다. 즉, 재할인율이 높으면 은행의 어음 매각이 줄어 통화량이 증가하고, 반대로 낮으면 통화량이 증가하는 효과가 있다.

⑦ 수출업체가 신발을 만들기 위해서는 원단 등 원자재가 필요한데 원자재 공급업체에 대해 은행이 신용장을 써주고 수출업체가 원자재를 공급받을 수도 있다. 이를 무역거래 신용장에 대비하여 국내 신용장(local L/C)으로 칭한다.

⑧ 한국 수출업체는 수출계약시점과 대금수취 사이에 달러환율이 변하여 손해를 볼 수 있는 상황에 대비하여 한국무역보험공사에 환보험을 가입하여 손실위험을 피할 수 있다.

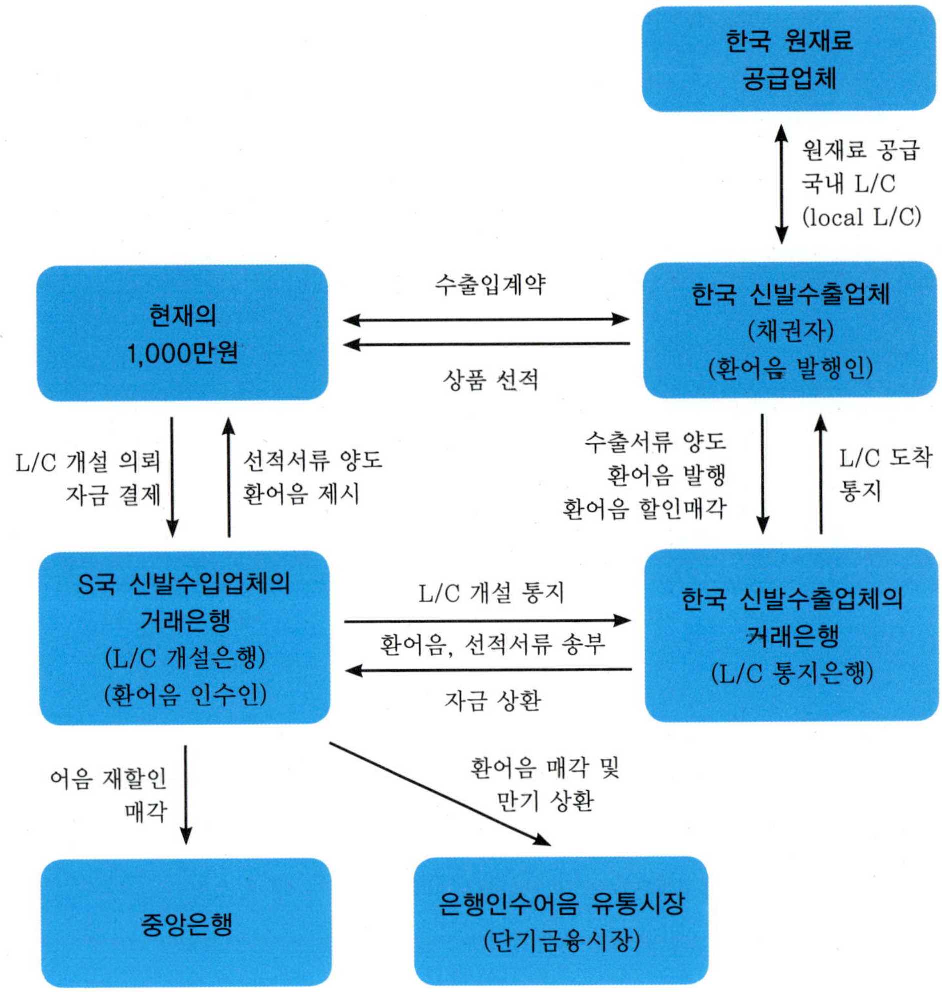

[그림 4-5] 무역거래와 금융활동

[금융시장과 정보비대칭]

거래 당사자 간에 보유하는 정보에 차이가 있는 정보비대칭이 존재하면 완전한 정보를 가지는 경우와 비교할 때 자원배분이 왜곡되거나 비정상적인 현상이 발생한다. 금융거래에서 대출자와 차입자 간 정보비대칭이 큰 경우(예: 대출자가 차입자의 차입 사유나 사용처를 모르는 경우) 금융활동이 원활하지 못하게 되는데 이를 금융기관이 줄여주는 역할을 한다. 한편 정보비대칭으로 시장이 실패하는 대표적인 사례로는 도덕적 해이(moral hazard)와 역선택(adverse selection) 문제가 있다.

• 도덕적 해이

도덕적 해이(moral hazard)란 거래 후 정보우위에 있는 주체가 은폐된 행위를 하여 거래목적과 다른 경제적 비효율이 발생하는 경우이다. 자동차나 화재보험을 가입한 다음 자동차 사고나 화재 방지를 소홀히 하거나 보험으로 보상받으려 하는 경우, 은행 대출금을 기업운영에 사용하지 않고 사적인 다른 용도에 사용하는 경우를 들 수 있는데 이러한 도덕적 해이는 금융시장 기능을 침해하여 사회적 비용을 유발한다.

• 역선택 문제

역선택 문제(adverse selection)는 거래 시 정보열위에 있는 자가 불리한 선택을 하게 되는 경우를 말한다. 대표적으로 중고차 시장에서 어떤 차가 양호한지, 불량인지 불분명한 상황에 직면하여 양호한 중고차 소유자는 시장에 제시된 평균가격보다 높은 가격에 팔려는 반면 불량차 소유자는 평균가격에 팔려고 할 것이다. 그렇게 되면 시장에는 양호한 품질의 차는 사라지고 불량한 차만 남게 되어 결국 중고차 시장이 제 기능을 발휘하지 못한다는 것이다.

금융시장에서도 이와 동일한 상황에 처하여 대출시장에서 역선택의 문제로 불량 차입자만 남는 상황이 된다면 금융시장이 비효율적으로 돌아가게 되므로 역선택의 문제는 금융기관이 효과적으로 제거 또는 감소해 주는 역할을 수행한다.

2. 이자율과 투자

(1) 이자와 이자율

화폐 소비의 시차가 존재할 때 그 시차에 대한 대가를 요구하므로 화폐의 시간가치(time value of money)가 발생한다. 오늘의 1원은 내일의 1원보다 항상 가치가 있게 된다(A dollar today is always worth than a dollar tomorrow). 따라서 내일의 화폐가치는 시간가치로 할인하여 오늘의 화폐가치와 같아진다. 이렇게 화폐의 시간가치는 서로 다른 시점에서 발생하는 현금흐름에 대하여 시간의 차이에 따른 비용을 고려하여 구한 가치이다. 두 사람의 대화를 통해 시간가치의 원리를 알아본다.

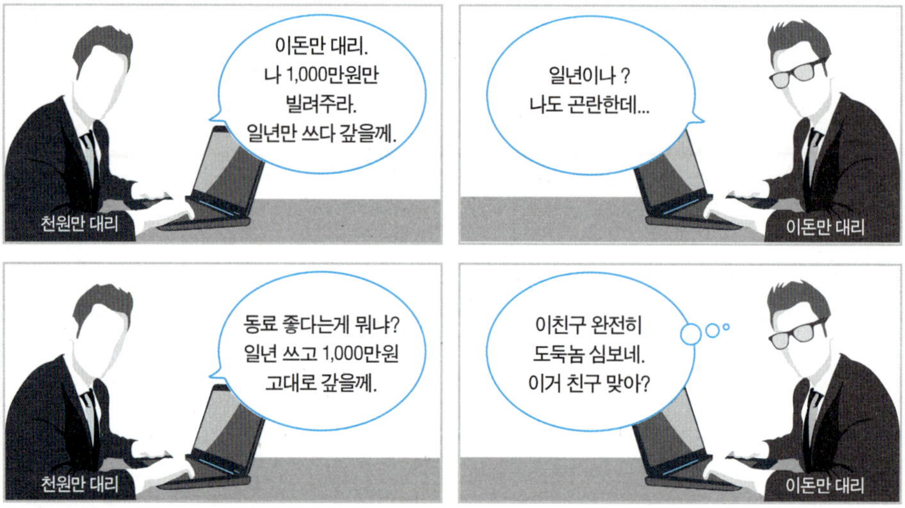

위 그림에서 이돈만 대리는 천원만 대리가 1,000만원을 그대로 갚겠다는 것을 도둑놈 심보로 보았을까? 그 이유는 돈의 액수가 같다고 하더라도 돈을 언제 주느냐(또는 받느냐)에 따라 돈의 가치는 달라지기 때문이다. 화폐의 시간가치에 의하면 같은 금액의 돈이라도 시간의 경과에 따라 그 가치가 달라진다. 그러므로 화폐의 시간가치를 결정하는 것은 금액(amount), 시간(time), 가치(value)이다. 계속되는 이돈만 대리와 천원만 대리의 대화를 들어보자.

천원만대리가 원하는 이자율과 이돈만대리가 제시한 이자율은 각각 얼마인가? 천원만대리는 1,000만원을 빌려서 1,001만원을 갚는다고 하였으므로 0.1%의 이자율을 원하고, 이돈만대리는 1,000만원을 빌려주고 1,500만원을 요구하였으므로 50%의 이자율을 원하고 있다. 두 사람은 결국 1,150만원에 합의하였으므로 15%의 이자율을 적용하게 된다. 만일 이 상황에서 은행의 이자율이 10%라고 하면 이 이자율은 적당할까? 천원만대리는 은행 이자율보다 높은 비용을 지불하게 되므로 적당한 이자율이라고 볼 수 없다.

현재의 1,000만원 = 1년 후의 1,150만원

만일 두 사람이 결정한 이자율이 적당하다면, 두 대리에게는 현재 화폐 1,000만원과 1년 후의 화폐 1,150만원은 동일한 가치를 가지고 있다고 할 수 있다. 즉, 15%의 이자율을 적용한 것이고 이는 은행 이자율보다 높은 것이므로 천원만대리가 높은 비용을 부담하게 되는 것이다. 이렇게 화폐의 현재가치와 미래가치를 연결하는 중요한 시간가치의 연결고리는 이자율이다.

이 때의 이자율은 시간의 흐름에 따라 발생하는 시간가치만 반영한 실질이자율인데 서로 다른 두 시점간에 존재하는 시차 간에 인플레이션을 반영하여 명목이자율을 산출한다(피셔효과, Fisher effect).

명목이자율(nominal interest rate) = 실질이자율(real interest rate) + 물가상승률

이자율이 물가상승률을 반영하지 못하면 물가와의 괴리를 보여 물가가 비정상적으로 상승하여 저축보다는 사재기나 투기에 여념이 없을 수 있다. 따라서 통상적으로 이자율은 명목이자율을 의미한다.

(2) 투자의 개념과 기본과정

금융시장 가운데 증권시장을 공부하는 것은 증권시장에서 거래되는 각종 증권에 투자하여 수익을 냄으로써 부의 극대화를 추구하려는데 의의가 있을 것이다. 따라서, 먼저 투자(investment)에 대한 이해가 선행되어야 한다. 투자는 미래의 경제적 이득을 위한 현재의 경제적인 희생을 말한다. 미래시점에 대한 행위이므로 시간가치(time value of money)와 불확실성(uncertainty)이 개입되고, 미래의 경제적 이득에 대한 투자이므로 기대값(expected value) 또는 기대수익(expected return)의 개념이 포함된다. 경제적 희생의 가장 큰 부분은 금전적 희생일 것이다. 투자의 정의에 따라 투자의 본연적 형태는 현재 소비를 줄이고, 미래 계획된 소비를 늘리는데 있다. 여기서 시차에 대한 선호(time preference)와 위험 선호(risk preference)의 문제가 발생하는데, 현재의 소비는 확실하고, 미래의 소비는 불확실한데 기인한다. 이렇게 투자행위는 시간가치와 위험에 대한 투자자의 선호도 차이에 따라 달라지게 된다.

만일 위험 회피도(risk aversion)가 크고, 현재의 소비에 중점을 둔 사람이라면 만기가 짧은 안전자산에 투자할 것이다. 국채나 은행예금이 이러한 부류의 투자대상에 속한다. 반면에 위험 회피도가 적고, 현재보다는 미래의 더 큰 소비에 관심이 있다면 만기가 길고 위험한 자산에 투자할 것이다. 주식이나 부동산 같은 상품이 이러한 부류의 투자대상에 속한다. 채권과 같은 금융상품은 중간 형태를 띠고 있다.

증권투자를 포함한 모든 투자에는 고위험-고수익, 저위험-저수익의 위험-수익의 관계가 성립한다. 높은 위험을 수반하는 주식투자의 경우 높은 기대

수익률을 추구하고, 상대적으로 안전한 국채에 투자하는 경우 주식투자보다 낮은 기대수익률을 추구하게 되는 것이다. 저위험-고수익 또는 고위험-저수익의 관계가 성립하는 투자라면 이는 편법, 내부거래, 사기성 행위에 해당한다고 볼 수 있다.

72%의 법칙(72% rule)

72를 매년의 수익률로 나눈 비율로 투자자산의 원금이 두 배가 된다는 투자 격언이다. 예를 들어, 매년 투자수익률이 6%이면 12년 만에 투자자산이 두 배가 되고 12% 이면 6년만에 두 배가 된다는 것이다. 투자의 중요성을 일깨우는 것으로 투자는 자산증식의 주요한 수단이 된다.

(3) 투자, 투기, 저축의 차이

그럼, 투자(investment), 투기(speculation), 저축(savings)의 차이점은 무엇일까? 시간가치와 위험의 두 요소가 모두 포함되면 투자, 위험만 있고 시간가치는 존재하지 않는다면 투기, 위험은 없고 시간가치만 존재한다면 저축으로 보는 것이 간단한 구분 방법이다. 예를 들어, 자녀의 교육에 대한 투자, 연산 10만대 규모를 가진 승용차 공장 해외 현지 건설, 3년 만기 9% 이자율의 국민주택채권 매입, 포스코 주식 50주를 주당 250,000원에 매입 등의 행위는 모두 시간가치와 위험 요소가 개입되어 있다.

반면에 소싸움, 닭싸움, 경마장 등을 생각해보면 투자가 아닌 투기적 행위에 가깝다는 것을 쉽게 구별할 수 있다. 즉, 투기는 투자대상에 대한 체계적 학습이 없이 단기적 또는 즉석의 이익을 추구하는 경제적 행위를 말한다. 부동산을 보유 및 거주 목적으로 구입하여 가격 상승시 매도한다면 투자에 속하지만, 개발뉴스에 편승하여 보유 및 거주 목적이 아닌 한두 달 사이의 단기 매매차익만을 추구한다면 투기라고 봐야 할 것이다. 저축은 위험(불확실성)이 거의 없고, 단지 시간가치만이 기대수익을 좌우하는 경우를 말한다. 따라서 은행예금은 저축행위로 볼 수 있다.

(4) 금융자산투자와 실물자산투자

① 금융자산, 금융증권(financial assets or financial securities)

투자의 대상은 실물자산과 금융자산으로 나뉜다. 금융자산은 대개 증권의 형태이므로 금융증권이라고도 한다(예금을 하더라도 통장이라는 증서를 받음). 증권시장 투자는 전형적인 금융자산 투자에 속하는데, 금융자산은 실물자산으로부터 발생한 소득에 대한 청구권이다. 기업이 사업을 통해 벌어들인 이익을 화폐의 형태로 대변하는 증서이기 때문이다. 따라서 자산으로부터 발생한 소득과 부를 투자자에게 분배하는 기능을 수행하는데 주식(shares, stock), 채권(fixed-income securities, bond), 파생증권(derivative securities)이 대표적인 형태이다. 이에 반해 실물자산에는 부동산, 영업자산 등이 속한다.

금융자산과 실물자산의 특징을 구분하면 다음과 같다.

실물자산	금융자산
재화와 용역을 생산하기 위한 자산 보유 자체로부터 소득이 발생하는 자산	실물자산으로부터 소득에 대한 청구권 실물 자산으로부터 발생한 소득과 부를 투자자에게 분배하는 기능
■ 유형자산(tangible assets) ■ 무형자산(intangible assets) ■ 낮은 유동성 ■ 감가상각 ■ 작은 단위로의 분할 매각의 어려움	■ 주식(equity or stock) ■ 채권(fixed-income securities) ■ 파생상품(derivative securities) ■ 유동성(liquidity) ■ 감가상각이 없음(no depreciate in value over time) ■ 작은 단위로의 분할 매각 가능(divisible)

② 실물자산 투자와 금융자산 투자의 관계

기업은 금융자산을 발행하여 투자자들로부터 자금을 조달하여 실물자산에 투자한다. 따라서, 주식, 채권 등에 투자한 투자자들의 수익은 근본적으로 실물자산으로부터 발생한 소득에 근거한다.

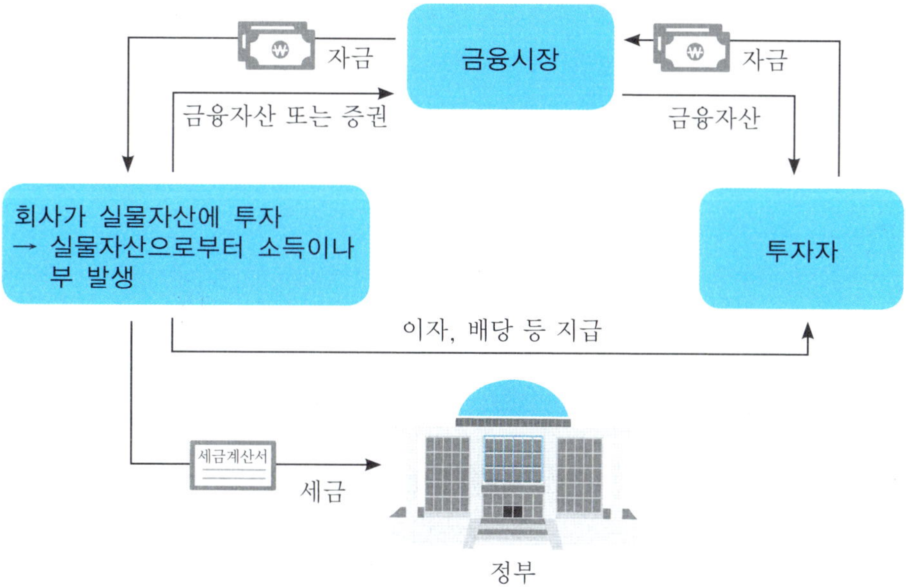

[그림 4-6] 실물자산 투자와 금융자산 투자

3. 투자과정

투자를 효과적으로 수행하기 위해서는 먼저 투자목표를 수립하고, 투자를 실행한 다음 사후평가하는 과정이 필요하다. 즉, 투자목표 설정, 투자실행, 사후평가의 3대 요소가 필요하다. 그리고 각각의 과정에도 고려해야 할 조건들이 있다. 본 절에서는 이러한 투자과정에 관해 학습한다.

(1) 투자목표

① 투자목표

투자는 투자목표를 수립하고 투자전략, 대상선정, 포트폴리오 구성을 통해 투자를 실행한 다음 사후평가를 하는 순서로 이루어지게 된다.

즉, 투자의 첫 번째 단계는 투자목표를 설정하고, 투자의 실행에 제약을 주는 조건을 인식하는 것이다.

투자목표는 목표수익률 및 허용 위험수준을 결정하는 것이다. 이 때 높은 수익률을 목표로 할 경우 부담해야 할 위험수준이 크다는 것도 유념해야 한다. 만일 높은 기대수익률만 있고 위험이 크지 않다면 이는 사행성 행위, 사기성 행위에 가깝다고 봐야 한다. 또한 이러한 투자대상을 권유하는 것도 위와 같은 행위로 간주하는 것이 옳다.

② 투자의 3요소

흔히 투자의 3요소로 수익성, 안정성, 유동성을 꼽는다.

| 수익성(profitability) | 투자는 미래의 보다 큰 수익을 얻기 위하여 현재의 소비를 포기하는 것이다. 따라서 투자 대상이 얼마의 수익을 가져올 것인가를 고려해야 한다.

| 안정성(safety)–위험(risk) | 투자로 얻게 되는 미래의 수익은 불확실하며, 투자대상에 따라 그 불확실성의 정도가 달라진다. 따라서 투자목표를 달성하기 위하여 허용할 수 있는 투자의 불확실성 혹은 위험의 정도를 고려하여 투자대상을 선정해야 한다.

| 유동성(liquidity) | 단기 현금화 가능성을 의미한다. 증권들 간에도 유동성에 차이가 있는데, 투자자는 장래 시점별 필요한 유동성 규모를 고려하여 투자결정을 해야 한다.

③ 현실적인 제약조건의 인식

투자의 제약조건에는 투자자금(money to invest), 유동성(liquidity), 투자기간(investment horizon), 분석 및 예측능력(analysis, forecast), 법규(regulation), 세금(tax consideration), 기타 독특한 제약(unique needs) 등이 포함된다. 자금의 규모, 현금화의 용이성, 투자청산 또는 만기까지의 예상 소요기간, 과거 수익률 추이 등의 분석내용, 실현차익에 대한 세제 등이 구체적인 내용에 포함된다. 기타 독특한 제약은 투자자가 개인인가,

기관인가에 따라서도 투자제약 조건이 달라지는 것을 가리킨다. 개인인 경우 연령에 따라 제약조건이 달라지고, 기관인 경우 효율적 투자를 위한 충분한 분산투자를 행해야 하는 등의 규제내용이 수반될 것이기 때문이다.

④ 수익률과 위험

수익을 추구하는 투자에는 필연적으로 위험이 수반된다. 따라서 투자를 고려할 때 수익과 위험의 개념에 대해 정리할 필요가 있다. 수익률은 이미 일정기간 투자하였을 때 발생한 투자수익률 개념과 현재 투자할 때 앞으로 평균적으로 예상되는 수익률(기대수익률)로 나눌 수 있다.

투자수익률 = (투자안의 기말가치 − 기초투자액) ÷ 기초투자액
기대수익률 = 각 상황이 발생할 확률 × 각 상황의 수익률

기대수익률은 과거 발생한 각 상황에서의 투자수익률을 참고하여 미래에 예상되는 평균적인 수익률로서 미래 실제 수익률과 다를 수 있다. 이를 반영하여 위험을 계산한다.

위험은 기대수익률을 추구하는데 있어서 시간이 경과함에 따라 미래 시점에 존재하는 불확실성이나 변동성으로 인해 얻을 수 있는 기대수익이 감소하거나 원금손실이 발생할 가능성을 의미한다.

위험 = 발생 가능한 수익률과 기대수익률의 차이 = 수익률의 분산 또는 표준편차

수익률은 각 상황이 발생할 확률과 그 때의 수익률을 곱하여 계산하고 위험은 수익률의 분산 또는 표준편차로 측정한다.

그리고 기대수익률이 크면 위험이 크고 기대수익률이 작으면 위험이 작은 원리가 존재한다(High risk high return, low risk low return). 따라서 주어진 기대수익률 하에서 위험을 줄여 투자의 효용을 높이는 여러 투자전략이 사용되는데 대표적인 것이 포트폴리오선택이론(portfolio selection theory)과 수요-공급이 아닌 위험-수익 원리에 기반한 가격결정모형인 자본자산가격결정모형(CAPM)이다. 이에 관하여는 후술한다.

(2) 투자실행

① 자본배분, 자산배분 및 투자전략

자본배분(capital allocation)은 투자자금 전체를 자산유형별로 배분하는 과정이다. 즉, 투자자금 전체를 위험자산과 무위험자산(안전자산)으로 나누는 투자비중 결정과정이다. 이에 반해 자산배분(asset allocation)은 위험자산에 투자하는 금액 중에서 주식, 채권, 파생상품 등 구체적인 위험자산 종류에 대한 투자비중 결정과정이다. 예를 들어, 1억원의 투자자금이 있을 때, 예금에 5천만원, 주식과 채권에 5천만원을 투자하기로 하였다면 자본배분을 무위험자산과 위험자산에 5:5 비중으로 나눈 것이다. 그리고 주식과 채권의 위험자산에 투자키로 한 5천만원 가운데 채권에 2천만원, 삼성전자, 포스코, 기아자동차 주식에 각각 1천만원을 배분하였다면 자산배분은 채권 2천만원, 주식 세 종목에 3천만원을 행한 것이 된다.

투자전략은 투자성과의 목표를 어디에 두는 가에 따라 소극적 투자전략과 적극적 투자전략으로 나눈다. 소극적 투자전략은 증권시장의 평균적 성과만을 목표로 별도의 증권분석을 하지 않고 지수펀드 등에 분산투자하는 전략이다. 적극적 투자전략은 우월한 예측능력에 기초하여 시장보다 우위에 서는 비정상성과를 추구하는 전략이다.

평균적인 증권시장의 성과를 추구하는 소극적 투자전략이 투자전략으로서의 의의를 가질 수 있는 것은 위험자산인 증권에 대한 기대 투자수익률 자체가 예금이나 국채 등의 다른 투자보다 높은 기대수익률을 보이기 때문에 소극적 투자전략도 투자전략으로서의 가치를 지닌다.

② 투자대상, 투자시점 선정과 증권분석

자본배분과 투자전략을 수립하였으며 구체적으로 투자대상(asset classes)과 투자시점(timing)을 선정한다. 투자대상과 투자시점을 결정한 이후 각 유형별 포트폴리오를 구성하기 위한 개별자산의 선택과정을 증권분석이라고 한다. 예를 들어, 투자대상을 주식으로, 투자시점을 종합주가지수가 1,800포인

트 이하일 때로 선정하였다면 다음으로는 증권분석을 통해 개별주식을 선택하는 것이다.

증권분석은 주식, 채권 등의 개별증권의 위험 · 수익 특성을 분석하고 기대수익률을 예측하는 과정이다. 증권분석은 기본적 분석, 기술적 분석, 포트폴리오 분석 등 크게 세 가지로 구분한다.

- 기본적 분석: 기본요인에 기초하여 내재가치 평가
- 기술적 분석: 과거의 추세나 패턴, 도표에 의해 미래 가격을 예측
- 포트폴리오 분석: 위험 최소화를 위해 기본적 분석과 기술적 분석을 통해 선택한 자산들에 대해 분산투자에 적합한 몇 개의 자산을 조합하여 구성

이러한 과정들이 마무리되면 최종적으로 증권매입에 나서며, 사후평가(feed back)를 통해 투자의 성과를 분석, 평가하는 것이 바람직하다.

(3) 사후평가(performance evaluation)

사후평가는 투자를 수행한 후 사후적으로 투자 성과를 분석하고, 평가하여 포트폴리오를 재구성하는 것이다. 이 때 포트폴리오의 종목을 교체하는 방법을 포트폴리오업그레이딩(portfolio upgrading), 투자자산의 비중을 조정하는 방법을 포트폴리오리밸런싱(portfolio rebalancing)이라고 한다.

이러한 투자평가는 시장상황을 재차 살펴보고 투자성과가 시장전체의 수익률과 비교하여 어떠한 양상을 나타냈는지를 점검한 다음, 투자정책의 변화 등을 이끌어내 보다 높은 수익률을 달성할 수 있다는 기능이 있다.

4. 포트폴리오선택이론과 자본자산가격결정 모형

(1) 포트폴리오 선택이론(효율적 분산투자 이론)

① 효율적 분산투자의 정의

자본시장 증권의 가치평가는 위험과 수익의 관계에서 출발한다. 위험이 크면 수익도 높고, 위험이 작으면 수익도 작다는 기본원리에서 가격결정모형이 시작되는 것이다. 그리고 위험과 수익의 관계는 효율적 분산투자이론으로 연계되어 가격결정모형이 도출된다. 포트폴리오선택이론(portfolio selection theory)라고도 불리우는 분산투자이론은 자산에 투자할 때 하나의 자산에 투자하지 않고 여러 개의 자산에 나누어 투자함으로써 투자의 효용이나 만족감을 높이는 자산배분전략이다. "계란을 한 바구니에 담지말라(Do not put all eggs into one basket)"이라는 투자격언은 이 분산투자이론의 효과를 담고 있다.

분산투자시 단순히 자금을 여러 개의 자산에 나누어 투자하는 것이 아니고, 자산 간의 관계를 따져 효과적으로 자산을 구성하여야 하는데, 이를 효율적 분산투자라고 한다. 만일 단순히 여러 개의 자산에 분산투자하는 것을 순진한(naive) 분산투자라고 하며, 효율적(efficient) 분산투자에 비해 그 효과가 반감되는 것으로 알려져 있다.

즉, 효율적 분산투자(efficient portfolio)란 여러 개의 자산에 나누어 투자하되, 무조건 여러 개의 자산으로 분배하는 것이 아니라, 구성하는 자산 간의 상관관계가 낮게 조합하여 주어진 기대수익률 하에서 총위험을 최소화하는 것을 말한다.

② 분산투자의 효과

한 종목의 주식만 대량 매입한 경우와 여러 종목으로 분산하여 매입한 경우 발생하는 투자위험은 크게 달라진다. 하나의 주식이 하락할 때 다른 하나의 주식이 상승하게 되면 하락위험이 감소하기 때문이다. 사업을 수행할 때도 비슷하다. 만일 비슷한 주식을 매입하게 되면 분산투자효과는 감소하게 된다. 동시에 상승하고, 하락할 수 있기 때문이다. 따라서 분산투자는 성격이 각기 다른 자산에 투자할 때 효과가 커진다.

우산 판매업과 음료 판매업에 50%씩 투자하여 사업을 영위한다고 할 때, 우산 판매업이나 음료 판매업의 어느 하나만 할 때 보다 사업 수익률에 따른 위험이 감소한다. 두 사업간의 상관관계가 -1.0 이라면(즉, 상반된 사업) 날씨와 무관하게 12.5%의 수익률을 달성할 수 있기 때문이다.

장마철 = 0.5×0.5 + 0.5×(-0.25) = 0.125(12.5%)
한여름 = 0.5×(-0.25) + 0.5×0.5 = 0.125(12.5%)

(2) 자본자산가격결정모형(CAPM)

① 모형의 의의

1952년 마코위츠(Markowiz)의 효율적 분산투자이론(포트폴리오선택이론)을 1962년 샤프(W.F. Sharpe), 린트너(J. Lintner), 모신(J. Mossin)이 자본자산가격결정모형(CAPM, Capital Asset Pricing Model)으로 유도, 가격결정모형으로 개발하였다. 1991년 마코위츠와 샤프, 린트너 등은 이에 대한 공로로 노벨경제학상을 수상하였다. 효율적 분산투자이론에 의하면 효율적 분산투자를 통해 각 개별자산이 지니고 있는 비체계적위험을 제거하고, 시장위험인 체계적위험만을 부담하는 투자조합 즉, 포트폴리오를 구성할 수 있다.

효율적 분산투자이론 하에서는 자산의 체계적위험만이 존치하게 되고, 체계적위험과 수익률의 관계를 통해 자산의 기대수익률을 측정할 수 있게 된다. 이를 근거로 위험-수익의 관계로부터 위험자산의 균형가격을 도출한 것이 자본자산가격결정모형이다. 몇 가지 비현실적인 가정에도 불구하고 이론적으로나 실무적으로 증권의 가격을 설명하는 대표적인 방법론으로서 아직까지도 널리 설득력이 있는 모형으로 알려져 있다.

② 모형의 체계

CAPM은 다음과 같은 증권시장선(SML, securities market line)으로 정의된다.

> [증권시장선]
> 자산의 기대수익률 = 무위험자산수익률 + (시장수익률 − 무위험수익률) ×베타계수

무위험수익률(risk-free return)은 위험이 매우 낮은 안전자산의 수익률을 적용한다. 대개 3년 이상의 만기를 가진 장기 국공채수익률을 이용한다. 시장수익률(market return)은 해당자산이 속한 시장전체의 수익률을 의미한다. 예를 들어 주식의 기대수익률을 계산한다면 종합주가지수의 수익률이 이에 해당하고, 채권의 기대수익률을 산출한다면 채권지수의 수익률, 부동산의 기대수익률이라면 전국부동산지가변동률을 이용하는 것이다. (시장수익률 - 무위험수익률)의 수치를 위험프리미엄(risk premium)으로 부르며, 이는 위험자산에 투자하는데 따른 추가적인 위험부담에 대한 보상수익률을 의미한다. 주식과 같이 위험이 높은 자산에 투자할수록 위험프리미엄은 커지게 된다. 동일한 의미로, 채권과 같이 주식보다는 위험이 낮은 자산에 투자하면 위험프리미엄은 적어지게 되며, 무위험자산에 가까울수록 위험프리미엄은 감소하게 되는 것이다.

베타(beta)계수는 개별자산의 시장수익률 변동에 대한 민감도(sensitivity)이며, 체계적위험을 나타내는 수치이다.

모형의 내용을 약술하면 다음과 같다. 채권이나 주식과 같은 위험자산에 투자하면서, 해당 위험자산이 속한 시장의 평균 수익률(시장수익률)보다 높거나 낮은 수익률을 거두는 이유는 각 개별 위험자산이 지니고 있는 고유한 위험의 크기가 다르다는데 있다. 개별 자산(또는 포트폴리오)의 시장위험에 대한 반응의 정도인 베타계수가 큰 자산이나 포트폴리오는 시장위험보다 큰 위험(기대수익률이 큼)을, 베타계수가 작은 자산은 시장위험보다 작은 위험(기대수익률이 작음)을 기대할 수 있다. 시장수익률보다 높은 수익률을 거두는 경우는 베타계수가 높아 그만큼 큰 위험을 부담하고 있기 때문이고, 이러한

위험부담에 대한 댓가로 시장이 상승하는 경우 시장수익률보다 높은 수익률을, 하락하는 경우 시장수익률보다 낮은 수익률을 기록하게 된다. 이러한 관계를 나타내는 모형이 자본자산가격결정모형(CAPM)이다.

학습정리

01. 소비, 생산 및 차입 · 대출의 기회가 존재할 경우 시장참여자의 효용은 극대화 되어 금융시장이 소비자의 효용을 높이는 이론적 배경이 된다.

02. 금융시장에 존재하는 정보비대칭으로 시장이 실패하는 대표적인 사례로는 도덕적 해이(moral hazard)와 역선택(adverse selection) 문제가 있다.

03. 투자는 미래의 경제적 이득을 위한 현재의 경제적인 희생을 말한다. 미래시점에 대한 행위이므로 시간가치와 불확실성이 개입되고, 미래의 경제적 이득에 대한 투자이므로 기대값 또는 기대수익의 개념이 포함된다. 불확실성이 배제되고 시간가치만을 추구하는 행위는 저축으로 간주된다.

04. 투자가 실행되는 과정은 투자목표 수립 → 투자실행 → 사후평가 순서로 이루어진다. 사후평가에 따라 포트폴리오업그레이딩과 포트폴리오리밸런싱이 뒤따른다.

05. 투자목표는 목표수익률 및 허용 위험수준을 결정하는 것이며, 이 때 수익성, 유동성, 안정성의 3대 요소를 고려하여야 한다.

06. 투자는 수익을 추구하는 행위이지만 위험에 대한 고려가 필요하다. 위험은 수익률의 분산 또는 표준편차로 측정한다.

07. 투자자금의 배분은 자본배분과 자산배분의 절차는 거치게 된다. 자본배분은 투자자금 전체를 자산유형별로 배분하는 과정이다. 즉, 투자자금 전체를 위험자산과 안전자산으로 나누는 투자비중 결정과정이다. 이에 반해 자산배분은 위험자산에 투자하는 금액 중에서 주식, 채권 등 구체적인 위험자산 종류에 대한 투자비중 결정과정이다.

08. 증권분석은 주식, 채권 등의 개별증권의 위험 · 수익 특성을 분석하고 기대수익률을 예측하는 과정이다. 증권분석에는 기본적 분석, 기술적 분석, 포트폴리오 분석이 사용된다.

제5장

여 신 금 융

1. 여신금융의 정의와 현황
2. 신용카드업
3. 시설대여업(리스업)
4. 할부금융업
5. 신기술사업금융업
6. 팩토링

들어가기

카센터를 운영하는 김OO씨는 아직 벌어들인 수입이 많지 않아 금융기관에 예금한 자금이 많지 않다. 하지만 카센터를 운영하려면 자동차를 들어 올리는 리프트 등 설비자금이 필요한데 마땅한 구입처가 없다. 그러던 차에 여신금융업의 일종인 리스회사로부터 필요한 설비장치를 리스(lease)로 임차받아 매달 임차료만 지급하고 사용하고 있다.

금융기관 중 수신(예금)을 하지 않고 여신(대출)만을 전문적으로 취급함으로써 자금을 필요로 하는 경제주체의 경제활동을 원활하게 해주는 것을 여신전문금융이라고 하며, 이를 취급하는 기관을 여신전문금융기관이라고 한다. 공식용어로는 여신금융이라고 칭한다. 신용카드업, 리스업, 할부금융업, 팩토링업 등이 이에 속한다. 카드회사, 케피탈회사, 종합금융회사, 리스회사, 팩토링회사, 창업투자업회사, 벤처금융회사 등이 이를 영위한다.

여신금융의 가장 대표적인 것은 신용카드업이다. 신용카드를 사용할 경우 카드를 사용한 날과 대금을 결제하는 기간 사이에 일정한 시차가 존재하는데 이 기간 동안 카드 사용 고객에게 자금을 공여하는 기능을 수행한다. 또한 시설대여업인 리스업이나 렌탈업, 할부금융업도 다른 형태로 유사한 여신금융행위를 한다. 할부금융의 경우 자동차 등을 할부로 상품을 구입할 때 할부대금의 잔여금액을 만기까지 부담하여 줌으로써 소비자금융을 촉진하는 역할도 담당한다. 리스업도 한 번에 구입하기 어려운 시설을 렌탈형태로 사용하고 사용대금을 일정기간 동안 나누어 냄으로써 사용자의 부담을 경감시켜준다.

따라서 여신금융은 이미 일상생활에 접목되어 기능을 수행하여 온바 많은 사람들이 사용하고 있는 여신금융에 대한 기본적인 개념과 유용성에 대해 학습이 필요하다. 현명한 금융 소비자라면 이들에 대한 성격이 무엇인지 알아두어야 할 것이다.

1. 여신금융의 정의와 현황

(1) 여신금융의 정의

금융시장 활동은 크게 자금을 유입받는 것과 자금을 융통받는 행위로 구분한다. 즉, 자금을 예치하는 예금(수신)과 자금을 공여하는 대출(여신) 활동이다. 금융기관 중 수신을 하지 않고 여신을 전문적으로 취급함으로써 자금을 필요로 하는 경제주체의 경제활동을 원활하게 해주는 것을 여신전문금융이라고 하며, 이를 취급하는 기관을 여신전문금융기관이라고 한다. 공식용어로는 여신금융(credit finance), 여신금융기관이라고 칭한다. 카드회사, 케피탈회사, 종합금융회사, 리스회사, 팩토링회사, 창업투자업회사, 벤처금융회사 등이 이를 영위한다.

여신금융은 크게 신용카드업, 리스업, 할부금융업, 신기술사업금융업으로 대별된다. 여신금융의 대표적인 것은 신용카드업이다. 신용카드를 사용할 경우 카드를 사용한 날과 대금을 결제하는 기간 사이에 일정한 시차가 존재하는데 이 기간 동안 카드 사용 고객에게 자금을 공여하는 기능을 수행한다.

또한 리스업이나 할부금융(렌탈)업도 다른 형태로 유사한 금융행위를 한다. 할부금융의 경우 할부로 상품을 구입할 때 할부대금의 잔여금액을 만기까지 부담하여 줌으로써 소비자금융을 촉진하는 역할도 담당한다. 렌탈업도 한 번에 구입하기 어려운 상품을 렌탈형태로 사용하고 사용대금을 일정기간 동안 나누어 냄으로써 소비자의 부담을 경감시켜준다. 신기술사업금융업은 창업투자업 또는 벤처케피탈업(venture capitalist)과 유사한 사업형태를 띠지만 창업투자업은 초기에 자금을 공급하고 신기술금융업은 초기보다는 사업 진행 중 지속적인 금융서비스를 제공한다는 차이점이 있다.

기타 여신금융으로 팩토링(factoring)업이 있다. 금융기관이 팩토(factor)가 되어 고객이 보유한 매출채권이나 받을어음을 사들여 자금융통을 돕는 것으로 매출채권담보대출과 유사하지만 매출채권에 문제가 생긴 경우 팩토링은 금융기관이 손실을 부담한다는 차이점이 있다.

(2) 개요 및 현황

① 신용카드업

은행이나 카드회사에 발행하는 신용카드는 보유자가 상품이나 서비스를 신용으로 구입할 수 있는 융통성 있는 대여 시설 기능을 한다. 신용카드 사용액과 연결된 카드사와 사용자간에 합의된 한도까지 신용거래를 할 수 있다. 매달 결제일까지 사용액(카드사에서 설정한 부채)을 전액 상환하면 고객은 원하는 한도까지 지출할 수 있다. 따라서 현금이나 다른 지급수단 대신 카드회사로부터 단기부채를 공여받는 것과 동일하므로 카드소지인은 자신의 경제적 능력과 소비 패턴 등을 고려하여 사용할 필요가 있다. 신용카드(credit card) 이용과 관련된 대금의 결제를 포함하여 신용카드의 발행 및 관리나 신용카드 가맹점의 모집 및 관리 업무를 하는 것을 말한다. 2019년 2월 현재 우리나라에는 〈표 5-1〉과 같이 총 22개 신용카드사업자가 신용카드업을 영위하고 있다. 또한 경제활동인구 1인당 3.6개의 신용카드를 소지하고 있는 것으로 조사되었다. 신용카드 발급 및 가맹점 수와 이용금액은 〈표 5-2〉와 같다.

〈표 5-1〉 신용카드사업자

구 분	사업자수	회사명(회원/제휴)
전업카드사	8	
- 은행계	4	신한카드, 우리카드, 하나카드, KB국민카드
- 기업계	4	롯데카드, 비씨카드, 삼성카드, 현대카드
겸영 은행	11	경남은행, 광주은행, 부산은행, 수협중앙회, 씨티은행, 전북은행, 제주은행, DGB대구은행, IBK기업은행, NH농협은행, SC제일은행
유통계 겸영 신용카드업자	3	현대백화점, 갤러리아백화점, 한섬
총 사업자수 (전업 및 겸영)	22 (19)	

(자료: 여신금융협회(2019년 2월)

〈표 5-2〉 신용카드 이용실적 및 민간지출대비 이용금액

(단위: 십억원, %)

구분	신용카드 이용실적						합계
	일시불		할부		현금서비스(단기카드대출)		
	금액	비중	금액	비중	금액	비중	
2000	33,694.9	24.5	15,070.2	10.9	88,984.4	64.6	137,749.5
2005	209,325.8	58.7	44,062.9	12.4	103,058.7	28.9	356,447.4
2010	329,769.1	66.8	82,337.1	16.7	81,319.7	16.5	493,425.9
2015	435,612.7	73.3	99,318.8	16.7	59,503.0	10.0	594,434.5
2016	489,442.9	74.7	106,589.2	16.3	59,328.9	9.1	655,361.0
2017	512,081.2	74.6	115,260.6	16.8	59,266.2	8.6	686,608.0

(단위: 십억원, %)

구분	전체 이용금액[1]	이용금액(A)[2]	민간소비지출(B)	A/B
2000	137,750	47,041.9	341,441.8	13.8
2005	356,447	187,666.4	480,170.0	39.1
2010	493,426	350,291.7	636,712.6	55.0
2015	594,435	490,284.8	771,239.2	63.6
2016	655,361	553,253.3	798,728.9	69.3
2017	686,608	584,821.8	832,234.7	70.3

(자료: 여신금융협회)

전체 이용금액 = 일시불 + 할부 + 현금서비스
이용금액(A): 현금서비스 및 기업구매카드실적 제외

② 시설대여업(capital, leasing)

시설대여를 업무로 하는 업종으로서 리스업, 렌탈업이 대표적인 예이다. 일정한 기계나 설비를 새로 취득하거나 대여 받아 거래 상대방에게 일정기간 이상 사용하게 하고, 그 기간에 걸쳐 일정대가(리스료, 렌탈료)를 정기적으로 분할하여 지급받으며, 그 기간 종료 후의 물건의 처분은 당사자 간 약정으

로 정하는 방식의 금융업이다. 2018년 말 현재 우리나라에는 총 57개사가 시설대여업을 영위하고 있는데 시설대여업의 대상업종은 자동차를 리스로 사용하는 경우가 압도적으로 많은 비중을 차지하고, 공작기계, 일반산업기계까지 포함하면 이들 세 업종이 70% 이상을 차지한다.

③ 할부금융업(installment finance, hirepurchase finance)

일시불로 지급하기에 가격부담이 큰 제품을 할부로 구입할 경우 금융회사가 제조업체와 소비자 사이에 개입하여 물품대금을 대신 제조업체에 일시불로 지급하고 소비자로부터 물품대금을 일정 기간 분할하여 받는 금융형태를 말한다. 재화 및 용역의 매매계약에 대하여 매도인(기업) 및 매수인(소비자)과 각각 약정을 체결하여 소비자에게 융자한 재화 및 용역의 구매자금을 기업에게 지급하고 소비자로부터 그 원리금을 분할하여 상환 받는 방식의 금융을 말한다.

자동차 할부구매가 대표적이다. 2018년 말 현재 우리나라에는 총 63개사가 할부금융업을 영위하고 있는데 시설대여업과 유사하게 자동차가 가장 큰 비중을 차지하고 주택할부금융이 뒤를 잇고 있다.

④ 신기술사업금융업

신기술사업자(벤처기업)에 대한 투자, 융자, 경영 및 기술의 지도와 신기술사업투자조합의 설립과 자금의 관리 · 운용에 관련된 업무를 종합적으로 수행한다. 벤처금융이라고도 한다. 2018년 6월 현재 신기술금융업으로 등록한 회사는 총 99개사이며, 이와 유사하게 벤처기업에 대한 금융을 지원하는 중소기업창업투자업체는 126개사로 조사되었다. 신기술사업금융업과 중소기업창업투자업은 근거법률상 구분되어 있고 업무영역과 형태는 크게 다르지 않다.

〈표 5-3〉 신기술사업금융업 등록 · 영위 현황

(단위: 개)

구분		'07	'08	'09	'10	'11	'12	'13	'14	'15	'16	'17	'18.6
등록	회사수	29	31	33	36	35	36	40	42	51	70	92	99
	전업사	10	11	11	13	12	12	14	18	24	31	42	46

(자료: 여신금융협회)

2. 신용카드업

(1) 의의와 구조

① 의의

신용카드를 사용할 경우 카드를 사용한 날과 대금을 결제하는 기간 사이에 일정한 시차가 존재하는데 이 기간 동안 카드 사용 고객에게 자금을 공여하는 기능을 수행한다. 이러한 경제적 기능으로 여신금융업에 해당한다. 자금공여에 충당할 자금은 주로 카드채와 차입금으로 충당하므로 금리가 상승하는 기간에는 신용카드회사에 대외적인 어려움이 커지게 된다. 또한 수수료 인하, 간편 결제, 당사자간 직접 결제 등 결제시스템의 발전에 따라 본연의 신용카드업 시장이 점차 변혁되어 가는 추세이다.

② 특징

신용카드는 카드를 이용하여 카드소지인이 가맹점에서 상품을 구입하면 가맹점은 매출표를 송부한다. 카드회사는 매출대금의 일부를 가맹점수수료로 징수한 후 가맹점에 대금을 지급해줌과 동시에 카드소지인의 계좌에 대출을 일으킨 후 카드소지인에게 청구서를 송부하여 이를 카드소지인이 결제하는 구조를 가진다. 따라서 기본적으로 카드소지인(회원), 가맹점, 카드발급회사의 3당사자 구조로 이루어진다. 그러나 여기에 신용카드 브랜드사(VISA, Master, JCB 등)가 자사브랜드의 카드발급회사와 매출전표 매입사를 모집하고 카드회원이 자사브랜드의 가맹점에서 카드를 사용하도록 네트워크를 구축하여 세계 어디서나 편리하게 사용할 수 있도록 플랫폼을 구축하고 있다. 이를 4당사자구조라고 하며 결제 시간, 장소 등에 있어 편의성이 높아 보편적인 거래구조로 이용된다.

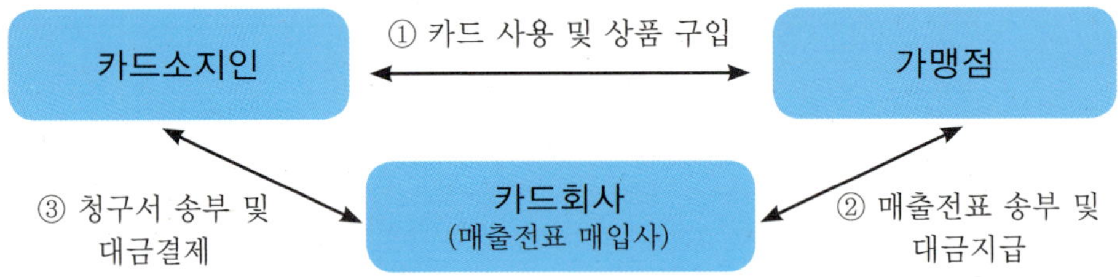

[그림 5-1] 신용카드 거래구조

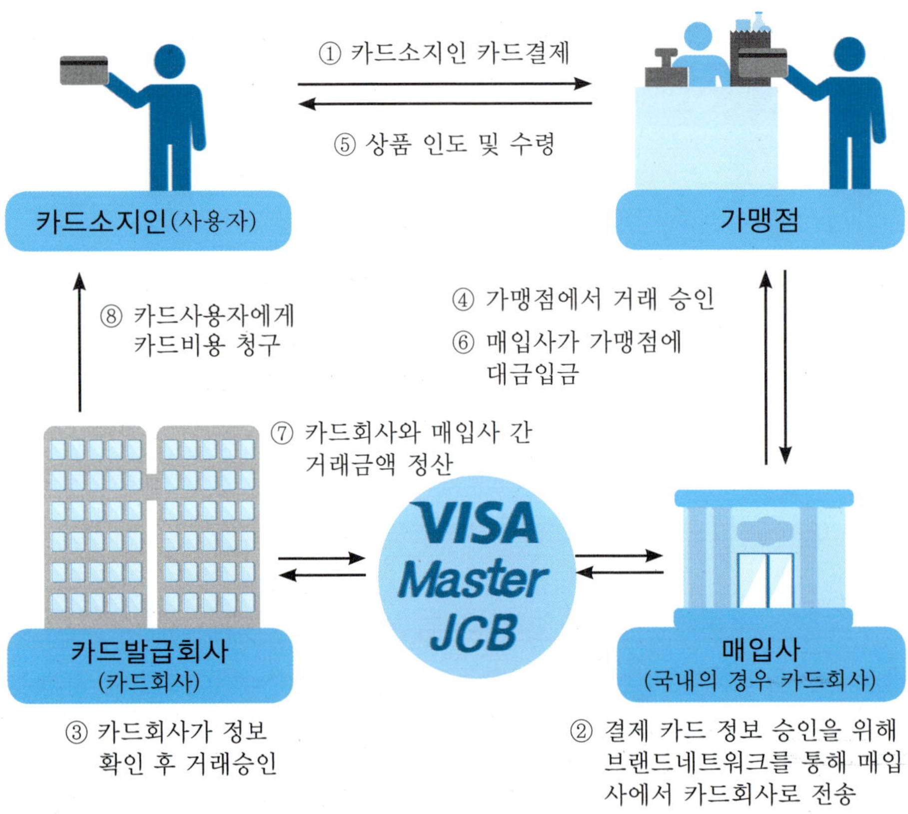

[그림 5-2] 4당사자 신용카드 거래구조

(2) 신용카드의 결제기능과 종류

① 신용카드의 결제기능

기원전 300년 고대 바빌론시대에도 신용카드와 유사한 기능으로 신용(credit)으로 단기 채무를 발생시켜 "지금 사되 결제는 나중에(buy now, pay later)" 방식으로 물건을 구입하는 수단이 있었다고 한다. 그러던 것이 중세 13세기에 들어서 환어음이 등장하여 물품을 구입하고 1/3은 현금, 2/3는 어음으로 결제하기 시작하였고 17세기에 할부식 지급이 등장하였다. 1946년 미국 Brooklyn banker를 통해 현금이 없을 때 사용하는 수단으로 은행계카드가 도입된 이후 신용카드가 본격적으로 결제기능을 수행한 것은 1951년 다이너스카드(Diners card)이다. 널리 알려진 바와 같이 다이너스카드는 1950년 미국의 사업가 프랭크 맥나마라라는 사람으로부터 시작되었다고 한다. 프랭크 맥나마라는 지갑이 없이 방문한 식당에서 곤욕을 치른 후 나중에 같은 음식점을 다시 방문하여 손수 만든 다이너스클럽 카드판으로 식사비를 나중에 한꺼번에 지불하고 식당도 신용을 믿고 이를 수용한 것이다. 이후 친지 등 여러 사람이 이 카드를 만들어 사용하고 가맹점도 늘렸는데 이것이 지금의 시티금융그룹 소유인 다이너스카드의 효시이다. 이후 미국의 VISA, Master, American Express, 일본의 JCB, 유럽의 Maestro 카드 등이 발행되어 비약적으로 발전하였다.

이와 같이 신용카드업은 현금이나 수표 대신 재화나 서비스를 구입한데 대한 사후 결제기능을 수행하면서 여신을 공급하는 역할을 하지만 이를 통해 다른 역할도 수행하고 고객의 자료를 수집하여 보다 서비스를 제공하기 위한 핀테크(fintech) 기술이나 신기술금융에 집중하고 있기도 하다. 특히 급격히 발전하는 전자통신 및 금융기술에 따라 더욱 다양화되어 가고 있다. 이러한 다양화의 예로는 스마트카드, IC카드(직접 접촉이 없이 카드를 근거리에 가져가면 카드를 인식하는 결제가 가능한 카드), 모바일카드, 생체인증카드, 간편결제기능을 들 수 있다.

우리나라는 1969년 신세계백화점에서 임직원을 대상으로 처음 신용카드를 발행한 이후 1988년 서울올림픽을 계기로 크게 활성화되었다.

② 기타 신용카드의 기능

신용카드는 현금을 대신하여 지급수단으로 하는 결제기능 이외에도 소비자금융, 신분증명, 정보저장, 통신판매, 외환, 세금혜택, 보험 및 여행, 자동납부서비스 등의 기능이 있다. 금융혁신과 핀테크 및 카드이용수수료의 점진적 하향 추세에 따라 신용카드의 기능도 신용대출, 모바일뱅킹, 빅데이터산업, 해외시장 진출, 종합금융서비스 등의 복합적인 기능으로 확대될 것으로 보인다.

③ 신용카드의 종류

신용카드에는 크게 선불카드(prepaid card), 데빗카드(debit card), 후불카드(credit card)가 있다. 데빗카드는 다시 직불카드(asset card)와 체크카드(check card)로 나뉜다.

● 선불카드

사용대금 결제계좌에 미리 대금을 입금하고 카드 사용시마다 결제금액이 차감되어 나가는 방식이다. 엄밀하게 말하면 신용카드라기보다는 현금이나 수표를 대신한 전자지급수단이라고 볼 수 있다. 교통카드, 백화점카드에 자주 이용되고 해외에 나갔을 때 여행 또는 비즈니스를 위해 현지카드를 일정금액 예치한 후 즉석에서 발급받아 편리하게 사용하도록 하는 선불카드도 있다.

● 데빗카드

카드 사용과 동시에 실시간에 대금이 결제계좌에서 인출되는 방식이다. 따라서 결제계좌에 잔고가 남아있지 않을 경우 사용할 수 없는 카드로 표시된다. 데빗카드는 서명을 하는 체크카드와 비밀번호를 입력하는 직불카드가 있는데 주로 체크카드가 사용된다. 1회 사용한도가 다소 적은 금액으로 설정되어 안전한 카드사용과 카드남용을 방지한다는 장점이 있다.

● 후불카드

일반적인 신용카드를 말하며, 최단 27일부터 최장 57일까지의 기간 동안 결제를 유예하여 신용공여를 받는 기능을 한다. 일시불이 아닌 할부결제인 경우 소정의 수수료가 추가되기도 한다. 사용한도금액이 크고 단기대출을 받는 것과 동일하므로 도난이나 분실에 유의하고 무분별한 사용을 자제할 필요가 있다.

각 카드에는 브랜드사별로 카드번호 시작에 고유 번호가 지정되어 있다.

카드사명	시작 고유번호
American Express 카드	14, 15자리인 경우 37로 시작
Diners 카드	3616으로 시작
JCB 카드	16자리인 경우 35로 시작
VISA 카드	4로 시작
Master 카드	51, 52, 53, 54, 55로 시작
UnionPay 카드	621, 622로 시작

3. 시설대여업(리스업)

(1) 의의

① 의의

미국의 경우 1970년대 중반 연간 200억불 미만에 머물던 리스료가 1995년에는 연간 1,500억불에 달하고 우리나라에서도 1973년부터 1980년까지 연평균 96.3%의 비약적인 성장을 거듭하였다. 1990년대 우리나라의 리스업 규모는 미국, 일본, 독일에 이어 세계 4위권에 달하기도 하였고 1998년까지 이전 5년 동안 국내 전체 설비투자의 23~30% 수준을 리스금융이 점하기도 하였다.

특히 1990년대 이후 리스를 이용하는 기업의 50% 이상을 중소기업이 차지하고 있어 리스금융은 중소기업의 자본조달수단으로 중요한 역할을 수행한다.

② 리스의 개념

리스금융(lease financing)은 시설임대(대여)를 전문으로 하는 사업주체(임대인=리스회사)가 일정한 설비를 구입하여 그 이용자(임차인=리스이용자)에게 일정기간 대여하고 그 대가로 사용료(리스료)를 받는 것을 목적으로 하는 물적금융이다. 통상적인 리스의 절차는 설비를 필요로 하는 임차인(lessee)이 필요로 하는 설비를 임대인에게 통보한다. 임대인(lessor)이 타당성이나 사업성을 인정하면 설비공급업자에게 자금을 지급하고 설비를 임차인에게 납품토록 한다. 이후 임차인은 정기적으로 **리스료를 지급**하고 임대인은 설비에 대한 유지보수 등을 책임진다.

카센터를 운영하는 김OO씨는 아직 벌어들인 수입이 많지 않아 금융기관에 예금한 자금이 많지 않다. 카센터를 운영하려면 자동차를 들어 올리는 리프트 등 설비자금이 필요한데 마땅한 구입처가 없다. 그러던 차에 여신금융업의 일종인 리스회사로부터 필요한 설비장치를 리스(lease)로 임차받아 매달 임차료만 지급하고 사용하고 있다.

리스업과 유사한 성격으로 렌탈(rental)업이 있다. 리스업과 렌탈업은 업종의 형태나 성격상 구분이 되지는 않으나 렌탈업은 여신금융업법상의 영업형태가 아니라는 점과 주로 대여기간이 1년 이하의 단기라는 차이점을 두고 있다.

(2) 리스의 종류

① 금융리스(financial lease)

리스의 대상이 되는 자산의 소유권은 리스회사가 가지고 있지만 임차자산의 보수와 유지에 대한 책임과 그에 따른 사용편익은 임차인이 갖는 형태의 리스. 리스회사가 자신의 비용으로 자산을 구입하여 임대인에게 대여. 미국회계기준(FASB)에서는 자본리스(capital lease)라고도 부른다.

금융리스의 일반적 과정은 다음과 같다.

- 임차인은 원하는 자산을 선정한 후 가격이나 구매조건을 제조회사와 직접 협의
- 리스회사는 임차인과의 협의 후 임차인이 원하는 자산을 구매하고 임대
- 임차인은 리스계약이 끝난 후 재계약을 통해 자산을 계속해서 이용하거나 해당자산을 적정한 가격에 매입할 수 있는 권리를 행사

금융리스의 특별한 형태로 매각후 재리스(sales and leaseback)이 있는데 항공사처럼 대형항공기를 많이 사용하는 회사는 자사 항공기를 매각하고 이를 다시 리스를 통해 사용하여 비용을 절감하고 자산을 유동화하여 경영효율성을 높이는데 리스을 이용하기도 한다.

② 운용리스(operating lease)

임차인이 리스대상자산의 사용권은 갖지만 자산의 구매와 유지 · 보수책임을 임대인이 갖고 있는 리스형태이고 서비스리스(service lease)라고도 한다. 금융리스와 운용리스의 가장 큰 차이점은 중도해지 가능여부와 리스계약기간이다. 또한 운용리스에서는 원리금 모두를 리스료로 계상하여 세금절감효과를 얻게 되지만 금융리스에서는 이자분만 리스료로 계상하여 세금절감효과를 얻는다는 차이가 있다.

〈표 5-4〉 금융리스와 운용리스의 차이

운용리스	금융리스	운용리스
대상자산	내용년수가 길고 고가인 자산	노후화, 진부화 위험이 큰 자산
중도해약	불가능 (취소시 손해배상 또는 수수료 부과)	가능 (취소선택 가능)
관리책임	리스이용자	리스회사 (리스이용자는 사용권만 있음)
세액절감	이자분에 대해서만 세액절감효과 발생	원리금 전체에 대하여 세액절감효과 발생
감가상각	전액 상각됨	전액 상각되지 않음
리스기간 종료시 처리	재리스, 양도, 반환	반환
리스료	운용리스가 일반적으로 높음 (중도해약위험, 리스대상자산의 기술적 진부화 위험, 리스료에 임대인의 유지 및 보수비용이 포함)	

(3) 임차인의 견지에서 본 리스금융의 장 · 단점

① 장 점

금융리스의 이자와 운용리스의 임차료는 비용으로 계산되어 법인세절감효과가 있어 직접 구입하는 경우보다 유리한 경우가 많다. 또한 고가의 설비나 기계를 직접 구입하는데 따른 각종 조달비용과 부대비용 및 관련 업무를 부담하지 않아 자금을 절약하고 업무의 편의를 도모할 수 있다. 그리고 시간이 흘러 설비가 진부해졌을 때 중도해약이 가능하므로 자산의 기술적 진부화에 따른 위험을 지지 않을 수 있다. 마지막으로 운용리스의 경우에는 재무상태표에 부채로 계상되지 않아 명시적인 부채대체효과를 갖지 않으므로 자산이나 부채를 과소계상하게 된다.

이러한 효과를 부외거래(off balance transaction)라고 하며, 부채비율이 양호해지고 자산총액 수치가 과대해지는 것을 방지하여 여타 재무비율의 건전성에도 영향을 미친다.

② 단 점

운용리스는 임대인이 기술적 진부화나 유지관리에 대한 위험 때문에 리스료를 은행대출금리보다 높게 책정하는 경우가 많으며, 감가상각을 통한 법인세절감효과를 보지 못하는 경우도 있다. 또한 리스기간이 지난 후 잔존가치(residual value)가 장부상 가액보다 큰 경우 기계를 소유함으로써 볼 수 있는 이득을 볼 수 없다는 단점도 있다.

(4) 리스의 경제성 평가

〈예제〉

HUFS기업은 내용년수가 4년이고 2,000만원의 총 구입자금이 소요되는 자산을 필요로 하고 있다. 법인세율은 40%이고 감가상각은 정액법을 사용하며, 4년 후 잔존가치는 없다. 직접 구매를 하였을 경우 요구되는 보수유지비는 매년 10만원이고 은행차입이자율은 연 10%이다. 만일 이 기업이 리스를 한다면 매년 350만원의 리스료를 지불해야 하며, 보수유지비는 임대인 즉 리스회사가 책임진다. 직접구매와 리스금융을 이용하는 것 중 어느 방법으로 자산을 취득하는게 경제적으로 유리할까?

직접구입에 따른 현금유출

(단위: 만원)

	0	1년	2년	3년	4년
구입가격	2,000				
보수유지비(세후)		6	6	6	6
− 감가상각비의 절세효과		−100	−100	−100	−100
순현금유출	2,000	−94	−94	−94	−94

리스에 따른 현금유출

(단위: 만원)

	0	1년	2년	3년	4년
리스료 − 리스료의 절세효과		350 −140	350 −140	350 −140	350 −140
순현금유출		210	210	210	210

여기서, 두 방법의 현금유출의 현재가치(PV)를 연금의 현재가치계수(PVIFA)를 이용하여 계산하면 다음과 같다

$$PV_{구입} = 2,000-94(PVIFA_{4년,6\%}) = 2,000-94(5,242) = 1,507만원$$

$$PV_{리스} = 210(PVIFA_{4년,6\%}) = 210(5.242) = 1,101만원$$

리스의 현금유출(1,101만원)이 직접구입(1,507만원)보다 적으므로 리스를 이용하는 것이 유리하다. 이와 같이 리스금융의 순이득(net advantage of leasing, NAL)을 구하는 일반식은 다음과 같다.

$$NAL = [구입가격 + PV(보수유지비 - 감가상각의\ 절세효과)] - PV(세후\ 리스료)$$

이 때, NAL이 0보다 크면 리스의 순이득이 존재하므로 리스를 선택하고 반대의 경우 직접 구입이 유리하다.

4. 할부금융업

(1) 의의

할부금융(installment financing)은 일시불로 지급하기에 가격부담이 큰 제품을 할부로 구입할 경우 금융기관이 소비자와 판매업체 사이에 개입하여 상품의 대금을 판매업체에 일시불로 먼저 지급하고 상품구입의 주체인 소비자로부터 일정 기간 분할하여 받는 금융형태를 말한다. 할부금융이 가능한 대상품목은 주택, 자동차, 전자제품, 사무용기기, 가구, 기계설비 등 다양하다. 연불금융(hire purchase financing)과 거의 차이가 없으나 할부금융은 2개월 이상 3회 이상 분할지급하고, 연불금융은 2년 이상 장기로 분할한다는 점에서 장기할부금융의 성격을 지닌다.

(2) 특징

할부금융은 주택할부처럼 고객이 직접 할부금융사를 찾아가 자금대출을 받아 대상 재화를 구입하는 경우가 있고, 자동차나 고가의 가전제품 등 고객이 할부금융사와 제휴를 맺고 있는 판매점을 통해 신청하여 판매점과 할부금융사가 계약을 맺기도 한다. 이때 판매점은 이용자 신용도 조사를 할부금융사에 의뢰하고 제휴한 할부금융사는 이용자 신용평가를 한 뒤에 할부금융 여부와 이용대출한도, 상환기간 등을 정해 통보한다. 예를 들어, 자동차를 구입할 때 원하는 자동차를 선택하고 할부기간과 할부금액을 금융기관과 상의한 후 할부금융회사가 자동차대금을 납입하고 자동차를 인도받는다. 이후 소비자는 매월 또는 정해진 약정에 따라 할부금을 납입하고 할부금 납입이 완료되면 자동차 소유권을 이전받게 된다. 소비자금융이지만 할부금융회사가 물품대금을 일시에 생산자에게 지급하므로 생산자에게 실질적인 혜택이 돌아간다. 신용판매와 다른 점은 제품의 소유권이 처음부터 구매자에게 이전되는 것이 아니라 최종 불입금과 수수료 등을 완납하여야 이전된다는 점에서 차이가 있다.

5. 신기술사업금융업

(1) 의의

신기술사업금융업은 기술력과 장래성이 있지만 업력이 일천하고 자본과 경영기반이 취약한 모험기업에 대하여 기업주와 공동으로 위험을 부담하면서 대출과 투자, 자금관리, 경영관리, 기술지도 등 종합적인 지원을 제공함으로써 높은 자본이득을 추구하는 금융활동으로 일반적으로 벤처캐피탈(VC, venture capital)로 알려진 위험부담자본을 운용하는 금융업이다. 창업투자회사와 함께 신기술사업금융업을 영위하는 케피탈회사 등 여신금융회사가 이를 수행한다.

국내 법률상 신기술사업금융업은 신기술사업자에 대한 투자, 융자, 경영 및 기술의 지도, 신기술사업투자조합의 설립, 신기술사업투자조합자금의 관리·운용 업무를 종합적으로 업으로서 행하는 것을 의미한다.

벤처기업에 투자하는 것을 주된 업무로 하는 곳은 중소기업창업지원법에 따른 중소기업창업투자회사, 여신전문금융업법에 따른 신기술사업금융회사, 벤처기업육성에 관한 특별조치법에 따른 개인투자조합(앤젤클럽, angel club) 등이다. 이들을 벤처케피탈 또는 벤처금융이라고 일컫는다.

(2) 특징

신기술사업금융이나 창업투자업이 투자한 원금을 회수하는 대표적인 방법으로는 기업공개나 우회상장을 통해 상장기업이 될 때 공개과정에서 지분을 매각하거나 상장 이후 유통시장에서 처분하는 것이 일반적이다. 그 외 방법으로는 제3자 또는 경영자에 대한 매각, 정리 및 퇴출(exit)을 통한 회수 등이 있다.

모험기업이 안고 있는 투자위험을 감안하여 투자금은 보통주의 형태로 출자하기 보다는 배당이나 우선청구권을 통해 일정한 수익이 보장될 수 있는 전환사채, 신주인수권부사채 또는 전환우선주 등을 이용하는 것이 보편적이다. 벤처금융이 정착하기 위해서는 벤처기업이 주식시장에 상장되어 벤처자본이 성장함으로써 여기에 투자한 자본을 보다 용이하게 회수할 수 있는 환경이 조성되는 것이 중요하다. 이러한 연유로 주요 국가에서는 기술력을 가진 모험기업의 상장을 완화하는 등의 지원제도를 마련하고 있다. 우리나라도 상장요건 상 기술특례기업에 대한 우대방안으로 기술특례 상장(일명 '테슬라 상장')제도를 두어 이러한 기업의 상장을 촉진하고 있다.

6. 팩토링

(1) 의의

팩토링(factoring)은 간접금융의 일종으로 금융기관인 팩토(factor)가 고객(client)에 대하여 고객이 상거래를 통해 보유한 매출채권이나 받을어음을 구입해 줌으로써 여신을 제공하는 업무이다. 팩토링을 영위하는 금융기관은 은행, 종합금융회사, 여신금융기관이며, 팩터링을 전문으로 하는 회사도 있다.

매출채권이나 받을어음이 거래의 대상이 되어 금융기관에서 고객에게 자금을 공여한다는 점에서 매출채권담보대출과 유사한 성격이다. 매출채권담보대출은 매출채권에 대금상환에 문제가 생겼을 때 고객이 책임지는 반면 팩토링은 매출채권을 구입한 팩토링회사에 있다는 차이점이 있다. 따라서 팩터링을 이용할 경우 팩토링회사에 대출이자에 덧붙여 팩토링서비스에 대한 수수료를 지급해야 한다. 팩토링회사가 고객의 매출채권과 관련된 거래관리, 신용평가 및 조사, 장부기장 업무를 종합적으로 관리해주는 종합팩토링(full service factoring)의 경우 이러한 수수료가 다소 높을 수 있다.

(2) 국제팩토링

팩토링 업무도 금융시장이 발전하고 복잡해짐에 따라 여러 형태로 다양화되었는데 대표적으로 수출과 수입 거래에 팩토링을 제공하는 국제팩토링이 있다. 무역거래는 크게 신용장을 이용한 거래가 있고, 신용장이 없는 신용조건부 무역거래가 있는데 국제팩토링은 무신용장 방식의 단순송금방식 거래에서 수출업자와 수입업자 사이에서 지급보증, 신용조사 및 신용위험 인수, 금융제공, 대금회수, 기타 사무처리 대행 등의 서비스를 제공하는 것을 말한다. 수출업자를 위한 대금회사 등의 업무는 수출팩토링, 수입업자의 지급보증, 통관 등을 돕는 경우 수입팩토링으로 분류하기도 한다.

국제 팩토링을 이용하면 외상수출에 따른 대금회수 불안을 제거하면서도 대금회수 전에 자금화할 수 있으며, 수입 때는 신용장 없이 팩토링회사의 지급보증으로 원활한 수입업무를 할 수 있다. 각국의 팩토링 회사가 그룹을 결성하여 수출 및 수입 회사에 공동으로 금융 서비스를 제공하는데, 국제 팩토링 금융기관 조직으로는 IFG(international factors groups)와 FCI(factors chain international)가 있으며, 우리나라는 양쪽 모두 회원으로 가입되어 있다.

학습정리

01. 금융기관 중 수신을 하지 않고 여신을 전문적으로 취급함으로써 자금을 필요로 하는 경제주체의 경제활동을 원활하게 해주는 것을 여신전문금융이라고 하며, 이를 취급하는 기관을 여신전문금융기관이라고 한다.

02. 여신금융은 카드회사, 케피탈회사, 종합금융회사, 리스회사, 팩토링회사, 창업투자업회사, 벤처금융회사 등이 영위한다.

03. 신용카드를 사용할 경우 카드를 사용한 날과 대금을 결제하는 기간 사이에 일정한 시차가 존재하는데 이 기간 동안 카드 사용 고객에게 자금을 공여하는 기능을 수행한다. 이러한 경제적 기능으로 여신금융업에 해당한다.

04. 리스금융은 시설임대(대여)를 전문으로 하는 사업주체(임대인)가 일정한 설비를 구입하여 그 이용자(임차인)에게 일정기간 대여하고 그 대가로 사용료(리스료)를 받는 것을 목적으로 하는 물적금융이다. 크게 금융리스와 운용리스가 있다.

05. 리스금융의 순이득(NAL)을 계산하여 0보다 크면 리스의 순이득이 존재하므로 리스를 선택하고 반대의 경우 직접 구입이 유리하다.

06. 신기술사업금융업과 창업투자업은 기술력과 장래성이 있지만 업력이 일천하고 자본과 경영기반이 취약한 모험기업에 대하여 대출과 투자, 자금관리, 경영관리, 기술지도 등 종합적인 지원을 제공함으로써 높은 자본이득을 추구하는 금융활동이다.

07. 팩토링(factoring)은 간접금융의 일종으로 금융기관인 팩토(factor)가 고객(client)에 대하여 고객이 상거래를 통해 보유한 매출채권이나 받을어음을 구입해 줌으로써 여신을 제공하는 업무이다.

08. 국제팩토링은 무신용장 방식의 단순송금방식 거래에서 수출업자와 수입업자 사이에서 지급보증, 신용조사 및 신용위험 인수, 금융제공, 대금회수, 기타 사무처리 대행 등의 서비스를 제공한다.

제6장

보 험 시 장

1. 보험의 의의와 원리
2. 주요 보험
3. 생명보험과 손해보험
4. 사회보험과 공적연금

들어가기

보험은 소정의 보험료(premium)를 보험자(insurer)에게 지불하는 대신 예기치 못한 사고나 손실이 발생하였을 때 보험자로부터 보험금을 받거나 손실을 보장받는 기능을 수행한다. 이를 통해 금융시장 또는 실물시장에 존재하는 여러 위험으로부터 입을 수 있는 신체적, 재산적 손해나 손실로부터 자유로워지게 된다.

보험은 크게 인보험, 물보험, 옵션으로 나뉘어진다. 인보험은 생명보험이라고도 하며, 신체를 대상으로 한다. 생명보험, 상해보험, 종신보험 등이 여기에 속한다. 물보험은 손해보험 또는 재산보험이라고도 하며, 동산이나 부동산 등 재물 또는 재산을 대상으로 한다. 화재보험, 해상보험, 자동차보험, 특종보험 등이 여기에 속한다. 옵션은 파생금융상품으로서 보험의 원리를 이용하여 권리를 사는 조건부청구권의 성격을 가진다.

보험은 원래의 생명과 재산에 대한 보장성 형태로부터 저축보험, 연금보험 및 변액보험 그리고 대출로 발전되어 다양한 형태로 수요자의 요구에 맞추어가고 있다. 특히 연금보험은 규모와 중요성이 확대되는 추세여서 학습의 필요성이 높다.

금융시장은 제1금융권이 은행, 제2금융권인 증권, 보험의 세 가지 축으로 이루어져 있다고 볼 수 있다. 금융시장의 기본적인 근간을 이루면서 역사가 오래된 보험에 관해서도 숙지하는 것이 바람직하다.

1. 보험의 의의와 원리

(1) 보험의 의의

① 의의

보험(Insurance 또는 Assurance)은 예상하지 못하는 위험을 갖고 있는 다수인에 대해 보험자가 보험료를 받아 기금을 형성하여 위험에 의한 사고를 당하였을 경우 보험금을 지급하여 신체적, 경제적 불안을 경감시키거나 해소시켜주는 제도이다. 다시 말하면 상해, 질병, 재해, 사망, 화재, 도난, 붕괴 등 각종 우연한 사고에 대비하여 경제적 손실을 보전할 목적으로 공동의 위험담보를 필요로 하는 사람들이 부담금(보험료)을 납부하고 우연한 사고 발생 시 약정된 금액(보험금)을 지급받는 경제적 준비수단이다.

② 분류 및 계약 당사자

보험은 보험에 가입하는 대상에 따라 인보험과 물보험으로 대별한다. 인보험은 생명보험, 물보험은 손해보험으로 보험으로 보장해주는 대상의 성격이 다르다. 생명보험과 손해보험을 막론하고 보험계약은 기본적인 형태가 유사한데 크게 계약자, 피보험자, 수익자, 보험자로 구분된다.

구 분	내 용
계약자(policy holder)	계약을 청약하여 서명하고 보험료 납입의무를 지는 주체
피보험자(insured)	보험계약의 대상인 사고 발생의 주체가 되는 사람이나 재물
수익자(beneficiary)	보험사고가 발생했을 때 보험금을 청구할 권리를 가진 주체
보험자(insurer)	보험금을 지급할 의무를 가진 보험회사

③ 보험회사

보험회사(insurance company)는 보험업을 영위하는 제2금융권의 금융기관이다. 다수의 보험계약자로부터로 보험료를 받아 이를 대출이나 유가증권, 부동산 등에 투자하여 보험계약서 상의 피보험자의 노후, 질병, 사망, 사고 시 보상으로 보험금을 지급하는 업무를 영위하며, 생명보험회사와 손해보험회사 및 우체국보험이 있다.

④ 생명보험과 손해보험

생명보험은 사람과 관계된 질병, 사망, 퇴직을 보장하는 상품을 취급하고 손해보험은 생명보험 이외의 모든 종목을 취급한다. 일반적인 화재보험, 해상보험 이외에도 여행자보험, 스키보험과 다양한 형태가 있다.

한편 실손의료보험, 건강보험, 변액보험 같은 경우는 생명보험과 손해보험이 모두 판매한다. 이렇게 손해보험과 생명보험의 두 가지 성격을 모두 갖추고 있어 어느 한 분야로 분류하기가 곤란하여 생명보험과 손해보험이 공동으로 겸업하는 영역을 제3보험으로 분류한다.

> 생명보험의 예를 들면, 40대 가장인 박OO씨가 AA보험회사와 종신보험을 계약하고 피보험자를 본인, 수익자를 부인으로 가입하였다. 보험료를 납입하던 박OO씨가 사망하였을 때 부인이 보험계약서 상의 보험금을 청구하여 수령하게 된다.
>
> 화재보험의 예를 들면, 공장을 운영하는 이OO씨가 공장을 피보험자로, 본인을 수익자로 계약하였다고 하자. 화재보험료를 납입하던 중 공장에서 화재가 발생하여 1억원의 손실을 입었다면 이를 보험회사에서 보험금으로 지급하여 준다.
>
> 이렇게 보험은 예상치 못한 사고가 발생하여 어려움을 겪게 될 때 손실을 보험금을 지급하여 기업운영이나 생계에 안정을 가져다주는 중요한 경제적 기능을 수행한다.

(2) 보험의 원리

① 위험의 정량화

보험은 불확실성(uncertainty)으로부터 발생 가능한 사고확률을 위험으로 정량화하는 과정을 통해 평균적인 보험료를 산출한다. 개별적으로는 발생가능성을 예측할 수 없지만 이를 집적하면(pooling) 다수인의 평균적인 관점에서는 예측이 가능하고 이를 통해 여기서 발생하는 개별 손해나 손실도 보장이 가능해진다. 따라서 보험은 '대수의 법칙'과 '수지상등의 원칙'이 적용된다.

보험회사는 여기에 운영비(사업비)와 사고율 증감을 감안한 보험료를 산출하여 보험계약을 하게 된다. 보험은 가입자와 보험자와의 계약에 의해 보험료를 지불하고 보험금을 수령하는 형태이기 때문에 계약(policy)의 용어를 사용하기도 한다. 이 때 보험에 가입하는 신청서(slip)에 보험자가 인수(underwrite)한다고 서명하는 점을 고려하여 보험회사를 인수자(underwriter)로 부르기도 한다.

대수의 법칙(law of large numbers)의 쉬운 예는 동전 던지기를 많이 할수록 앞면이 나올 확률이 1/2에 가까워진다는 것을 들 수 있다. 보험을 통해 동질적 위험을 가진 개별주체의 위험을 총량으로 묶어 평균적인 손실액과 개별주체가 부담할 보험료를 측정한 후 안정적으로 운영하게 되는 것이다.

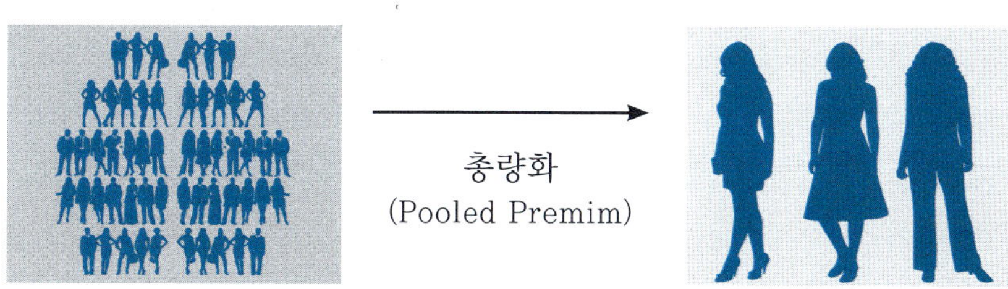

수지상등의 원칙(principles of equivalence)은 보험회사의 수입이 되는 순보험료의 현재가치가 장래 지출해야 하는 보험금의 현재가치와 일치되게 하는 것이다. 또한 생명보험의 경우 연령이 증가함에 따라 보험금이 많이 지급되어 보험료 부족분이 생기는데 초기 보험료 잉여분과 부족분을 감안하여 평준화된 보험료를 산출하게 된다.

② 보험의 기원

보험은 중세 이전에 중국과 아랍 국가에서 상인들이 사고를 당했을 때 생계를 보장해주는 제도로 시작되었다고 한다. 이후 17세기 근대에 들어서면서 영국을 중심으로 해상무역이 발달하기 시작한 이후 위험에 대비하는 수단으로 크게 성행하였다. 이 무렵 영국의 로이드가(Lloyd family)가 해상무역보험의 중심을 이루는 보험의 상징이 되었고, 지금도 근대보험이 발전한 대명사로 영국의 로이드를 지칭하고 있다. 실제로 런던에 본거지를 둔 로이드보험조합(Lloyd's of London)은 현재까지도 약 2만여 개 이상의 보험자로 구성되어 세계 최대의 보험인수시장을 이루고 있다.

커피가 보험의 시작이었다?

"고급시계 5개를 훔쳐간 도둑을 신고하면 사례하겠다."

이 문구는 1689년 2월 21일자 영국 정부의 관보인 런던 가제트에 실린 도난 광고의 내용이다. 특이한 점은 신고와 연락 장소를 경찰서가 아닌 '에드워드 로이드의 커피하우스'로 했다는 것이다. '커피하우스'가 신고 장소가 된 이유는 무엇일까?

당시 영국 사회에서는 커피하우스가 번성했다. 로이드 커피하우스는 선착장과 가까워 다양한 신분의 사람들이 모였다. 신고 장소를 로이드 커피하우스로 한 것도 이 때문이다. 이처럼 선원과 상인, 모험 자본가들로 북적거리는 로이드 커피하우스는 얼마 지나지 않아 항해와 무역, 대외 전쟁에 관한 정보의 집결지로 떠올랐다. 이에 로이드는 1696년 외국 사정과 전쟁 소식, 재판, 의회 정보 등이 실려 있는 '로이드 뉴스'를 발행하기 시작했다. 여기에 로이드의 후계자들은 1734년 '로이드 리스크'를 창간해 해상보험 소식 등을 집중적으로 다뤘다. 또 로이드의 가게를 터전삼아 일하던 보험업자들은 1771년 로이드 클럽을 만들었다. 이것이 바로 손해보험의 대명사인 로이드 보험인 것이다.

18세기 들어 전체 해상보험의 90%가 로이드 커피하우스에서 체결됐다고 한다. 이렇게 사람이 모이는 곳에 돈이 모인다는 말처럼 로이드의 커피하우스에서 보험이 시작됐다는 것은 당연한 현상이었다.

18세기를 지나면서 로이드 커피하우스는 커피하우스라는 본래의 기능을 상실하고, 세계 최대의 보험회사인 런던 로이드(Lloyd's of London) 회사로 성장하게 됐다.

자료: 한국보험신문(2018.8.26.일자 기사)

(3) 보험에서 다루는 위험과 사고의 정의

① 부보위험

보험으로 담보(이를 '부보'라고 함)해주는 사고에 관하여 흔히 위험(risk, 危險), 손해 또는 손실(loss, 損失), 손인(peril, 損因), 위태(hazard, 危殆)의 위험과 사고에 관련된 용어에 대한 정의가 다루어지는데 간략하게 개념을 파악하면 다음과 같다.

② 사고의 정의

위험은 경제적 손실이 발생할 수 있는 불확실성(uncertainty) 또는 손실에 대한 예측과 실제 사이에 존재하는 불확실성을 의미한다. 손해는 현재 발생한 물질적, 정신적 손실 즉 현재의 경제적 가치의 손상 또는 멸실을 말하고, 손인은 손해를 발생하게 하는 우연한 사고나 손실의 원인으로서 보험에서 담보하고 있는 위험, 즉 화재, 낙뢰, 폭발, 풍수해, 홍수 등을 뜻한다. 마지막으로 위태는 손해발생 가능성의 조건을 만드는 구체적인 상태, 즉, 손실을 일으키는 요인 또는 손실을 야기 시키는 표면상의 원인을 의미한다.

〈예제〉

재래식 김을 제조하는 공장이 있는데 장마철에 자주 발생한 태풍과 집중호우로 인하여 사고 발생 가능성이 있다고 하자. 이는 위험이다. 어느 여름에 뒷쪽의 산이 유실되어 공장으로 흙과 수목이 덮쳐 실제로 피해가 발생하였다. 이로 인하여 가공 기계와 김 보관 창고에 손실을 입었으며, 공장 건물 뒷면에 침하가 생겼다. 이 때 경제적으로 멸실과 손상을 입은 공장 건물과 기계 및 보관 김은 손실이고, 사고의 원인이 된 태풍과 집중호우는 손인이라고 볼 수 있다. 한편 김 공장의 손실을 늘린 요인 즉, 뒷산의 유실물이 내려와 기계와 김이 손실을 입었으므로 이는 위태라고 정의한다.

2. 주요 보험

김OO씨의 사례를 포함하여 보험은 크게 성격과 대상에 따라 다음과 같은 종류가 있다.

(1) 종류

① 생명보험

사람의 질병, 상해, 사망을 가입대상으로 한다. 연금보험, 종신보험, 실손의료보험, 건강보험, 장기저축보험, 변액보험이 있다. 피보험자의 수에 따라 단생보험, 연생보험, 단체보험이 있다. 변액보험을 제외하고는 예금자보호법으로 1인당 보험금 지급이 보장된다.

② 손해보험

생명보험 이외 모든 보험 계약을 취급한다. 화재보험, 해상보험, 자동차보험, 운전자보험, 특종보험, 실손의료보험, 건강보험, 변액보험, 장기저축보험이 있다. 특수한 형태의 손해보험으로 재보험, 보증보험, 신용보험, 무역보험이 있다. 계약기간이 1년이 넘는 손해보험 계약을 장기보험으로 부른다.

③ 보장성 보험

보장성 보험은 사망 · 상해 · 입원 등 생명과 관련한 보험사고나 재산 피해와 관련하여 보험사고가 발생했을 때 피보험자에게 약속된 보험금을 제공하는 보험상품을 말한다. 본연의 위험보장에 충실한 상품이라고 할 수 있다. 종신보험 · 재해보장보험 · 건강보험 · 성인병 보장보험 · 화재보험 · 특종보험 등이 해당된다.

④ 의료보험, 노후대비보험

의료비나 건강과 관련한 보험상품은 생명보험과 손해보험이 모두 취급하는 실손의료보험과 건강보험이 대표적이고, 노후 대비 상품은 생명보험에서만 취급하며 종신보험과 연금보험이 있다.

⑤ 투자 및 저축형 보험

저축형 보험은 장기저축보험이 있는데 목돈마련이나 노후생활자금을 대비해 주는 보험상품으로 납입한 보험료보다 만기시 지급되는 보험금이 더 많다는 특징이 있다. 저축성보험은 보험료 중 사업비와 보장에 필요한 부분을 제외한 금액에 대해 높은 이율로 적립하여 만기에 지급하므로 주택자금이나 결혼자금 등 목돈마련에 효과적이며 여기에 여러 가지 보장도 받을 수 있다.

투자형 보험은 변액연금보험, 변액종신보험, 변액유니버셜보험이 있다. 변액보험은 실적배당형 보험상품의 대표적인 것으로 보험료의 일부를 투자하여 수익을 배분하기 때문에 수령하는 보험금액이 변동하여 변액보험으로 칭한다. 보험료 납입과 인출이 자유로운 변액유니버셜보험은 원금보장이 되지 않아 예금자보호법 대상이 아니고 변액연금보험과 변액종신보험은 예금자보호법 대상이다.

⑥ 제3보험

생존을 전제로 보다 중요해지는 부보대상에 대해 보장이 강화된 것으로 볼 수 있다. 사고로 인한 상해의 치료에 소요되는 비용을 보장하는 상해보험, 질병으로 인해 발생되는 입원, 수술, 통원 비용을 보장하는 질병보험, 상해, 활동 불능으로 인해 타인의 간병을 필요로 하는 상태를 보장하는 간병보험이 해당된다. 생명보험과 손해보험의 두 가지 성격을 모두 갖추고 있어 손해보험사 및 생명보험사 모두 취급한다.

⑦ 사회보험 및 공적연금

국가가 보장하는 사회보험으로 국민연금, 국민건강보험, 고용보험, 산재보험의 4대 보험이 있다. 공적연금에는 가입자의 성격에 따라 국민연금, 공무원연금, 군인연금, 사학연금(사립학교교직원연금)이 있다.

(2) 보험 가입의 예

아래의 예는 중소기업에 근무하는 40대 가장인 김OO씨가 가입한 보험의 예이다. 여러 종류의 보험을 가입하여 보험이 일상생활에 많이 개입되어 있는 것을 알 수 있다. 보험회사나 보험대리인을 통하지 않고 온라인으로도 직접 가입할 수 있다.

40대 가장인 김OO씨가 가입한 보험의 예

■ **개인보험:** 개인이 가입하는 보험으로 아래와 같은 보험에 가입하였다.

실손의료보험, 연금보험, 종신보험, 자동차보험, 운전자보험, 변액보험

■ **사회보험:** 공적보험으로 직장에서 단체로 가입하거나 개인의 선택에 의해 가입한다.

국민연금, 고용보험, 국민건강보험, 산재보험

▶ 김OO씨가 가입한 보험의 간단한 설명은 다음과 같다.

실손의료보험은 생명보험과 손해보험에서 공통적으로 취급하는 건강보험으로 병·의원 및 약국에서 실제로 지출한 의료비를 최대 90%까지 보상한다. 국민건강보험의 보완적인 기능을 하는 보험으로 국민건강보험에서 보장받지 못하는 비급여 부분을 실손의료보험으로 보장받으면 의료비 부담이 상당히 경감되므로 효과가 큰 건강보험 상품이다.

연금보험은 생면보험에서 취급하는 보험으로 종신보험과 함께 대표적인 노후 대비 보험이다. 노후에 대비하여 가입 후 일정 기간이 지나면 연금으로 돌려받기 위해 가입하고 세금공제 혜택이 있다. 가입형태에 따라 45세 이후부터 연금을 받을 수 있기 때문에 직장을 다니거나 사업자이더라도 연금 개시 시기가 되면 불입한 연금보헝으로부터 연금을 수령할 수 있다. 하지만 통상적으로 55세 이상을 연금개시기간으로 계약하는 경우가 많다. 연금보험은 예금자보호법 대상으로 1인당 최고 5천만원까지 예금보험공사에서 보험금 지급을 보장한다.

종신보험은 생명보험에서 취급하는 노후대비 상품으로 가입자가 사망하였을 때 수익자에게 가입금액을 지급하여 생활안정을 도모하는 보험이다. 사망원인에 관계없이 사망시 피보험자에게 보험금이 지급되며, 종신보험도 예금자보호법 대상이다.

한편 자동차보험은 손해보험에서 취급하는 보험상품으로 1년 만기로 가입하여 1년 동안 자동차 관련 사고나 상해를 보장한다. 운전자보험은 자동차보험에서 보장하지 못하는 운전자 관련 상해나 사고를 추가로 보장한다. 교통사고 후유증, 사고처리비, 변호사선임비 등 자동차보험에서 보장하지 않는 사고 관련 사항을 보장한다.

마지막으로 변액보험은 생명보험에서 취급한다. 보험료의 일부를 여러 자산에 투자하여 운용수익률을 분배하는 투자형 보험 상품이다. 보험의 보장 성격과 투자 상품이 결합되어 다양한 위험보장이 가능하고 투자 성과에 따라 보험금 수령액이 달라진다.

3. 생명보험과 손해보험

(1) 생명보험

생명보험(life insurance)이 취급하거나 보장하는 보험에는 연금보험, 종신보험, 실손의료보험, 건강보험, 장기저축보험이 있다. 여기서 연금보험, 종신보험은 생명보험에서만 취급하고 실손의료보험, 건강보험, 장기저축보험은 손해보험에서도 판매하는 보험상품이다.

① 연금보험(annuity policy)

노후 대비 보험의 대표적인 것으로 연금개시 이전에 피보험자가 사망하면 보험금을 일시에 지급하고, 생존하는 경우 연금개시 기간부터 정기적으로 연금을 지급받거나 다른 필요한 방법으로 다양하게 수령할 수 있다. 보험 가입 기간동안 일정금액까지 매년 연말정산시 세액공제 혜택을 받고 10년 이상 유지할 경우 납입한 보험료를 초과하여 수령하는 금액에 대한 소득세에 비과세 혜택이 주어진다. 연금보험 가입 시 여러 특약을 선택적으로 추가하여 가입함으로써 보장혜택을 넓힐 수 있고 연금수령 방법도 다양하여 대표적인 생명보험 상품이기도 하다. 연금보험은 예금자보호법에 의해 보험금 지급이 보호된다.

② 종신보험(whole life policy)

피보험자가 사망하면 보험기간이나 사망원인에 관계없이 약정한 보험금을 수익자에게 지급한다. 연금보험처럼 가입 시 여러 특약을 추가할 수 있고 보험료를 납입할 수 있는 기간을 선택하여 일시납(한번 불입), 단기납(단기간에 집중 불입), 전기납(장기간에 걸쳐 정기에 불입) 등으로 소득에 따라 불입기간을 정할 수 있다. 보험료의 일부를 펀드로 구성하여 운용한 다음 그 실적에 따라 보험금 수령액이 달라지는 변액종신보험도 판매된다.

③ 실손의료보험

생명보험 뿐만 아니라 손해보험에서도 취급하여 보장하는 보험상품이다. 의료기관의 진료비나 약국의 약제비에는 국민건강보험의 보장금액이 포함되어 환자 본인 부담은 비급여부분을 한정된다. 예를 들어, 진료비가 10만원이라면 국민건강보험이 부담해주는 금액이 6만원, 환자 본인 부담이 4만원이라고 하자. 이 때 4만원을 실손의료보험으로 보상받을 수 있다. 또한 환자 부담금이 4만원이 아니고 갑작스럽거나 큰 질병 또는 장기간의 치료를 요하는 경우 상당한 금액의 의료비가 지출된다. 이 때 이러한 의료비의 실제 지출금액(실제 손실금액)을 횟수에 관계없이 보장해 줄 수 있는데 이를 실손의료보험에서 보장한다. 흔히 실손보험으로 줄여서 통용된다. 실손보험은 실제 의료비를 보장하므로 여러 곳에 가입하더라도 중복보장이 되지 않고 실제 지출한 금액만 보장된다는 점을 유의하여야 한다. 예를 들어, A, B 보험사에 실손보험이 가입되어 있으면 의료비 보험금을 A, B 보험사가 각각 지급하는 것이 아니라 의료비 실비만큼만 A, B 보험사가 합산하여 지급한다.

④ 건강보험

건강과 질병을 담보로 보험계약을 하고 해당 사유가 발생하여 진단받은 경우 진단비, 치료를 요할 때 입원비와 진료비 등을 보장하는 보험이다. 흔히 암보험, 치아보험, 간병보험이라고 불리우는 보험들이 건강보험이다. 실손의료보험과 다르게 중복가입과 중복보장이 가능하여 여러 곳에 가입할 수 있다.
예를 들어, A, B 보험사에 암보험이 가입되어 있으면 암진단 보험금을 A, B 보험사가 각각 지급한다.

⑤ 장기저축보험

생명보험과 손해보험에서 모두 취급한다. 보험의 보장 기능에 장기저축 혜택을 가미한 것으로 보험의 보장도 받고 저축수단으로도 활용하기 위해 만들어진 것이다. 보장만 받는 보험이 상대적으로 저렴한 보험료로 책정되는데 반해 장기저축성보험은 상대적으로 비싼 보험료를 낸다. 하지만 최저금리 보장이 있고 10년 이상 납입할 경우 비과세 혜택이 주어진다는 장점이 있다.

⑥ 변액보험(variable insurance)

변액보험은 보험료의 일부를 주식, 채권, 부동산 등 자산에 투자함으로써 사고(사망)보험금이나 환급금이 변동하는 보험이다. 기존 연금보험, 종신보험 상품에 투자와 저축, 보장 기능이 혼합되고(변액연금보험, 변액종신보험) 보험료 납입 및 입출입이 자유로운 상품(변액유니버셜보험)까지 등장하여 펀드 상품과 비교된다. 우리나라는 2001년부터 판매가 되어 대중화되었다. 변액연금보험과 변액종신보험은 예금자보호법 대상이지만 변액유니버셜보험은 실적배당 투자형 상품으로 보호대상이 아니다. 변액유니버셜보험은 최저한도 범위 내에서 보험료의 크기와 납입시기를 변경할 수도 있다.

변액보험과 펀드

변액보험은 납입한 보험료를 운용하여 운용수익에 따라 보험금이 달라지는 보험으로 주요한 금융상품인 펀드와 비교된다. 펀드와 다른 점은 변액보험은 보험의 보장 기능이 포함되어 있으므로 보험 가입에 따른 보험 사업비를 부담한다는 것이다. 즉, 보험료의 일부를 사업비로 충당하기 때문에 이로 인해 단기 실질수익률이 펀드에 비해 낮을 수 있지만 장기로 갈수록 이 부분이 희석되어 보험의 보장기능을 감안하면 유리할 수도 있다. 또한 10년 이상 장기 가입의 경우 비과세 혜택이 주어지는 특징이 있다. 또한 변액보험은 사망에 따른 기본보험금과 투자에 따른 실적배당형 보험금이 분리되어 최초 계약시의 기본보험금은 변동하지 않고 변동보험금이 실적에 따라 바뀐다.

⑦ 개인보험과 단체보험

피보험자의 수에 따라 단생보험, 연생보험, 단체보험이 있다. 개인이 가입하는 것은 단생보험, 5명까지의 소수인 경우 연생보험이다. 기업이나 단체는 단체보험으로 가입하는데 흔히 단체보험은 기업이나 단체에서 보험료를 부담하여 직원이나 구성원의 보험복지 혜택을 늘려주게 된다.

계약자 배당과 무배당

생명보험회사가 실제 비용 이상의 보험료를 수령함으로써 생긴 잉여금을 계약자에게 돌려주는 것이다. 보험료 계산의 기초자료인 사망률 · 이익율 · 경비율 등은 보험 경영상의 안전성을 고려해서 여유있게 책정되어 있기 때문에 예정보험비용과 실제 보험비용의 차액을 실제 비용보다 더 수령한 보험료를 일정 기준 하에 계약자에게 정산하여 돌려주는 것이다. 이러한 배당이 없는 상품은 무배당 상품이다.

(2) 손해보험

손해보험은 화재, 해상(항공), 자동차, 특종 및 책임과 관련된 보험상품을 취급한다. 화재보험, 해상보험, 자동차보험, 운전자보험, 도난보험, 항공보험, 책임보험 등이 이에 해당한다. 특수한 형태의 손해보험으로 재보험, 신용보험, 보증보험, 무역보험이 있다.

① 화재, 해상, 자동차, 운전자 보험

이들은 생명보험은 판매하지 않고 손해보험에서만 취급하는 보험상품이다. 화재가 발생하였을 때(fire insurance), 해상 운송과 관련한 사고가 생겼을 때(marine insurance), 자동차 사고에 대한 보장이 필요할 때 보험금을 지급하여 재산의 손실을 지켜줌으로써 가계 및 기업의 안정을 기하도록 해준다. 운전자보험은 자동차보험에서 보장하지 못하거나 보상이 충분하지 않은 내용에 대해 추가적으로 보장을 하는 보험으로 여러 특약을 통해 다양한 상해, 질병 관련 지출을 대상으로 한다. 전통적으로 국내 손해보험의 수익구조는 자동차보험은 손해율이 커서 보험료를 올리는 적자구조인 반면 여타 보험분야에서 안정적인 수익을 올리는 형태를 보인다.

손해사정사

피보험자에게 사고가 발생하였을 때 손실이나 손해금액을 정확하게 산정하여 보험금 지급을 공정하게 수행하는데 필수적인 역할을 하는 사람이 있는데 이를 손해사정사라고 한다. 따라서 손해사정사는 손해보험에서 빠질 수 없는 중요한 기능을 수행하므로 자격시험을 통해 선발한다.

– 보험계리사와 함께 보험업의 전문자격증이다.

② 특종보험

특종보험(casualty insurance)은 화재, 해상, 자동차 보험을 제외한 형태의 손해보험 취급 물건에 따른 분류이다. 도난보험, 항공보험, 스키보험, 유리보험, 건설공사보험, 조립보험, 배상책임보험 등의 다양한 형태가 포함된다. 배상책임보험은 판매한 물건에서 하자가 발생하여 손해를 끼친 경우, 회사 임원으로서 책무를 수행하다가 예기치 못한 사고로 회사나 고객에게 손해를 끼친 경우 등 배상을 해야 하는 책임에 대해 보장을 해주는 것이다.

이들 손해보험 계약 중 건설공사보험 등 계약기간이 1년이 넘는 상품을 취급할 때 장기보험으로 부른다.

③ 재보험

해상 및 항공과 관련한 사고는 보험금을 대규모로 지급해 주어야 하는 경우가 있으므로 보험회사(원보험자)는 인수한 보험을 다른 보험회사(재보험자)에 다시 판매하는 재보험(reinsurance)을 수행한다. 컨테이너화물선이나 여객기는 한번 사고가 나면 재산과 인명 피해 규모가 크기 때문이다.

즉, 재보험은 보험회사(원보험자)가 인수한 계약의 일부를 다른 보험회사(재보험자)가 인수하는 것으로 인수시키는 것으로 보험회사의 책임을 분담해준다. 예를 들어, 항공보험의 보장금액이 500억원이라면 10%인 50억원은 원보험자가 인수하고 나머지 450억원은 재보험자에게 판매한다. 보험료(원수보험료)도 10%에 해당하는 금액만 수령하고 나머지는 재보험자(재보험료)에게 인도하는 형태가 된다. 이 때 재보험자는 다시 다른 보험회사에게 이를 판매하여 다수의 보험자가 인수하는 형태가 된다. 재보험은 국내 뿐만 아니라 외국의 보험회사에게도 판매하는데, 미국과 영국에서 재보험시장이 잘 발달되어 대형 보험계약은 주로 이들 지역의 재보험자에게 재보험으로 인수된다. 우리나라는 대한재보험(주)가 재보험을 인수, 재판매하고 있다.

④ 신용보험, 보증보험

신용보험(credit insurance)은 채무자가 채무를 이행할 수 없게 됨으로써 채권자가 입는 손해를 보상하는 보험이다. 일반적으로 중소기업은 대출관련 신용이 상대적으로 열악하므로 금융기관으로부터 자금을 차입하기가 곤란하여 정부가 중소기업 대출에 대한 지불보증을 함으로써 중소기업 금융의 원활화를 위한 특수한 형태의 손해보험이다.

보증보험(surety insurance)은 각종 거래에서 발생하는 신용위험을 감소시키기 위해 보험의 형식으로 하는 보증제도이다. 쉬운 예로 금융권에서 대출을 받을 때 보증보험이 보험료를 받고 대출자의 보증인 역할을 하는 형태를 들 수 있다. 즉, 보증보험회사가 일정한 대가인 보험료를 받고 계약상의 채무이행 또는 법령상의 의무이행을 보증해주는 구조이다. 이 때 대출자가 금융기관 대출을 상환하지 못하는 경우 보증보험이 대신 갚고 대출자에 대해 사후에 구상권을 행사하여 대출금을 돌려받은 권리를 습득한다. 우리나라는 서울보증보험(주)가 보증보험을 전문적으로 취급하고 있다.

신용보험과 보증보험이 다른 점은 보증보험의 경우 보험회사가 특정한 채무자로부터 보험료를 받고 보증을 서 주는 것인 데 반하여 신용보증은 보험회사가 채권자로부터 보험료를 받고 불특정 다수의 채무자와 거래하다가 입은 손해를 보상한다는 점이다.

보증보험이 제공하는 보증채무는 주채무자 즉, 대출자가 채무를 이행하지 않을 경우 보증보험회사에서 이를 대신 갚고 이후에 주채무자에게 구상권을 행사한다. 이에 반해 연대보증이 있는데 연대보증은 주재무자와 연대하여 채무을 이행할 의무가 있으므로 주채무자에 대한 보충적 성격이 아니어서 채권자는 주채무자나 연대보증인 아무에게나 대출상환을 청구할 수 있다.

⑤ 무역보험

무역보험(trade insurance)은 무역 및 해외거래에는 수반하는 많은 위험에 대비하여 보장을 해주는 보험이다. 수출보험과 수입보험으로 분류한다. 대외거래와 관련한 위험에는 전쟁, 정치변화, 법령의 개폐로 인한 수입제한, 급변하는 글로벌 경제상황, 환율변동에 따른 환위험 등과 같이 당사자의 책임과는 관계없는 사유로 이행을 불가능하게 하는 비상위험(emergency risk)과 외국에 있는 상대방 당사자의 파산으로 인한 대금 미지급 등과 같은 신용위험(credit risk)이 있으며, 이들 위험은 민간보험으로는 보상이 어렵다. 따라서 해외거래의 건전한 발전을 도모하기 위해 다수 국가에서는 국내의 수출입계약의 당사자를 위해 국가 또는 공공기관이 보험자가 되어 대외거래 위험을 보상하는 기구가 설치되어 무역보험을 수행한다. 우리나라에서도 공기업으로 1992년 수출보험공사가 설립되어 업무를 영위하다가 2010년에 수입보험까지 다루는 무역보험공사로 확대 개편되어 무역보험 기능을 제공하고 있다.

⑥ 우체국보험

우체국은 우편, 예금, 보험을 취급하는 정부기관이다. 우체국의 보험업무는 우체국이 가지는 체신관서로서의 성격상 오랜 기간 동안 영업과 중단을 반복하다가 1983년 7월부터 현재까지는 영위하고 있다. 우체국보험은 일반 보험에 비해 보험료가 저렴하지만 최고 보험금이 4천만원 이하로 책정된 서민형 보험이다. 건강보험, 연금보험, 저축보험 등 생명보험 상품만을 취급한다. 보장성보험과 연금보험의 비중이 높다.

특이한 점으로서 민간 보험회사에서 보험을 모집하는 조직을 보험설계사, 보험컨설턴트라고 부르는 반면 우체국 보험은 보험관리사로 칭한다.

보험료 산출 원리

보험회사는 부보대상이 가지는 위험률, 보험가입시점으로부터 기간경과에 대한 이자율 및 보험사업에 필요한 인건비 등 사업비율을 근거로 보험료를 산출한다(3이원방식으로 부름). 위험률의 대표적인 것에는 예정사망율, 예정사고율 등을 들 수 있다.

그러던 것이 2000년대 이후 변액보험, 방카슈랑스 등 보험상품이 다양해지고 국제적인 회계기준에 부합하기 위해 2005년부터 현금흐름방식 보험료 산출방식(cash flow pricing)을 도입하였다. 이 방식에 의하면 기존의 세 가지 기준 외에 해약률, 판매량 등의 여러 비율을 반영하여 보험료를 산출한다.

보험료 = f(위험률, 이자율, 사업비율, 해약률, 판매량 등)

4. 사회보험과 공적연금

정부가 국민의 복지를 위해 운용하는 공적보험으로 흔히 4대보험이라고 부른다. 사회보험에는 국민연금, 국민건강보험, 고용보험과 산재보험이 포함된다. 공적연금에는 가입자의 성격에 따라 국민연금, 공무원연금, 군인연금, 사학연금(사립학교교직원연금)이 있다.

① 사회보험

● 국민연금(national pension)

정부가 운영하는 공적 연금 제도로서 국민 개인이 벌어들인 소득으로 납부한 보험료를 기반으로 노후 또는 소득활동이 중단된 경우 본인이나 유족에게 연금을 지급함으로써 기본 생활을 유지할 수 있도록 하는 제도이다. 국민연금은 공적 연금으로서 가입이 법적으로 의무화되어 있다. 단, 공무원이 대상인 공무원연금, 군인이 대상인 군인연금, 사립학교 교직원 대상인 사학연금의 적용 대상자와 일정 소득 이하의 저소득계층은 제외된다. 민간보험에 비해 사업비가 적고 부담과 급여의 수준이 일정 기간 불완전 균형을 이루는 방식이기 때문에 불입한 보험료에 비해 수령하는 보험금이 많은 형태이다.

● 국민건강보험(national health insurance)

국민건강보험공단이 보험자로서 국민에 대한 의료서비스를 제공하는 사회보장제도이다. 소득의 일부를 건강보험료로 국민건강보험공단에 지불하고 질병이나 상해를 입어 고액의 진료비나 수술비를 부담한 경우 보험급여를 제공하여 의료비를 경감받을 수 있게 하였다. 가입자가 국민건강보험에 가입하면 그 가족도 보험급여 혜택을 받을 수 있다.

● 고용보험(unemployment insurance, 雇傭保險)

국가가 고용안정과 실업자의 생활 안정을 위해 보험의 원리와 방식을 도입하여 법률에 의하여 보험 가입과 보험료 납부를 의무화하고 실업이라는 보험사고에 대하여 근로자와 사업주를 지원하는 공적인 사회보험제도이다. 비자발적으로 직장을 잃은 경우 고용보험에 의거하여 퇴사일로부터 12개월까지 실업급여를 받아 생활의 안정을 기할 수 있도록 한다.

● **산재보험(industrial accident compensation insurance)**

본래 용어는 산업재해보상보험(産業災害補償保險)이다. 1인 이상을 고용한 사업장에 대해 근로자를 보호하고 근로자 가족의 생활을 보장하기 위하여 국가가 책임을 지는 의무보험이다. 국가가 사업주로부터 소정의 보험료를 징수하여 그 기금(재원)으로 사업주를 대신하여 산업재해를 당한 근로자에게 보상을 해주는 제도이다.

② 공적연금

우리나라의 공적 연금제도는 1960년 공무원 연금제도의 도입에서 시작되었으며, 일반 국민을 대상으로 하는 공적연금제도는 1986년 12월부터 실시된 국민연금법에 의해 1988년부터 실시되고 있다.

국민연금법은 국내에 거주하고 있는 60세 미만의 전 국민을 적용 대상으로 하고, 1인 이상의 근로자를 사용하는 모든 사업장과 사업장 가입자가 아닌 지역가입자, 본인의 희망에 의한 임의가입자 등을 대상으로 한다.

이외 공무원과 군인, 사립학교교직원을 대상으로 한 공무원연금, 군인연금, 사학연금(사립학교교직원연금)이 있다. 이들 연금을 불입하는 사람은 국민연금에서는 의무가입 대상자에서 제외되고 그 배우자나 자녀가 국민연금 임의가입자로 선택적으로 가입한다.

③ 연금의 3층 구조

개인연금, 기업연금, 공적연금을 노후소득 보장을 안정시키기 위한 연금의 3층 구조라고 한다. 여기서, 개인연금과 공적연금은 앞에서 설명한 바와 같고, 기업연금제도는 기업이 단독 또는 근로자와 공동으로 재직 시에 금융기관에 회사 지원금과 급여의 일부를 예탁하여 목돈을 형성한 뒤 근로자가 퇴직할 때 연금이나 일시불로 지급하는 제도이다. 기업연금에는 확정급부형(DB)과 확정기여형(DC), 개인형퇴직연금(IRP)으로 나눌 수 있는데, 미국에서는 오래전부터 퇴직금제도 대신 기업연금이 널리 이용되고 있다. 우리나라도 2005년 12월부터 퇴직연금제도를 운영하고 있다.

학습정리

01. 생명보험과 손해보험을 막론하고 보험계약은 기본적인 형태가 유사한데 크게 계약자, 피보험자, 수익자, 보험자로 구분된다.

02. 보험은 불확실성(uncertainty)으로부터 발생 가능한 사고확률을 위험으로 정량화하는 과정을 통해 평균적인 보험료를 산출한다. 여기에는 '대수의 법칙'과 '수지상등의 원칙'이 적용된다.

03. 개별적으로는 발생가능성을 예측할 수 없지만 이를 집적하면(pooling) 다수인의 평균적인 관점에서는 예측이 가능하고 이를 통해 개별적으로 발생하는 손해나 손실도 가능해진다.

04. 영국 런던에 본거지를 둔 로이드보험조합(Lloyd's of London)은 약 2만여 개 이상의 보험자로 구성되어 세계 최대의 보험인수시장을 이루고 있다.

05. 사람의 질병, 상해, 사망을 가입대상으로 한다. 생명보험 이외 모든 보험 계약을 취급한다. 특수한 형태의 손해보험으로 재보험, 보증보험, 신용보험, 무역보험이 있다. 계약기간이 1년이 넘는 손해보험 계약을 장기보험으로 부른다.

06. 생명보험(life insurance)이 취급하거나 보장하는 보험에는 연금보험, 종신보험, 실손의료보험, 건강보험, 장기저축보험이 있다. 여기서 연금보험, 종신보험은 생명보험에서만 취급하고 실손의료보험, 건강보험, 장기저축보험은 손해보험에서도 판매하는 보험상품이다.

07. 변액보험은 납입한 보험료를 운용하여 운용수익에 따라 보험금이 달라지는 보험으로 주요한 금융상품인 펀드와 비교된다.

08. 재보험은 보험회사(원보험자)가 인수한 계약의 일부를 다른 보험회사(재보험자)가 인수하는 것으로 인수시키는 것으로 보험회사의 책임을 분담해준다.

09. 사회보험에는 국민연금, 국민건강보험, 고용보험과 산재보험이 포함된다. 공적연금에는 가입자의 성격에 따라 국민연금, 공무원연금, 군인연금, 사학연금(사립학교교직원연금)이 있다.

10. 개인연금, 기업연금, 공적연금을 노후소득 보장을 안정시키기 위한 연금의 3층 구조라고 한다.

제7장

자본시장과 투자

1. 투자의 시대와 증권시장
2. 증권과 증권화
3. 투자를 위한 기본적 분석
4. 기술적 분석

들어가기

대학 졸업 후 대기업에 취업하여 대리로 근무하고 있는 이OO씨는 결혼자금과 주택마련자금을 위한 재테크 수단으로 적립식 주식형 펀드에 가입하여 매달 30만원을 불입하고 있다. 이OO씨가 가입한 주식형 펀드는 펀드자금의 70% 이상을 국내외 주식에 투자하는 상품이다. 주식형 펀드의 수익률은 KOSPI(종합주가지수)를 벤치마크로 비교, 평가하고 있다.

대학에 진학하는 아들과 고등학교 2학년인 딸을 둔 정OO씨는 교육자금과 노후자금 마련을 위해 재테크 수단으로 주식형 펀드보다 수익성이 떨어지지만, 안정성은 높은 연금저축과 채권형 펀드에 가입하고 매달 50만원을 불입하는 중이다. 나이가 들어갈수록 재테크에 실패할 경우 만회할 시간이나 기회가 줄어든다고 생각했기 때문이다.

연봉 5,000만원을 받고 있는 김OO대리는 금융자산 투자를 하려고 생각하고, 증권회사에 계좌를 개설하였다. 1,500만원 상당의 SS주식을 매입한 김대리는 주식의 가격이 일시적으로 상승하다가, 이후 지속적으로 하락세를 보여 손해를 보게 되었고, 손실금액은 자신의 소득을 감안할 때 꽤나 비중 있는 규모였다. 김대리는 무작정 주식투자에 나선 자신의 투자행위에 문제가 있다는 것을 인식하고, 먼저 자신의 소득의 얼마를 위험자산으로 분류되는 주식에 투자할 것인가를 재고하게 되었다(자본배분). 그리고 주식에 투자할 금액을 결정한 후 어떤 종목들로 자신의 포트폴리오를 구성할 것인가에 대해 생각하게 되었다(자산배분).

투자는 투자목표와 투자제약을 고려한 투자전략을 수립하고 이를 실행해 나가야 한다. 위 투자자는 올바른 투자를 행하고 있는 것으로 볼 수 있는가?

어떤 기업에 자금을 투자하려할 때 현금을 직접 투자하고 그에 대한 증서를 받는 것이 아니라 기업이 발행한 증권을 매입하고 이로부터 이자나 배당 등의 수익을 거두게 된다. 이런 과정이 가능한 것은 자금의 수요자와 공급자 간에 공신력이 있는 자금중개기관이 존재하여 증권을 매개로 중개기능을 수행하기 때문이다.

1. 투자의 시대와 증권시장

(1) 투자와 증권시장

자금이 거래되는 금융시장은 화폐시장과 증권시장으로 대별되는데, 증권시장은 금융거래가 화폐가 아닌 증권을 매개로 이루어지는 시장을 말한다. 증권시장은 주식이나 채권과 같은 자본증권이 거래된다는 의미에서 자본시장이라고 한다. 흔히 화폐시장을 제1금융권, 증권시장을 제2금융권으로 칭한다.

저축의 시대에서 본격적으로 투자의 시대로 접어든 2000년대 이후 증권시장에 대한 관심은 어느 때보다 커졌고, 증권시장에 대한 이해는 상식적인 지식의 수준에 도달하고 있다. 그만큼 많은 대중이 증권시장에 관심을 가지고 있고, 실제 증권시장 투자를 통해 부의 증식을 꾀하고 있다는 반증이기도 하다. 금융의 증권화 추세에 따라 증권이 금융시장의 핵심적인 요소가 되고, 자금의 수요자가 발행하는 증권을 매입함으로써 증권투자에 나서는 투자자는 증권과 함께 증권시장을 구성하는 양대 축을 구성한다. 자금의 수요자는 국가, 기업, 개인, 일반단체 등 다양한 종류가 있고 이들이 발행하는 증권의 종류 또한 다양하다. 이들 증권에 투자하는 자금의 공급자에도 국가, 기업, 개인, 일반단체 등의 여러 종류가 있게 된다.

(2) 금융의 증권화

은행에 예금을 해 둔 경우 직접 현금을 가지고 있을 필요가 없다. 은행이 자신의 신용으로 현금을 보관해두는 역할을 하기 때문이다. 증권시장의 투자활동도 이와 유사하다. 어떤 기업에 자금을 투자하려 할 때 현금을 직접 투자하고 그에 대한 확인을 받는 것이 아니라 기업이 발행한 증권을 매입하고 이로부터 이자(채권)나 배당(주식) 등의 수익을 거두게 된다. 이런 과정이 가능한 것은 자금의 수요자와 공급자 간에 공신력이 있는 자금중개기관이 존재하여 증권을 매개로 중개기능을 수행하기 때문이다.

금융시장 환경은 이렇게 자금의 대차거래가 증권을 통해 수행되는 경향이 심화되고 있고, 보다 발달된 복잡한 형태의 증권이 계속해서 등장하고 있는 추세이다.

예를 들어, 일본의 자금이 미국의 주택시장으로 흘러들어가는 과정을 두 가지 경로로 생각해보자.

1) 일본의 와타나베부인이 직접 미국 주택구입자에게 돈을 빌려줌
2) 일본의 와타나베부인이 돈을 금리가 높은 호주의 은행에 예치(은행의 위험감소와 중개기능)
   → 호주은행은 투자받은 자금에 대한 수익을 추구하기 위해 미국의 주택구입자금대출회사(모기지론컴퍼니)의 채권을 구입
   → 모기지론컴퍼니는 채권발행을 통해 호주은행으로부터 조달한 자금을 주택구입자에게 대여

여기서, 1)번의 거래에는 증권이 개입되지 않지만, 2)번의 거래에서는 모기지론컴퍼니의 증권이 개입되어 있다. 만일 주택구입자가 채무불이행 상태가 되면 1)번의 경우 와타나베부인만이 피해를 입게 되지만, 2)번의 경우 와타나베부인과 호주은행 그리고 모기지 회사 세 곳이 피해를 입게 된다. 이렇게 금융의 증권화는 투자위험을 줄이고, 금융시장을 발전시키는 반면 그 복잡한 체계와 파생과정으로 인해 위험관리가 매우 중요해지는 배경이 되기도 한다.

1) 의 경우 자금의 흐름

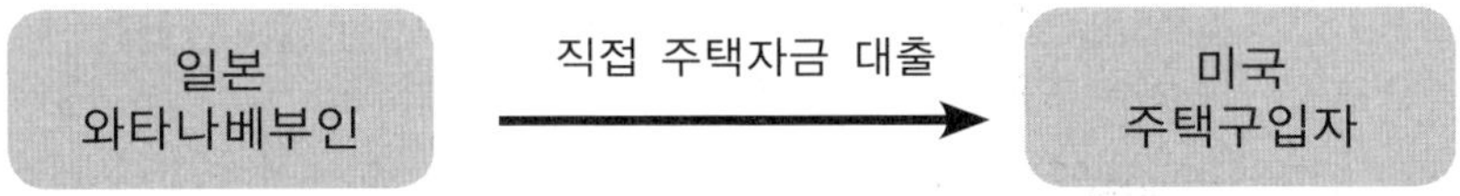

2) 의 경우 자금의 흐름

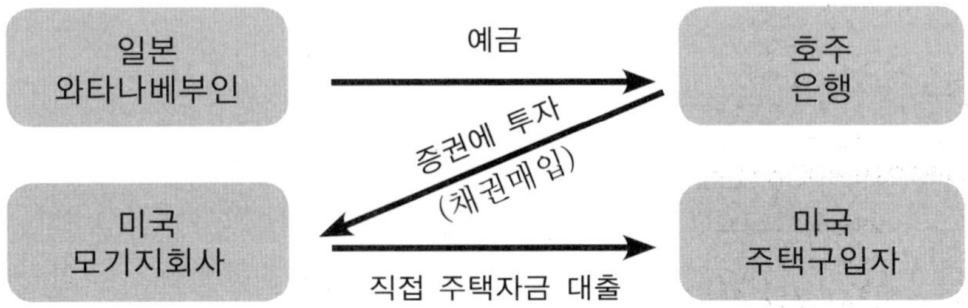

2. 증권과 증권화

(1) 증권의 정의와 종류

본 절에서는 증권의 정의와 종류에 대해 개괄적으로 알아보고, 금융시장 거래의 증권화 추세 및 증권화 추세가 가지는 의미에 관해 고찰한다.

① 증권의 정의

증권시장의 거래대상인 증권의 첫 번째 정의는 '시장 유통성을 갖는 금융자산(또는 청구권)'을 뜻한다. 현대 금융시장의 투자대상 가운데 가장 큰 비중을 차지하고 있으며, 크게 주식, 채권, 파생금융상품으로 분류한다. 표준화된 발행양식을 보유하고 있으며, 이는 증권이 대량유통되기 위한 전제조건이 되고 있다. 증권투자는 은행의 저축, 실물시장의 부동산 투자 등과는 구별되지만, 금융기법의 발달로 인해 양도성예금증서(CD), 주택저당채권(MBS) 등의 신종금융상품이 도입되어 한계가 점차 적어지는 양상에 있다.

증권의 두 번째 정의는 '미래이득에 대한 청구권'이다. 증권은 소유자의 재산권을 나타내고, 소유권을 법적으로 명시한 증서이기 때문에 미래 재산 청구권의 역할을 한다. 지배권, 배당 또는 이자에 대한 권리도 이와 유사하며, 청구권을 통해서 경영권을 행사하기도 한다. 주주의 일반적 권리로서 경영권을 행사한다던가, 기업이 파산상태에 접어들어 채권자가 주주의 권리를 인수하여 경영에 참여하는 것도 이 청구권에 의한 것으로 볼 수 있다.

② 증권의 종류

증권은 크게 확정소득증권과 불확정소득증권으로 대별한다. 확정소득증권은 증권으로부터 발생되는 소득이 확정되어 있는 것으로서 채권 형태를 띤다. 불확정소득증권에 비해 안전자산으로서 저수익 경향이 있다. 국채, 공채, 회사채, 양도성예금증서(CD) 등의 채권이 이에 해당한다.

불확정소득증권은 증권의 보유로부터 발생하는 미래 소득이 불확실한 증권이다. 주식이나 파생금융상품이 이에 속한다. 우선주(preferred stock)을 제외하고는 불확실하기 때문에 높은 위험을 부담하게 되어 여기에 투자하는 투자자는 고수익을 추구하는 경향을 가지게 된다.

(2) 증권화

① 증권화의 의의

증권시장의 발달은 금융거래의 증권화에 바탕을 두고 있다. 증권화는 모든 금융거래가 증권을 통해 이루어지는 현상을 말하며, 증권시장의 발달을 초래하였다. 직접적인 금전대차관계가 아닌 증권을 매개로 한 금융거래는 신용정보체제의 정착을 전제로 발달하였으며, 기업, 국가의 경제성장과 밀접한 연계를 맺는다. 증권화가 발달하면서 기업은 증권발행을 통해 자금을 조달하며, 개인은 증권에 대한 투자 확대, 간접투자 확대(자산관리산업 발달)를 통해 투자기법이 다양화, 고도화되었다. 투자자가 직접 주식을 매입하는 등 금융자산투자를 행하는 경우 직접투자라고 하고, 펀드에 가입하여 전문적인 투자자가 투자토록 한 후 그 수익금을 배당받는 등의 투자를 행하는 경우 간접투자라고 한다. 간접투자상품에는 수익증권(펀드), 뮤츄얼펀드, 개인자산관리(PB), 개인종합자산관리계좌(ISA) 등이 있으며, 급격히 발달하고 있는 추세이다.

금전의 직접 대차관계 하에서는 자금의 수요자와 공급자가 모두 돈을 거래하게 되는데, 증권화에서는 자금의 수요자도 증권발행을 통해 자금을 공급받고, 자금의 공급자인 투자자도 증권매입을 통해 자금을 공급해주는 기능을 수행한다.

증권화가 진전되는 배경은 증권이 환금성을 보장하여 다수의 투자자를 확보함으로써 유동성 부족 문제를 해결하여 대량의 자금조달이 가능해 졌다는 점을 들 수 있다. 또한 은행대출은 은행의 위험부담이 크지만, 증권화 체제하에서는 기업과 투자자가 직접 위험을 부담하게 되기 때문에 은행의 위험부담이 줄어들어 증권화의 진전에 도움이 되었다고도 볼 수 있다. 금융거래의 증권화는 금융공학(financial engineering)과 함께 금융시장의 발전을 촉구하는 계기가 되고 있다.

그러나 증권화와 금융공학의 발전으로 투자자에게 더욱 다양한 금융자산이 제공되고 있는 한편에서는, 복잡한 투자상품 설계와 파생상품의 개발레 따라 투자위험이 증폭되고, 그에 따라 투자위험관리가 중요해지고 있다. 또한 이는 핀테크(fintech)와 빅데이터의 발달배경이 되었다.

② 증권화 추세의 예

● 자산유동화증권(asset backed securities, ABS)

시장성이 없는 금융자산 또는 비금융자산을 시장성이 있는 자산으로 전환하여 유동성을 제고하는 증권이다. 기업의 자산은 영업이나 생산활동에 사용되는 것이지 자금조달 수단은 되지 못한다. 하지만 증권화의 진전은 이 자산을 현금창출의 원천으로 만들어, 자산이 자본조달의 원천이 되는 증권을 개발하게 되었고, 이 증권을 자산유동화증권이라고 한다.
항공사가 보유하고 있는 자산인 비행기를 담보로 이를 유동화하여 증권을 발행하는 것은 좋은 자산유동화증권의 예이다.

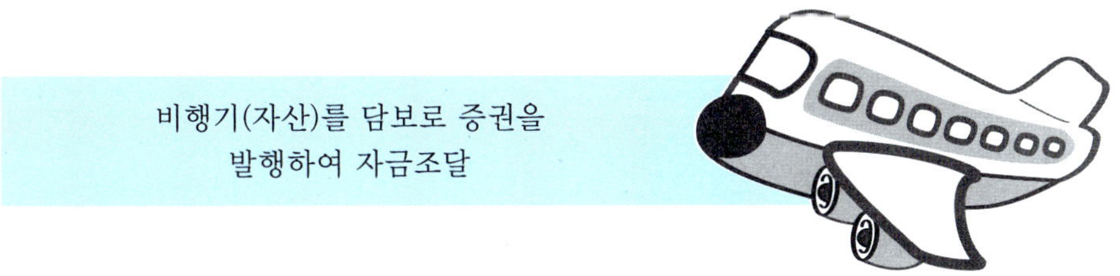

[그림 7-1] 자산유동화증권

● 주택저당채권(mortgage backed securities, MBS)

주택저당채권은 금융기관이 주택구입자에게 대출한 자금을 증권화하여 증권을 발행하는 형태이다. 이 때 주택구입자로부터 담보로 보유한 저당권이 채권화되므로 주택저당채권으로 부른다.

3. 투자를 위한 기본적 분석

(1) 의의

투자를 위한 분석에는 기초적으로 크게 기본적분석(fundamental analysis)과 기술적분석(technical analysis), 포트폴리오분석(portfolio analysis)으로 구분된다. 기본적분석은 기업이 가지고 있는 본연의 가치에 근거한 평가분석방법으로서 기본요인(fundamentals)과 내재가치(intrinsic value)에 의한 분석으로 알려져 있다. 여기서, 기본요인이란 기업의 미래 수익력과 자산가치를 말하며, 내재가치란 기본요인에 근거하여 추정한 가치를 말한다. 기본적분석은 "Top-Down"(하향분석)방식과 "Bottom-up"(상향분석)방식으로 대별하는데 일반적으로 "Top-Down" 방식에 의해 분석하게 된다. "Top-Down" 방식은 거시경제분석(위험투자비중 결정) → 산업분석(위험포트폴리오 구성) → 기업분석(위험포트폴리오 구성)처럼 경제 → 산업 → 기업의 차원으로 분석범위를 좁혀 나가는 방법이다.

한편 포트폴리오분석은 기본적분석과 기술적분석을 통해 선택한 개별종목을 상관관계와 거래장소 등에 따라 적절히 분배하는 과정이다. 여기서는 기본적분석과 기술적분석을 알아본다.

(2) 거시경제분석

① 의의

거시경제분석(macroeconomic analysis)은 산업과 기업을 분석하기 전에 거시경제 측면에서 주가의 향방을 예측하는 방법이다. 인플레이션, 금리, 환율, 경기상황 등을 파악하여 주가흐름의 대세를 가늠한 다음 이에 따라 산업과 기업 그리고 투자자의 관점에서 대응하는 것이다.

② 주요 거시경제 변수

가. 국민소득 증가율

국민소득(GNP)은 기업의 성장기회(매출액 증가)에 직접적 영향을 미친다. GNP증가 → 소비증가 → 매출증가의 흐름으로 기업의 성장에 큰 영향을 주기 때문이다. 기타 경제성장 관련 변수로는 경기선행지수, 경기동행지수, 산업생산지수, 생산자 출하지수, 주택건설주문량, 자동차판매량 등이 대표적이다.

나. 인플레이션

적정한 인플레이션(물가상승)은 실물자산의 명목가치를 상승시켜 주가를 높이는 요인이 된다. 반면에 요소비용(이자율, 임금 등) 및 유효 법인세율(이익의 과대계상으로 인한 세금증가)의 상승은 주가 하락 요인으로 작용하며, 급격한 인플레이션은 실물경제에 교란을 가져오므로 주가가 급락할 수 있다.

다. 금리(이자율)

이자율 상승은 기업의 이자부담을 증가시키고, 실물투자의 자본비용을 상승시킴으로써 투자가치를 하락시키게 된다. 그리하여 이자율 상승은 투자 및 소비를 감소시키므로 주가 하락요인이 된다. 이자율 하락은 반대로 투자증가 → GNP증가의 흐름을 유발할 수 있다.

라. 통화량

단기적인 통화량 증가는 금융시장의 유동성을 높혀 주식투자 수요를 확대시킬 수 있고, 이자율 하락 효과도 발생하므로 주가 상승 요인이 될 수 있다. 그렇지만 장기적으로 볼 때 통화량 증가는 시중에 자금이 많이 풀려 인플레이션을 증가시키고 명목이자율이 높아지는 등 주가하락을 유발할 수도 있다.

마. 환율과 국제수지

환율의 상승은 국내 제품의 수출가격을 낮추게 되어 대외무역의존도가 높은 국내 상품의 수출을 증가시키고 수입은 감소시키는 효과가 있으므로 국제수지를 개선하는 효과가 있다. 이는 주가상승을 가져오게 된다. 반대로 환율이 오르면 수출이 어려워지고 수입물가가 상승하는 압력을 받게 된다. 또한 외환위기에서와 같이 급격한 환율인상은 금융시장의 혼란을 가져와 주가에 부정적인 결과를 낳게 된다. 국가경제 경쟁력의 바로미터인 국제수지가 개선되면 GNP성장률이 증가되고 기업이익의 증가를 나타내어 주가가 상승한다.

바. 경기상황

경기가 호황인가, 불황인가는 주가에 직접적인 영향을 줄 수 있다. 주가는 경기변동을 앞서는 선행지표의 대표적인 것으로서 앞으로의 기대를 예측하여 반영하는 것으로 알려져 있다. 따라서 경기실사지수(BSI), 소비자동향지수 등의 경기지표는 주가를 예측하는데 도움이 된다.

(3) 산업분석

① 의의

기업이 어떤 형태의 생산활동을 영위하느냐는 기업이 어떤 산업에 속하느냐와 같은 의미이다. 각 산업에 따라 특징적인 행태를 띠게 되는데, 예를 들어 소비재산업이냐 생산재산업이냐에 따라 라이프싸이클(life cycle)이 달라 어떤 산업은 3년만에 새로운 제품이 계속해서 출시되어야 하는 반면, 어떤 산업은 그 주기가 10년만에 오기도 한다. 이에 덧붙여 경기변화에 따른 산업의 민감도(sensitivity)가 상이하게 나타난다. 예를 들면, 경기호황에 따라 주식시장이 활황을 보이는 시기에는 전자나 건설과 같이 경기민감도가 높은 산업을 영위하는 기업의 주가가 보다 높은 상승률을 보이게 되고, 반대로 경기불황에 따라 주식시장이 침체를 보이는 시기에는 생활필수품 생산업체 같은 내수산업이 유리하게 된다.

② 산업의 분류

흔히 산업분류는 표준산업분류(SIC, standard industry classification)에 따른다. 크게는 기업이 영위하는 산업을 제조업과 비제조업으로 분류(대

분류)한 다음 제조업은 어업, 광업, 음식물제조업, 화학제품업, 전기전자제품업 등으로 다시 분류된다(중분류). 비제조업은 건설업, 금융업, 서비스업(도매업, 소매업) 등으로 나뉘고, 여기서도 금융업은 은행업, 증권업, 보험업, 기타 금융업 등으로 나뉜다(소분류). 주식시장에서는 편의상 자본금을 기준으로 소형주, 중형주, 대형주로 구분하기도 하지만, 엄밀한 의미에서 볼 때 정확한 산업분류는 아니라고 볼 수 있다.

(4) 기업분석

기업분석은 주식분석의 핵심을 이루는 분야이다. 이른바 애널리스트(analyst)라는 직군의 투자분석가들이 기업의 현재와 미래의 재무제표와 현금흐름을 분석하고 예측한 다음, 이에 근거하여 적정 주가를 추론하는 것이다. 기업분석은 특정한 형태의 틀이 없이 기업과 관련한 정보와 재무자료를 분석하기 때문에 매우 다양한 방법이 사용된다. 전통적으로는 재무제표분석과 상대주가분석이 대표적으로 사용된다. 재무제표분석은 기업규모, 안정성, 수익성 등의 지표를 계산하여 활용하는 것이고, 상대주가분석은 다른 기업의 주가와 비교하여 주가가 고평가되었는가 또는 저평가되었는가를 판단하는 방법이다.

① 기업규모

기업의 규모(size)는 크게 자산총액, 자본금 및 매출규모를 통해 조사한다. 자산총액은 기업의 전체 재산을 나타내는 수치로서 자산총액이 큰 기업의 경우 성장에 필요한 투자자금을 상대적으로 원활하게 조달할 수 있고, 이에 따라 소규모기업에 비해 비교우위를 보일 수 있다. 또한 전반적인 경기상황이나 경제환경이 불황에 접어들었을 때 외부환경에 덜 민감하다는 장점이 있기 때문에 상대적으로 좋은 점수를 받을 수 있다.

매출규모도 기업규모를 가늠하는 주요 지표이다. 매출규모는 기업의 수익성, 성장성, 활동성을 산출하는 기준이 되는데, 매출규모가 상위인지의 여부는 동종업계 평균을 이용하는 경우가 일반적이다.

자본금과 영업이익의 규모도 기업규모를 가늠하는 주요 지표이다. 자산총액이나 매출규모가 큰 기업이더라도 자본금 규모가 작으면 대형기업이 아닌 중소형기업으로 분류되기 때문이다. 예를 들면, 국내 상장기업의 대형주, 중형주, 소형주 분류도 자산총액이나 매출규모가 아닌 자본금 규모로 분류하고 있다. 영업이익은 본연의 영업활동으로부터 발생한 이익의 크기로서, 경상이익과 함께 기업이 경영활동으로부터 얼마나 현금흐름을 많이 창출해 내는 가의 척도로서 이용된다.

② 안정성

안정성을 나타내는 안정성비율(safety ratio)은 기업이 경영활동에 필요한 자금으로서 부채를 얼마나 사용하고 있는 가를 나타내는 부채의존도와 자본배분의 안정성을 통해 경기변동에 대한 기업의 대응능력 즉, 기업경영의 안정성을 측정하는 것으로서 크게 부채비율(레버리지비율)과 고정비가 차지하는 비율인 고정비율로 측정한다.

부채비율은 기업이 어느 정도 부채에 의존하고 있는지를 측정하는 비율이며 일명 레버리지비율이라고도 한다. 기업이 자본을 부채와 자기자본으로 어떻게 구성하고 있느냐의 자본구조를 나타내는 가장 중요한 비율이다. 부채비율은 크게 일반적으로 부채비율로 가장 많이 사용하는 부채와 자기자본의 비율 이외에 자기자본비율, 차입금의존도, 금융비용 대비 매출액 비율, 이자보상비율 등으로 측정한다. 이자보상비율은 영업이익이 이자를 얼마나 충당하는가를 나타내는데 영업이익과 수입이자 대 지급이자 비율로 산출한다.

$$\text{이자보상비율} = \frac{\text{영업이익} + \text{수입이자}}{\text{지급이자}}$$

③ 수익성

수익성은 기업활동의 결과로 나타난 일정기간 동안의 경영성과이다. 수익성은 투자한 자본에 대한 경영성과의 정도, 비용을 보전해 내고 이익을 창출해 낼 수 있는 능력에 관한 정보를 제공해 줌으로써 투자자, 경영자, 채권자, 정책당국 등 이해관계자들이 의사결정을 내릴 때에 중요한 정보로 활용된다.

기업의 수익성은 크게 두 가지 측면으로 대별된다. 하나는 제품의 생산 및 매출이라는 과정을 통하여 이익이 창출된다는 점에서 매출액 대비 이익을 계산하는 매출액이익률이다. 나머지 하나는 기업에 대해 자본을 제공하는 투자자들로부터 조달한 투입자본과 투자자에게 귀속되는 이익을 대비하여 측정하는 다른 여러 이익률이다.

가. 매출액영업이익률

매출액으로부터 각종 비용을 차감한 후의 이익이 어느 정도인가를 측정하는 비율로서 흔히 마진(margin)의 개념과 동일한 의미를 가진다. 이 비율은 기업고유의 영업활동의 효율성을 측정하는 비율이다. 매출액영업이익률(operating margin on sales)은 생산활동에 소요된 비용인 매출원가와 판매와 일반관리비를 차감한 후의 이익인 영업이익을 매출액으로 나누어 계산한다.

$$\text{매출액영업이익률} = \frac{\text{영업이익}}{\text{매출액}} \times 100$$

나. 총자산이익률, 자기자본순이익률

기업의 경영활동에 투자된 자산으로부터 어느 정도의 이익이 발생하였는가를 알기 위해 측정하는 다른 수익성비율의 대표적인 것에는 총자산이익률과 자기자본순이익률이 있다. 총자산이익률(ROA: return on assets)은 기업에 조달된 총자본(=총자산)의 투자효율성을 측정하는 것으로 일반적으로 총자산영업이익률, 총자산순이익률의 지표가 이용된다.

자기자본순이익률(ROE: return on equity)은 주주가 투자한 자본인 자기자본에 대한 투자효율성을 측정하는 지표이다. 위에서 설명한 총자산이익률이 경영자 입장에서 기업의 이익발생능력을 평가하는 비율이라면, 자기자본이익률은 주주의 입장에서 수익성을 평가하는 비율이라고 볼 수 있다.

$$\text{자기자본순이익률} = \frac{\text{수이익}}{\text{자본}} \times 100$$

④ 성장성

경제 전반이나 특정산업 내에서의 특정기업의 경제적 지위가 적절하게 유지되고 있는 가를 측정하기 위해 여러 가지 성장성비율이 사용된다. 성장성비율은 기업의 당해 연도 경영 규모 및 성과가 전년도에 비해 얼마나 증가하였는지를 나타내는 지표이다. 대부분 총자산, 매출액 또는 순이익의 증가율로 측정하는데, 내용상으로는 성장잠재력, 미래 수익발생능력이나 이익실현의 확실성 정도, 시장에서의 경쟁적 지위를 의미하는 정보의 내용을 담게 된다. 성장성비율은 크게 매출액증가율, 총자산증가율, 자기자본증가율로 대별할 수 있다.

$$\text{매출액증가율} = \frac{\text{당기매출액} - \text{전기매출액}}{\text{전기매출액}} \times 100$$

$$\text{총자산증가율} = \frac{\text{당기총자산} - \text{전기총자산}}{\text{전기총자산}} \times 100$$

$$\text{자기자본증가율} = \frac{\text{당기자기자본} - \text{전기자기자본}}{\text{전기자기자본}} \times 100$$

성장성 즉, 증가율을 관찰할 때에는 주의할 점이 있다. 개별기업의 증가율을 물가상승률과 동종산업내 증가율과 비교하여 분석해야 한다는 점이다. 만일 명목적인 증가율이 물가상승률이나 영위하는 산업의 동종기업의 평균적인 증가율보다 낮다면 오히려 음(-)의 매출액증가율을 보이고 있다고 봐야 하기 때문이다.

⑤ 활동성

기업은 영업활동을 수행하기 위하여 매출채권, 재고자산, 유형자산 등의 다양한 종류의 자산에 투자한다. 이렇게 투자된 자산들은 생산, 판매, 관리활동을 거치면서 수익 또는 매출을 창출하게 되는 것이다. 활동성비율(activity ratio)은 기업이 보유하고 있거나 투자한 자산이 어느 정도 능률적으로 이용되었는가를 측정하는 지표이다. 활동성비율에는 총자산회전율, 자기자본회전율, 재고자산회전율, 고정자산회전율 등이 포함된다.

$$총자산회전율 = \frac{매출액}{총자산}(회) \quad 자기자본회전율 = \frac{매출액}{자기자본}(회)$$

총자산회전율은 기업이 보유하고 있는 총자산이 1년의 영업기간 동안에 몇 번 사용되었는가, 몇 번 회전되었는가를 측정하는 지표로서 자산이용의 효율성을 나타내는 대표적인 비율이다. 총자산회전율이 높으면 총자산을 1단위 투입하여 상대적으로 높은 매출을 실현하고 있음을 뜻하므로 기업운영에 투하된 자산의 이용이 효율적인 것으로 평가할 수 있다.

자기자본회전율은 매출액을 자기자본으로 나누어 계산한다. 자기자본회전율이 높으면 자기자본을 이용한 매출액 발생이 효과적으로 발생함을 의미함과 동시에 자기자본이 너무 적지 않은가에 대한 검토도 병행할 필요가 있다. 반대로 이 비율이 낮으면 자기자본에의 투자가 너무 많아 불필요한 자본보유에 따른 기회비용이 발생하고 있다는 것을 암시한다.

⑥ 유동성

유동성비율은 이러한 단기채무 지급능력에 대한 비율이다. 일반적으로 기업의 단기채무란 1년 이내에 만기가 도래하는 채무를 의미하며, 이 단기채무를 지급하는데 동원될 수 있는 자산이 유동자산이다. 유동자산은 현금 및 예금과 같은 지급용 자산과 지급용 자산으로 용이하게 전환할 수 있는 자산을 말한다. 따라서 기업의 유동성을 평가하기 위해서는 단기채무에 비해 어느 정도의 유동자산을 보유하고 있는가를 비교해야 한다. 유동성비율에는 유동비율이 대표적으로 사용된다.

$$유동비율 = \frac{유동자산}{유동부채} \times 100$$

유동자산은 단기채무 또는 유동부채를 상환하기 위해 지급되는 경제적 자산이기 때문에 유동비율이 높을수록 유동성이 높은 것으로 판단할 수 있다. 전통적으로 유동비율은 은행대출시 채무자의 지급능력을 판단하는 대표적인 지표로서 활용되어 왔기 때문에 은행가비율(banker's ratio)이라고도 불리워진다.

일반적으로 유동비율은 유동자산 대 유동부채가 최소한 1:1 이상의 비중을 유지하는 것이 바람직한 것으로 평가되고 있다. 이렇게 평가하는 것은 유동자산 가운데 매출채권이나 재고자산은 현금이나 예금으로의 전환기간이 길고, 전환의 불확실성이 크기 때문에 유동자산이 유동부채보다 많아야 건전한 신용도를 유지할 수 있는 것으로 간주된다는 것을 의미한다.

⑦ 상대가치법(상대주가분석)

가. 주가수익비율(PER)을 이용한 주가평가

1993년 국내 주식시장이 외국인전용 수익증권인 코리아펀드(KF)를 통해 외국인 투자자에게 개방된 이후 도입된 여러 가지 투자기법 중에 하나가 PER를 이용한 방법이다.

주가수익비율(PER) = 주가 ÷ 주당이익(EPS)
여기서, 주당이익(EPS) = 당기순이익 ÷ 발행주식수

PER는 주가의 저평가, 고평가 여부를 판단하여 주식을 매입할 건가, 매도할 건가의 의사결정에도 유용하다. 만일 다른 조건이 같은데 PER가 5인 기업과 10인 기업이 있다고 하면, PER가 5인 기업 상대적으로 저PER 기업으로서 앞으로서 주가가 오를 가능성이 높다고 할 수 있으며, 주식시장에서 이러한 저PER 기업이 각광을 받는 이유가 된다.

나. 주가순자산비율(PBR) 및 주당매출비율(PSR)을 이용한 주가평가

주가순자산비율은 PER와 유사한 방법이다. 다만 주당이익 대신에 주당순자산을 사용한다.

주가순자산비율(PBR, price book-value ratio) = 주가 ÷ 주당순자산

주당순자산은 기업이 가용한 순자산(자산-부채)을 총발행주식수로 나눈 것이며, 만일 PBR이 1보다 낮다면 주가가 기업이 파산할 경우 각 주식에 돌아가는 기업의 재산의 가치보다 적은 것을 의미하므로 저평가된 것으로 받아들여진다. 특히 이러한 주식을 '자산주'라고 하며, 경기 후퇴로 주식시장이 침체되었을 때 PBR이 낮은 주식들이 주목을 받기도 한다.

이와 유사하게 주당매출비율(price sales ratio, PSR)은 주당 매출액 규모를 산출한 것으로, 기업의 실질 영업력을 판단하는데 유용하다. 특히 경기가 호황일 때 보다 불황일 때 PSR의 이용도가 높아진다.

4. 기술적 분석

(1) 의의

기본적 분석이 주식의 내재가치를 분석하여 적정 주가를 도출하려는 데에 반해 기술적 분석은 과거 주가와 거래량을 참고하여 현재 또는 미래 주가 추이를 예측하는 기법이다. 실제 주식시장에서 매매타이밍이나 매매가격을 포착하는데 유용한 기법으로서 정교한 재무분석이 없이도 가능하므로 널리 사용되는 방법이다.

기술적 분석은 실제 주식시장에서 유용한 수단으로 사용된다. 주식투자는 신속한 의사결정을 하여 매매시점을 잘 포착하여야 하는데, 기본적 분석에 의존할 경우 분석하는데 시간이 소요되고 실제 투자에 결정적인 도움을 주지 못할 경우가 많으며, 매매시점을 잘 포착한다고 해도 주식시장에서 인기가 없으면 예상하는 투자수익을 내기 어렵게 되기 때문이다.

(2) 주요 내용

① 이동평균선

이동평균선(MA, moving average)은 기술적 분석 중에서도 주가 변동을 예측하는 기본적인 방법이다. 일정기간 동안의 주가 평균치를 산출하고, 이를 현재의 주가와 비교하여 주가의 향후 진행 방향성을 예측하는 방법이다. 단기이동평균선과 중기, 장기 이동평균선을 구하여 매매신호 또는 향후 예상주가를 포착한다. 그래서 이동평균선을 구하는 이동평균법은 시계열분석(time series analysis)의 기초적 방법으로 불리운다.

이동평균선은 쉽게 구할 수 있다. 단기이동평균선인 5일이동평균선은 당일 종가를 포함하여 이전 5일 간의 주가를 아래와 같이 평균하여 구해나가면 된다. 7일이동평균선도 동일한 방법으로 구한다. 평균치를 산출하는 기간이 길어질수록 중기, 장기 이동평균선이 되는데, 흔히 20일 이상을 중기이동평균선, 120일 이상의 이동평균은 장기이동평균선으로 부른다.

〈표 7-1〉 이동평균선 산출의 예

날 짜	종 가	5일 이동평균선	7일 이동평균선
3월 1일	10,000		
3월 2일	10,150		
3월 3일	9,900		
3월 4일	10,500		
3월 5일	11,000	10,310	
3월 6일	10,500	10,410	
3월 7일	9,300	10,240	10,193
3월 8일	11,050	10,470	10,343
3월 9일	10,900	10,550	10,450
3월 10일	11,100	10,570	10,621

단기이동평균선과 장기이동평균선을 볼 때의 특징은 장기로 갈수록 주가추이를 나타내는 곡선이 부드러워지면서 주가의 대세를 파악하기 용이해진다는 것이다. 이런 연유로 이동평균선기법을 평활법(smoothing method)으로 부르기도 한다. 이는 아래 그림에서도 확인할 수 있다. 만일 [그림 11-1]에서와 같이 이동평균선이 전체적으로 상향하고 있고, 특히 단기이동평균선의 기울기가 급하다면 전형적인 강세장(bull market)이다. 반대인 경우는 약세장(bear market)을 의미한다.

한 가지 주목할 점은 단기이동평균선과 장기이동평균선이 교차하는 곳에 관한 것인데, 그림에서와 같이 5일 단기이동평균선이 20일 이동평균선이나 60일 장기이동평균선을 위에서 아래로 뚫고 지나는 점을 매도신호(selling signal), 아래에서 위로 뚫고 지나는 점을 매입신호(buying signal)로 추정한다. 전자를 데드크로스(dead cross), 후자를 골든크로스(golden cross)라고 칭한다.

이동평균선을 구할 때, 단순평균이 아니고 최근의 주가에 보다 가중치를 높게 부여하여 산출하는 방법이 있는데 이는 가중이동평균(weighted moving average)이다. 또한 지난 주가를 없애지 않고 평균에 포함시키는 방법도 있는데 이는 누적평균(accumulative average)이다. 예측오차를 줄이고자 하는 방법들이다.

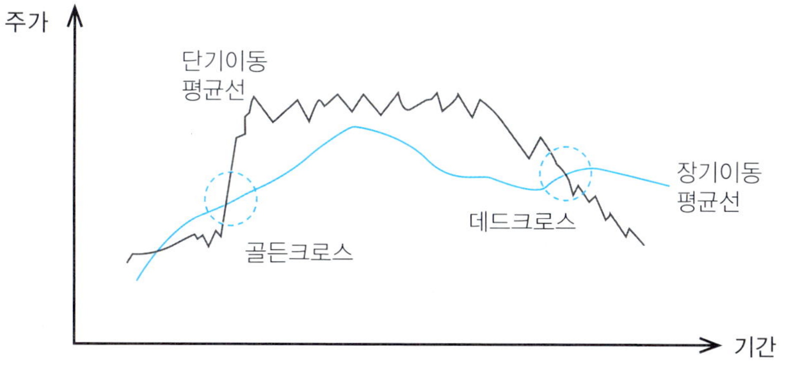

[그림 7-2] 골든크로스와 데드크로스

② 도표분석

이동평균선분석이 주가의 대세를 파악하고 상승신호, 하락신호를 포착하는데 유용하다면 도표분석(chart approach)은 기술적 분석의 대부분을 차지한다고도 볼 수 있을 만큼 기술적 분석에서 차지하는 비중이 가장 높다. 도표분석에 사용되는 도표는 대표적으로 선도표(line chart)와 봉도표(bar chart)가 있다.

선도표는 가장 흔하게 볼 수 있는 것으로 시간에 따라, 날짜에 따라 변화하는 주가를 선으로 이어 주가의 변동을 나타낸다. 흔히 꺾은선그래프라고 한다. 봉도표는 일정기간 동안의 주가변화를 막대 모양으로 그려나가는 방법이다.

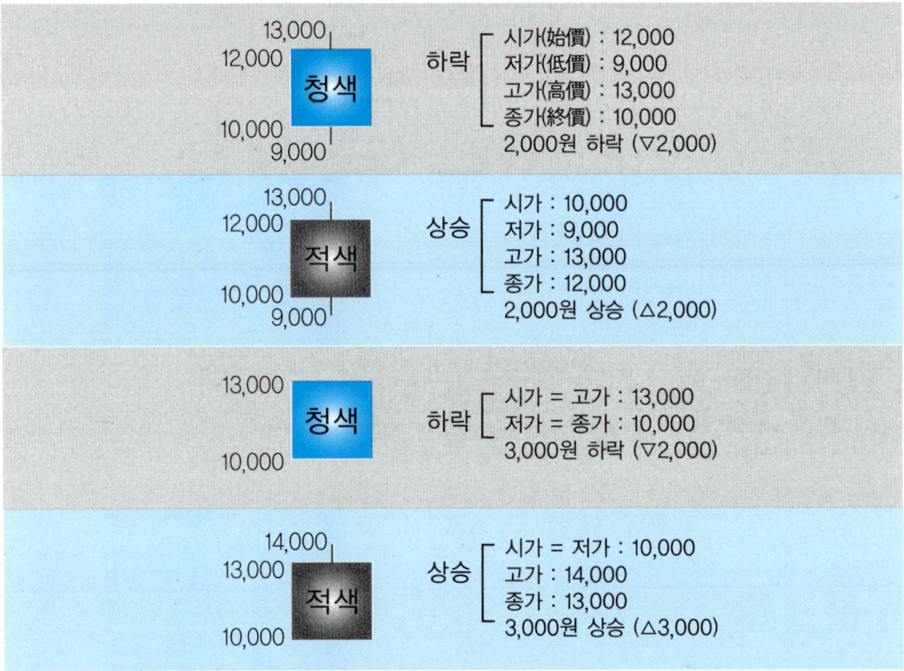

[그림 7-3] 봉도표

작성기간에 따라 하루 주가변화를 보이는 일봉도, 주간 단위의 주봉도, 월간 단위의 월봉도가 있다. 작성방법에 따라 미국식과 일본식으로 나뉜다. 우리나라 증권시장은 일본의 체계를 많이 들여와 일본식 봉도표를 많이 사용한다.

③ 다우이론

다우이론은 기술적 분석 방법 중 잘 알려져 있는 방법의 하나이다. 월스트리트저널을 창간한 찰스다우(Charles H. Dow)가 고안한 것이다. 19세기말부터 20세기에 걸쳐 주식시장 전체의 방향을 예견할 수 있는 세 종류의 주기적 경향에 의해 영향을 받는다는 가설을 정립하였는데, 1929년의 세계 경제 대공황(great panic)을 예언함으로써 유명해진 이론이다. 특히 시장의 대세를 파악하는데 유용한 것으로 알려져 있다.

이론에 의하면 주가는 단기변동(minor cycle), 중기추세(secondary cycle), 장기추세(primary cycle)로 구분한다. 단기변동은 매일매일의 주가 움직임을 말하며, 단기적으로는 진폭이 불규칙하여 거의 분석의 가치가 없다. 중기추세는 통상적으로 몇 개월에 걸쳐 나타나며, 미래 주가의 장기추세를 예상하고, 장기추세가 전환되는 시기를 포착하는데 쓰인다. 장기추세는 2년 이상의 흐름으로서 중기추세가 반복되는 가운데 중기추세가 대세로 나타나는 것이다. 특히 장기추세의 진행과정을 시장상황과 관련하여 여러 국면별로 나누는데 아래 표와 같다.

〈표 7-2〉 다우이론의 장기추세 진행과정

강세시장			약세시장		
제1국면	제2국면	제3국면	제1국면	제2국면	제3국면
매집	폭등	과열	분산	공항	침체

④ 기타 기술적 분석 기법

가. 엘리어트파동이론

장기간의 주가흐름이 상승 5파 - 하락 3파(상승은 5단계, 하락은 3단계)로 순환한다는 주가순환법칙이다. 20세기 초 엘리어트(Eliot)에 의해 주창되었다. 엘리어트파동이론은 대개 증권회사나 증권투자회사 등의 전문기관에서 대세의 흐름을 파악하는데 사용하며, 단기적인 매매를 하는 개인투자자들에게는 별로 알려지지 않은 이론이다.

나. 투자심리선

주식시장에 대한 인기의 변화 즉, 투자심리의 변화를 일정기간 동안 파악하여 과열상태인지, 침체상태인지를 알아보는 것이다. 작성방법은 최근 12일간의 종합주가지수(또는 개별주가)가 전일 대비 상승한 날의 수와 하락한 날의 수를 계산하여 12일 중에서 상승한 날의 비율을 나타낸다. 12일 동안 주가가 상승한 일수가 3일이면 25%, 9일이면 75%가 된다. 흔히 50%를 중심으로 75% 이상이면 과열경계구역, 25% 이하이면 침체안전구역, 25%-75%이면 중립구역으로 해석한다.

다. OBV선

기술적 분석은 주가나 주가지수를 이용하는 외에 거래량을 이용하기도 한다. 거래량을 이용하는 대표적이 방법이 OBV지표이다. OBV(on Balance volume)는 종합주가지수(또는 주가)가 전일에 비해 상승한 날의 거래량 누계에서 하락한 날의 거래량 누계를 차감한 거래량이다.

거래방법에 따른 증권 유통시장의 종류

증권이 거래되는 유통시장은 거래방법에 따라 크게 딜러시장(dealer market), 브로커시장(broker market), 경매시장(auction market)으로 구분한다.

• 딜러시장은 딜러 중심의 시장으로 딜러가 매도 매수가격을 제시하고 의무적으로 거래에 응한다. 시장 조성이 간편하고 정보가 딜러에게 집중되는 특징이 있다. 우리나라는 외환시장, 채권시장에서 딜러시장이 형성되어 있다. 딜러는 자기 위험 하에 스스로 매매 상대방이 되어, 팔고자(사고자) 하는 거래의 상대방이 되어 매입(매도)하였다가, 이를 다시 다른 거래로 매도(매입)한다. 이 때, 딜러는 매도/매수주문량을 참고하여 호가를 조정하게 된다. 딜러는 매도 매수가격간의 차이(스프레드)를 통해 위험부담을 보상받고, 수익을 낸다.

• 딜러시장의 딜러가 스스로 매매 상대방이 되는 반면, 브로커시장의 브로커는 매도주문과 매수주문을 기계적으로 연결해주고 수수료를 받는다. 그러므로 딜러에 비해 자기위험이 매우 낮은 수준이다. 거래 중개 시 최우선 가격을 우선적으로 체결하기 때문에 거래의 유동성이 다소 떨어진다는 특징이 있다.

하지만 접속매매시스템이 잘 적용되기 때문에 대부분의 주식시장, 파생금융상품의 매매시스템은 브로커시장으로 운영된다. 접속매매시스템은 연속되는 주문을 우선순위에 따라 계속 체결시켜 시장운영의 효율성을 도모하는 방법으로 딜러시장이나 경매시장보다 브로커시장에서 잘 운영된다.

• 경매시장은 일정시간 동안, 일정한 장소에 전달된 매도/매수주문을 접수하여 대량으로 체결하는 시장이다. 모든 시장에서 가장 흔하게, 가장 많이 이용하는 방법이다. 경매시장에서는 정보가 가격에 집중적으로 반영되어 가격이 형성된다는 장점이 있는 반면에 연속적 가격정보 제공이 어렵다는 단점이 있다. 주식시장에도 경매방법을 이용하는데, 흔히 새로운 장의 개장 시 또는 폐장 시 경매방법을 적용한 동시호가(同時呼價)를 통해 시가(始價)와 종가(終價)를 결정한다.

– 증권시장은 기본적으로 브로커시장의 구조이지만 매일 두 번 경매방식의 동시호가를 이용하여 시가(始價)와 종가(終價)를 결정한다.

부록 자본시장법

(1) 의의

2009년 2월 4일부터 시행된 자본시장법은 증권시장에서의 증권의 발행과 유통을 규율하는 기본적인 법규이다. 자본시장법은 총 10편 449개 조문으로 구성되었으며, 자본시장과 관련한 법규를 통합적으로 구성하고 있다. 자본시장법 이전에는 증권거래법이 기본이 되었는데, 증권거래법은 1962년 제정되어 여러 차례 개정되어 시행되다가 자본시장법으로 통합되면서 폐지되었다. 자본시장법은 상법의 특별법이므로 상법에 우선하여 적용되며, 자본시장법에서 규정하지 않은 일반적인 사항은 상법을 따른다.

자본시장법에 의하면 국내 증권사들과 선물회사, 종합금융회사 등의 명칭은 '금융투자회사'로 바뀌고, 취급할 수 있는 금융상품은 포괄주의 원칙을 적용받아 투자자 보호 등을 위해 금지된 몇 개의 상품을 제외하고는 투자매매, 투자중개, 투자자문, 투자일임, 집합투자, 신탁 등 6개 영역의 업무영역 내에서 어떤 금융상품이든지 개발하고 판매할 수 있다. 그만큼 자본시장에 경쟁의 원리가 적용되는 것이다. 또한 자본시장법은 금융소비자인 투자자에게는 상대적으로 강화된 보호대책을 제공한다. 자본시장법이 투자자 보호의 핵심이라고 할 수 있는 적합성의 원칙을 포함시켰기 때문이다. 적합성 원칙에 따르면 펀드 판매의 부당성이나 불완전성을 투자자들이 입증하지 않고 판매사가 해야 하므로 그만큼 투자자 입장에서는 보호 혜택을 받을 수 있다.

그 밖에 여러 금융업을 한 금융투자회사가 영위함에 따라 영업의 종류 간에 이해상충(conflict of interests)이 발생할 수 있다. 예를 들어, 투자매매업과 투자중개업을 영위하는 금융투자회사의 경우 회사 자신의 매매(자기매매)와 고객의 매매(위탁매매) 사이에서 이해상충이 발생될 수 있다. 이 경우 그 사실을 미리 투자자에게 알리고 투자자 보호에 문제가 없는 수준으로 이를 낮춘 후 매매 등의 거래를 하도록 하고 있다.

(2) 금융업법의 체계

자본시장법은 증권거래법을 중심으로 한 기존의 7개 자본시장 관련 금융업법을 하나로 통합한 법률이다. 통합된 7개법은 증권거래법, 선물거래법, 자산운용업법, 신탁업법, 종합금융회사에 관한 법률, 한국증권선물거래소법, 기업구조조조정투자회사법 등이다.

이로써 금융업법은 은행법, 자본시장법, 보험업법, 서민금융관련금융법의 네 가지로 재편되었고, 금융기관도 은행, 금융투자회사, 보험회사, 서민금융기관으로 대별되었다.

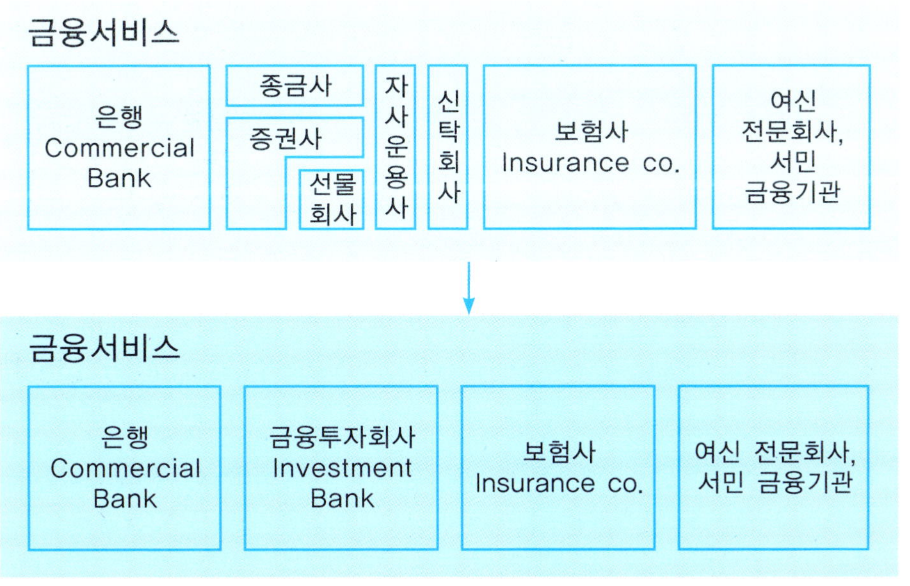

[부록 그림] 자본시장법에 따른 금융서비스의 변화

(출처: 기획재정부)

학습정리

01. 투자는 미래의 경제적 이득을 위한 현재의 경제적인 희생을 말한다. 미래시점에 대한 행위이므로 시간가치와 불확실성이 개입되고, 미래의 경제적 이득에 대한 투자이므로 기대값 또는 기대수익의 개념이 포함된다. 불확실성이 배제되고 시간가치만을 추구하는 행위는 저축으로 간주된다.

02. 투자가 실행되는 과정은 투자목표 수립 → 투자실행 → 사후평가 순서로 이루어진다. 사후평가에 따라 포트폴리오업그레이딩과 포트폴리오리밸런싱이 뒤따른다.

03. 투자목표는 목표수익률 및 허용 위험수준을 결정하는 것이며, 이 때 수익성, 유동성, 안정성의 3대 요소를 고려하여야 한다.

04. 증권분석은 주식, 채권 등의 개별증권의 위험 · 수익 특성을 분석하고 기대수익률을 예측하는 과정이다. 증권분석에는 기본적 분석, 기술적 분석, 포트폴리오 분석이 사용된다.

05. 기본적분석의 "Top-Down" 방식은 거시경제분석(위험투자비중 결정) → 산업분석(위험포트폴리오 구성) → 기업분석(위험포트폴리오 구성)처럼 경제 → 산업 → 기업의 차원으로 분석범위를 좁혀 나가는 방법이다.

06. 투자자금의 배분은 자본배분과 자산배분의 절차는 거치게 된다. 자본배분은 투자자금 전체를 자산유형별로 위험자산과 무위험자산(안전자산)으로 나누는 투자비중 결정과정이다. 이에 반해 자산배분은 위험자산에 투자하는 금액 중에서 주식, 채권, 파생상품 등 구체적인 위험자산 종류에 대한 투자비중 결정과정이다.

07. 재무제표분석은 기업규모, 안정성, 수익성 등의 지표를 계산하여 활용하는 것이고, 상대주가분석은 다른 기업의 주가와 비교하여 주가가 고평가되었는가 또는 저평가되었는가를 판단하는 방법이다.

08. 기술적 분석은 과거 주가와 거래량을 참고하여 현재 또는 미래 주가 추이를 예측하는 기법이다. 실제 주식시장에서 매매타이밍이나 매매가격을 포착하는데 유용한 기법으로서 정교한 재무분석이 없이도 가능하므로 널리 사용되는 방법이다.

09. 이동평균선은 기술적 분석 중에서도 주가 변동을 예측하는 기본적인 방법이다. 일정기간 동안의 주가 평균치를 산출하고, 이를 현재의 주가와 비교하여 주가의 향후 진행 방향성을 예측하는 방법이다.

제8장

주 식

1. 주식의 정의와 일반적 성격
2. 주식의 형태
3. 주식의 가치평가
4. 주식의 액면금액과 시세

들어가기

금융시장은 크게 화폐시장과 자본시장으로 대별하고 자본시장에서 거래되는 증권 가운데 채권과 함께 가장 보편적인 투자대상으로 주식을 들 수 있다. 주식의 종류에는 일반적으로 주식으로 통용되는 보통주와 배당에서 보통주에 우선하는 특수한 형태의 우선주로 대별된다.

주식에서 발생하는 수익의 원천은 배당과 시세차익이다. 이 둘 가운데 주식에 투자하는 투자자는 흔히 배당수익보다는 시세차익으로 불리우는 자본차익(capital gain)을 노리고 투자하게 된다. 원하는 가격 또는 낮은 가격에 매입하여 매입가격보다 높게 매도하여 시세차익을 얻고 싶어하는 것이다.

하지만, 많은 경우 주식의 근본적인 개념과 성격을 간과한 채 수익만을 추구하며 투자행위에 참가하는 경향이 있다. 심지어는 주식을 발행한 기업에 대한 기본적인 파악이 없이 소문이나 주변에 떠도는 루머를 듣고 소중한 자금을 주식매입에 사용하는 투자자도 적지 않은 것 같다. 때문에 주식투자로 인한 이익과 손실이 어떤 형태로 발생하는 가에 대해서도 쉽사리 이해하지 못하는 경우가 많은 것이 사실이다.

수많은 대중들이 투자하고 있는 주식의 성격과 특징에 대한 근본적인 학습이 필요함을 의미한다. 현명한 투자자라면 주식이 어떤 성격을 지닌 증권인지 알아두어야 할 것이다.

1. 주식의 정의와 일반적 성격

자본시장에서 거래되는 증권에는 주식과 채권이 대표적이다. 주식은 기업이 자기자본을 조달하기 위해 발행하는 소유권 증서인데, 주식의 정의와 형태에 관해 알아본다.

(1) 주식의 정의

① 의미

주식은 기업의 소유권을 부여하는 증서이다. 주주(shareholder)는 주식을 소유한 주체이며, 기업에 대해 지배권과 이익배당청구권을 보유한다. 주식은 크게 보통주(common stock)와 우선주(preferred stock)으로 나뉘는데, 보통주는 일반적인 주식을 의미하고, 우선주는 보통주에 비해 이익배당청구권이 우선하는 주식을 말한다. 우선주가 보통주보다 이익배당청구권이 우선하기 때문에 소유권(주주총회의결권)이 없으며, 특정 배당을 약속하기 때문에 확정소득증권의 성격이 강하다.

② 특성

주식은 주식회사가 자기자본(equity)을 조달하기 위해 발행한다. 자기자본은 '밑천'의 개념으로서 이자와 원금을 상환할 의무가 부여되지 않은 만큼 기업으로서는 보다 자유로이 사용할 수 있는 자금이다. 반면에, 주식을 매입하여 자기자본을 제공한 주주의 입장에서는 이자와 원금을 수령하지 않고 배당이나 주식의 시세차익을 노리게 되어 채권자보다 재산상의 손실 위험을 많이 부담하고, 이렇게 위험을 많이 부담함으로 인해 더 높은 수익을 요구하게 된다. 국내 주식시장의 하루 상승 제한폭(상한가)은 +30%인데, 주식을 매입하여 이렇게 높은 수익을 추구하는 이유는 그만큼 주식투자의 위험부담이 다른 투자에 비해 크다는 데 기인하는 것이다. 만일 위험이 높지 않다면 그에 상응하여 기대수익률은 낮아지게 된다.

(2) 주주의 권리와 의무

① 주주의 의미

주식을 소유한 주주는 기업의 소유권자로서 경영참가권, 이사 선임권, 이익분배의 권리 등을 보유한다. 그리고 기업에 대한 재산권행사에 있어 잔여재산청구권자(residual income claimant)가 된다. 여기서 잔여재산청구권자라고 부르는 이유는 기업의 이익분배에 있어서 기업활동과 관련한 비용, 세금 및 채권자에 대한 이자나 원금을 지급한 이후 남은 이익에 대해서 청구권을 가지고 있는 최종순위 청구권자이기 때문이다.

② 주주의 유한책임

주식회사의 주식을 소유한 주주의 책임은 유한책임(limited liability)으로 납입자본 및 소유주식금액 한도에서 기업에 대해 책임을 진다. 따라서, 기업이 파산하게 되면 자신이 가진 주식에 대한 손해만 부담하면 되고, 소유권자로서 그 이상의 책임은 지지 않는 유한책임이다. 주식회사에 "LTD" 또는 "Limited"가 붙는 것은 이런 연유 때문이다.

주주의 권리와 책임

쉬운 사례를 한 가지 들어보자. 증권시장론을 수강하는 학생 100명이 1억원씩 출자하여 자본금 100억원으로 (주)HUFS기업을 설립하였다. 이 때 100명은 모두 설립주주의 지위가 되고, 납입한 금액에 대해 주식을 소유하게 된다. 주주 가운데 특정인물을 선정하여 회사경영을 맡기거나, 외부에서 영입하여 맡기는 경우 이 인물을 최고경영자(CEO)라고 한다. 이렇게 주식회사의 운영에 있어 실질적인 소유와 경영이 분리되는 상태를 "소유와 경영의 분리"라고 한다.

최고경영자가 경영을 하게 되지만 이 회사가 100명의 주주의 이익을 최우선으로 경영활동이 이루어져야 함은 재론의 여지가 없다. 이러한 연유로 기업의 목표는 "주주 부의 극대화"로 귀결된다.

회사가 성장하여 주주 이외의 채권자(은행이나 채권보유사)로 부터 부채를 조달하면, 기업의 현금흐름 상 채권자에 대한 이자지급 후 주주의 몫이 돌아오므로 이때 주주의 지위는 “잔여재산청구권자(residual claimant)”가 된다.

이 때문에 주주는 채권자에 비해 높은 위험을 부담하고, 그로 인해 기대수익률도 채권자보다 크다. 그러므로 기업 입장에서는 주주의 자금이 더 부담스러운 자본이 된다.

만일 회사의 경영활동이나 성과가 부진하여 파산에 이르게 된 경우, 100명의 주주는 자기가 출자한 1억원에 대한 소유권을 포기하게 되고, 그에 상응한 금전적 손실을 입게 된다. 하지만 그 이상의 책임은 부담하지 않는다. 이를 주주의 “유한책임(limited liability)”이라고 한다.

③ 주주의 기본 권리

유한책임을 지는 반면에 주주가 가지는 기본적 권리로는 크게 이익배당청구권, 지배권(소유권), 잔여재산분배청구권의 세 가지가 있다.

주주의 기본 권리

이익배당청구권	배당을 받을 수 있는 권리
지배권	소유주식수에 비례하여 지배권 부여(주주총회 참석 및 의결권)
잔여재산분배청구권	소유권은 구체적으로는 잔여재산의 분배를 받을 수 있는 권리 즉 잔여재산 분배청구권(residual claim)을 의미. 잔여재산분배청구권은 실질적으로 기업이 해산하는 때 행사되는 반면, 이익배당청구권과 의결권은 기업이 존속하는 동안에만 행사

④ 주주의 구체적 권리

주주의 구체적 권리는 자익권과 공익권이다. 자익권(自益權)은 위에서와 같이 투자자로서 주주의 기본 권리이다. 재산적 이익을 보호하기 위하여 인정한 모든 개인적 권리(이익배당청구권, 지배권, 잔여재산분배 청구권, 신주인수권 등)를 포함하는 것이다. 자익권은 주식을 단 한 주라도 소유하고 있으면 행사할 수 있는 주주의 권리이다.

반면에, 공익권(共益權)은 주주가 자기이익 뿐만 아니라 회사 이익을 위하여 행사하는 권리로서 단독주주권과 소수주주권이 있다. 단독주주권은 단 한 주의 주식을 보유하더라도 주주 개인이 실행할 수 있는 주주권을 말하는데, 총회결의취소판결청구권, 정관 · 재무제표 등의 열람권 등이 이에 속한다. 소수주주권은 일정 지분 이상의 대량 주식을 보유한 주주(예를 들어, 발행주식 총수의 3% 이상을 보유한 주주)에게 인정되는 주주권으로서 집단소송제, 주주대표소송권, 주주제안권, 주주총회소집 청구권, 이사해임청구권, 회계장부열람권 등이 이에 속한다.

[집단소송제도]

▶ 투자자가 기업의 불법행위로 인해 피해를 받았을 경우 한 사람이 소송을 제기해 승소하면 동일한 피해를 입은 나머지 투자자들은 별도의 소송없이 동일한 보상을 받을 수 있도록 하는 소수주주 보호관련 제도로서 주주대표소송제 또는 주주제안제도와는 다른 주주의 권리이다.

▶ 2002년 4월부터 소수주주권 강화 차원에서 집단소송제를 도입하여 기업의 불법행위로 투자자가 손실을 입었을 경우 집단소송제를 통해 권익을 보호받을 수 있도록 할 예정이었다. 그러나 집단소송이 빈발하게 되면 기업 활동이 위축돼 국가 경제에 타격을 줄 수 있다는 재계 반발에 따라 지연되다가 2004년부터 부분적으로 시행되었다.

▶ 집단소송제도의 도입은 소수주주의 이익을 도외시한 기업경영행태에 상당한 변화를 가져올 것으로 예상되며, 이러한 기업외적 환경변화에 적응하지 못하는 기업과 경영진은 시장에서 자연 도태되는 운명에 처할 수도 있으므로 기업의 소수주주의 권리를 보장하는 제도적 장치로서 역할을 수행할 수 있다.

(3) 기타 특성

채권으로부터 발생하는 현금흐름이 이자와 원금이라면, 주식으로부터 발생하는 현금흐름은 배당(dividend)과 시세차익(capital gain)이다. 배당은 경영활동과 관련된 제반 비용(생산비, 판매비, 관리비 등)과 이자, 원금 및 세금을 공제한 후 이익에 대해 주주가 나누어 가질 수 있는 금액을 뜻한다. 시세차익은 보유한 주식을 매입가격보다 높게 판매하였을 때 발생하는 이익이다. 주식은 기업의 주요 자본이므로 자본을 매매한 이익이라는 의미에서 '자본차익'이라고도 한다.

채권의 현금흐름을 지급하지 않았을 경우 회사는 부도라는 법적책임을 지게 되지만 배당을 지급하지 않았을 경우에는 회사는 법적책임을 지지 않게 된다. 따라서, 주주는 잔여재산청구권자라는 불리한 지위와 함께 배당의 법적책임이 없다는 점을 감안하며 채권자보다 불리한 지위에 있게 되며, 이는 주주의 위험이 채권자의 위험보다 크다는 것을 의미한다. 따라서 주주는 채권자에 비해 더 많은 수익을 원하게 되는 것이다.

하지만 현실적으로, 배당을 지급하지 않을 경우 회사가 법적책임은 지지 않지만 재무상태가 좋지 않다는 신호(signal)을 시장에 전달함으로써 주가가 하락하는 결과 초래한다. 이런 연유로 보통의 기업은 일정한 배당을 지급하는 노력을 하게 된다. 또한 보통주 배당은 실시하면서 우선주 배당을 하지 않을 수 없다는 특징도 있다.

2. 주식의 형태

(1) 경제적 권리에 의한 분류

주식은 경제적 권리에 따라 보통주와 우선주로 구분한다.

● 보통주

보통주(common stock)는 일반적인 의미의 주식을 말한다. 우선주와 비교할 때 이익배당참가와 잔여재산분배에 있어 우선주보다는 소극적 지위를 지니는 대신에 주주총회 의결권을 가지는 주식이다. 외국의 경우 보통주를 A주식(class A), B주식(class B)으로 구분하여 의결권 수에 차등을 두는 경우도 있으나, 우리나라는 이러한 구분이 없다.

● 우선주

우선주(preferred stocks)는 보통주와 달리 의결권을 가지지 않는 대신에 배당청구권과 잔여재산 분배청구권이 보통주에 우선하는 주식이다. 보통주와 채권의 중간적 성격(A hybrid of common stock and bonds)을 띠는 것인데, 잔여재산청구권과 이익청구권이 보통주보다 우선순위가 높으나 채권보다는 낮은 주식이다. 배당 우선권이 있는 우선주는 의결권이 없는데, 소정의 배당우선권이 실현되지 않을 경우에는 통상적으로 의결권이 부활하게 된다. 우선주는 또 다시 몇 개의 유형으로 나뉜다.

〈표 8-1〉 우선주의 유형

배당지급 (Dividend Payment)	누적적 우선주(Cumulative preferred stock) vs. 비누적적 우선주(Non-cumulative preferred stock)
이익배분 (Profit Sharing)	참가적 우선주(Participating preferred stock) vs. 비참가적 우선주(Non-participating preferred stock)
상환방법	전환우선주(Convertible preferred stock) vs. 상환우선주(Redeemable preferred stock)

■ 누적적 우선주

- 특정 연도의 소정의 우선배당률에 미치지 못할 경우 차기년도의 이익에서 우선적으로 충당 받을 권리가 부여된 우선주
- 차기 년도에 전기 미지급배당이월분과 당기우선배당의 합계액이 보통주에 우선하여 배당됨. 이월되지 않으면 비누적적 우선주

■ 참가적 우선주

- 우선적으로 배당을 받고, 그 이상의 배당이 이루어질 때 배당을 받는 우선주
- 배당률에 제한이 없는 보통주의 배당액이 우선주보다 높은 경우 그 차액에 대한 참여가 가능한 것이 참가적 우선주이며, 우선배당률이 동시에 배당의 최고한도가 되어 잔여이익이 아무리 높아도 이에 참가할 수 없는 주식이 없는 주식이 비참가적 우선주

■ 전환 우선주

- 발행시 우선주로 발행되지만 일정기간이나 조건에 따라 보통주로 전환가능
- 외자유치 등의 수단으로 활용

■ 상환 우선주

- 상환에 충당하기 위한 기금의 적립에 대하여 특약을 하거나 상환에 일정한 기한을 둔 우선주(즉 주주권의 존속기간이 한정되어 있는 우선주)

• 자본비용의 크기

자본을 조달하는 기업입장에서 볼 때 조달에 따른 비용(자본비용)은 보통주〉우선주의 크기로 나타난다. 채권을 포함하면 보통주〉우선주〉채권의 순서이다. 그 이유는 이 세 가지 증권에 투자하는 투자자가 느끼는 위험이 보통주가 가장 크고, 다음이 우선주 순이기 때문에 그만큼 높은 요구수익률을 기대하기 때문이다. 채권의 연수익률이 5~10% 내외이고, 주식은 하루 기대수익률이 30%(상한가)라는 점으로도 설명이 가능하다.

■ 기업의 성장과정

기업이 법인(法人)으로 설립부터 상장되기까지의 과정을 순서대로 간단히 설명한다.

법인설립	설립에는 설립주주가 7인 이상일 경우 모집설립, 이하일 경우 발기설립이다. 자연인(自然人)인 사람으로 보면 갓난아이(infant)의 시기라고 볼 수 있다.
일반법인	공모 이전에 사모나 은행대출로 자금을 모집한다. 사람으로 보면 유아(baby)의 시기라고 볼 수 있다.
등록법인	기업이 성장함에 따라 많은 자금이 필요하여 다수 대중으로부터 자금을 공모하기 위해서는 반드시 금융감독당국에 법인 등록 절차를 거쳐야 하며, 등록법인이 된다. 사람으로 보면 어린이(child)의 시기라고 볼 수 있다.
외감법인	공모를 하기 위해 등록법인이 된 기업은 외부 회계법인으로부터 객관적인 감사를 받아야 하는데, 이를 외부감사법인, 외감법인이라고 한다. 사람으로 보면 청소년(teenager)의 시기라고 볼 수 있다.
상장법인	기업공개(IPO) 후 상장절차를 거쳐 증권거래소에 상장된 법인으로 가장 상위에 있는 법인의 형태로 볼 수 있다. 그렇지만 비상장법인 가운데에서도 내부자금이 많아 기업공개를 하지 않는 기업도 있으므로 상장법인이 반드시 비상장법인 보다 우량하다고 단정지을 수는 없다. 사람으로 보면 성년(adult)의 시기라고 볼 수 있다.

■ 기업공개(IPO)

기업공개(IPO, initial public offerings)는 비상장기업이 최초로 외부투자자에게 주식을 공개 매도하는 것을 의미하며, 증권의 유통시장에 상장하기 위해 그 주식을 [그림 8-1]과 같은 절차에 따라 주식을 불특정 다수의 투자자들에게 팔고 재무내용을 공시하게 된다. IPO는 평균적으로 30% 내외의 수익률을 거두고 있으며, 국내 뿐만 아니라 해외에서도 관찰되어 이에 따라 국내외를 막론하고 IPO 공모주의 저평가 현상에 대한 연구가 활발하게 이루어지고 있다.

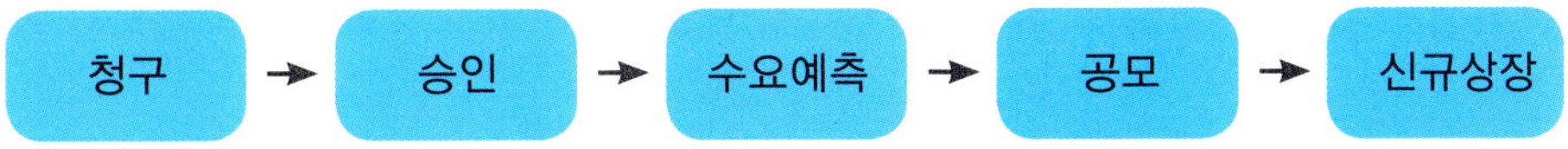

[그림 8-1] IPO의 상장절차

기업이 IPO를 하려는 배경에는 크게 자금조달의 목적, 마케팅 목적, 인재 확보 목적, 재산의 합리적 상속 목적 등이 있으며, 자금조달의 목적으로 IPO를 하는 경우 연구개발(R&D) 기업이 향후 성장동력 확보를 위해 투자자금 조달을 하기 위해서인 경우가 많다.

마케팅 목적으로는 공모 과정에서 노출도가 상승하여 IPO를 통해 높아진 인지도로 홍보나 광고 효과를 보기 위함이다. 이후 상장기업이라는 우수한 평판도를 얻기도 한다.

한편 인재확보의 목적으로는 인력 중심의 고도화된 서비스를 제공하는 기업들이 IPO를 하는 경우가 많다. 이런 경우는 상장을 함으로써 구직자들로부터 기업의 신뢰성을 확보하여 유능한 인재를 조달하기 위해 공모를 하는 경우이다.

기타 목적으로 재산의 합리적 상속 목적이 있는데 상속세를 줄이기 위해 상장을 선택하는 경우이다. 상장법인이 발행한 주식을 상속하는 경우 평가 기준일 전후 각각 2개월 간 최종 시세의 평균액으로 평가하는 상증법상 평가액으로 인해 상속세가 감소하는 효과가 있어 이를 위해 IPO를 하는 기업도 존재하였다. 또한 상장법인에 대해서는 주식배당 100% 특례 등 혜택이 주어진다.

하지만 상장법인은 주주가 많아지고 공개기업으로서의 투명성 등 유지비용이 들어 간혹 스스로 상장을 폐지하고 비상장기업으로 돌아가는 기업도 발생한다.

2011년 이후 IPO 공모 기업 수와 평균 공모금액의 추이는 꾸준히 늘어 공모기업 수는 2015년이 73개로 가장 많았으며, 2017년의 경우 평균 공모금액은 1,000억원이 넘어 이후 매년 높은 수준을 보였다.

(2) 주식발행 형태에 의한 분류

① 자본금

주식회사 형태의 기업을 설립할 때는 반드시 주식을 발행하여 이 주식을 설립

밑천을 제공한 사람들(설립주주)에게 제공하여야 한다. 이렇게 설립 시에 자금을 제공받고 주식을 발행하여 조달하는 자본을 최초자본금 또는 설립자본금 이라고 한다.

기업의 내용과 형태 및 목적 등을 적어놓은 것을 정관(定款, article)이라고 하는데, 이 정관에 기업이 발행할 총 주식수와 자본금을 규정한 다음, 운영에 필요할 때마다 주식을 추가로 발행하면서 자본금을 조달하게 된다. 여기서 발행할 총 주식수와 자본금을 규정해 놓은 것을 수권자본금(authorized capital)이라고 한다. 이에 반해 수권자본금 내에서 실제로 주식을 발행하여 회사에 입금된 자본금은 납입자본금(paid in capital)이라고 한다. 자본금이라고 하면 이 납입자본금을 말한다.

② 증자

회사가 성장하면서 자금이 필요해짐에 따라 추가로 주식을 발행하고 자금을 공급받아 자본금을 늘리는 과정을 증자(equity offerings)라고 한다. 이때 주식을 유상으로 발행하는 댓가로서 그만큼 자금이 유입되는 증자는 유상증자(seasoned equity offerings), 실제 자본이 유입되지 않고 주식만 발행되어 전체 주식 수만 늘어나는 증자를 무상증자(unseasoned equity offerings)이다. 만일 현재 기업의 총 발행주식수(outstanding shares)가 200만주인데, 100% 무상증자를 실시한다면 총 발행주식수는 400만주가 되고, 주가는 이론적으로 정확하게 50% 만큼 하락하게 된다. 그렇지만 시장에서는 이론적인 주가조정이 이루어지지 않고, 그보다 높거나 낮은 반응을 보이는 것이 일반적이다.

(3) 유상증자

유상증자(seasoned equity offerings, SEO)는 수권주식수 범위 내에서 주식을 추가로 발행하고, 그에 따라 일정액의 자본이 유입되는 증자이다. 유상증자는 새로이 발행하는 주식(이를 '신주'라고 함)을 배정하는 방식에 따라 주주

배정증자, 주주우선공모증자, 일반공모증자, 제3자배정증자로 구분한다.

주주배정증자(rights offerings)는 추가로 발행하는 신주를 기존에 주식을 보유하고 있는 주주들에게 배정하고 자금을 납입 받는 형태로서 주주의 신주인수권을 보장하는 증자방식이다. 주주 가운데 배정받은 신주를 구입하지 않고자 하는다면 실권(失權)을 하면 되며, 이렇게 실권한 주식금액만큼 증자대금이 줄어들게 된다. 이 경우 기업입장에서는 원하는 금액만큼의 증자가 이루어지지 않고 그 보다 작은 액수가 유입된다.

주주우선공모증자(guaranteed equity offerings)는 주주배정증자에 의해 구주주에게 주식을 배정하였는데, 구주주의 전부 또는 일부가 이 신주를 받지 않는다는 의사를 표시한 경우 이들 실권주를 기존주주가 아닌 일반인에게 공개판매하는 방식이다. 따라서 새로이 발행되는 신주를 모두 판매하여 기업이 예정했던 자금을 원활하게 공급받을 수 있는 장점이 있는 반면, 실권주 공모절차가 있어 상당한 비용이 수반되는 증자방식이다.

일반공모증자(public offerings)는 기존 주주의 우선권을 배제하고 증자하려는 주식의 전체를 일반 대중으로부터 청약을 받아 발행주식을 판매하는 방식이다. 그러므로 일반공모증자에서는 증자를 중개하여 주는 투자은행(IB, investment bank, 증권회사)의 역할이 중요하게 된다.

제3자배정증자 또는 사모증자(private placement)는 소수의 특정인에게 신주의 전부 또는 다량을 판매하는 방식으로, 이 때 제3자는 대주주이거나 특수관계(친인척, 계열기업 등)에 있는 경우가 많다. 사모증자를 이용하는 이유는 특정인에게 주식을 배정함으로써 기업의 지배권을 유지하거나, 위 세 가지의 증자방식이 여의치 않은 경우 최후의 수단으로 사용하는 경우가 많다.

(4) 주식배당(stock dividend)

배당(dividend)은 기업이 생산비, 운영비, 세금 등의 비용을 모두 차감하고 벌어들인 이익의 일부나 전부를 주주에게 할당하여 배분하는 것을 말한다. 배당은 현금배당(cash dividend)과 현물배당, 그리고 주식배당(stock dividend)으로 나눈다. 현금배당은 현금, 현물배당은 특정한 형태의 물건(예를 들어, 자사 제품), 주식배당은 주식을 배당으로 지급하는 것으로, 주식배당은 현금이나 현물 대신 주식을 배당으로 사용하는 것이다. 현금이나 현물이 지급되지 않기 때문에 기업 입장에서는 기업외부로 유출되는 자원을 아낄 수 있고, 투자자 입장에서는 지급받은 주식이 상승하게 되면 시세차익을 얻을 수 있다는 이점이 있어 다수 기업에서 이용하고 있다.

주식배당의 남용을 방지하기 위해 대부분의 국가에서는 법령으로서 공개기업 즉, 상장기업(listed company)을 제외하고 주식배당을 전체 배당액의 절반 수준으로 제한하고 있다. 우리나라에서도 상장기업이나 코스닥기업의 경우에만 배당의 전부를 주식배당으로 허용하고 있으며, 기타 기업에서는 배당의 1/2 수준을 넘지 못하게 제한하고 있다. 따라서 이러한 주식배당의 특례는 상장, 코스닥기업에 대한 특혜가 되고 있다.

(5) 주식분할(stock split)

주식분할은 액면분할이라고도 한다. 상법에 의하면 주식회사를 설립할 경우 주식은 균일하게 100원 이상이면 된다. 이로 인해 국내 상장기업이나 코스닥기업의 주식 액면금액은 100원에서 5,000원까지 다양하게 발행되어 있다. 어떤 기업이 5,000원 짜리 액면금액을 가진 주식을 1:5로 분할한다면 액면금액은 1,000원이 되고, 발행주식수는 5배로 증가하게 된다. 이론적으로 주가는 5분의 1 수준으로 하락한다.

액면금액이 5,000원인데 주가가 50,000원인 경우와, 액면금액이 500원인데 주가가 30,000원인 경우를 비교하면 액면금액 500원을 5,000원으로 환산할 때 주가는 300,000원이 되므로 액면금액이 500원인 주식의 주가가 훨씬 비싸지게 된다. 액면금액이 5,000원인 주식을 10:1로 액면분할하여 500원으로 하였을 때 주가는 5,000원이 되기 때문이다.

이처럼 주식의 액면금액을 나눔으로써 새로이 주식을 발행할 때 주식분할이라고 하며, 이론적으로 주가가 분할한 비율만큼 하락하여야 한다. 그렇지만 실제 시장에서는 주가가 분할한 비율만큼 떨어지지 않는 경우가 많다. 그 이유는 액면분할 하기 전에 비해 주가가 낮아져서 주가가 높을 때 주식을 매입하지 못했던 잠재수요가 분할로 인해 주가가 저렴해짐에 따라 실제수요로 바뀌어 주식 매입 기반이 우수해지기 때문이다. 합법적인 주가부양(price manipulation)을 위한 재무전략의 하나로 주식분할이 이용되는 것은 이 때문이다.

(6) 자사주 매입(share repurchase)

회사가 자기자금으로 자사의 주식을 매입하는 전략이다. 자사주로 매입한 주식은 금고주(treasury stock)라고 부른다. 이후에 복잡한 절차없이 다시 시장에 매각하여 현금화 할 수 있기 때문이다. 자사주를 매입하면 주식유통물량이 줄어들어 주가가 상승하는 효과가 있다.
또한 자사주 매입은 그만큼 주가가 낮다는 신호로 작용하여 주가에 긍정적인 작용을 한다. 매입한 자사주는 이후 소각절차를 거쳐 자본금이 줄어들게 되는 경우가 많다.

아래 예를 통해 주식의 특징을 설명해 본다.

① 김氏는 졸업 후 창업을 하기로 하고, 저축으로 모은 돈과 친구들과 함께 소규모회사를 설립하였다. 이 때 설립자본금은 액면가 5,000원에 총 100주를 발행하여 조달하였다. 최고경영자는 김氏가 맡았다.
② 열심히 일한 덕에 이 회사는 설립한 해에 200,000원의 순이익을 낼 수 있었다.
③ 이렇게 발생한 이익금액 중 100,000원을 김氏와 친구들에게 현금으로 나누어 주었다.
④ 이후 이익금액 중 남은 100,000원은 현금이 아닌 주식 20주를 발행하여 추가로 나누어 가졌다(즉 20주×5,00원=100,000원).

⑤ 1년 후 이 회사는 기업확장을 위한 시설자금이 필요하여 액면가 5,000원의 주식 100주를 액면가보다 2,000원 높은 7,000원에 발행하여 총 700,000원의 자금을 조달하였다.

⑥ 6개월 후 액면금액을 넘어서서 들어온 자금 200,000원을 모두 자본금으로 전입하였다.

⑦ 2년 후 경영성과가 우수해진 이 기업의 주가가 높아져서 경영진은 액면가를 500원으로 나누는 결정을 하였다.

⑧ 그 다음에는 주가성과를 더 높이기 위해 총발행주식의 30%를 회사자금으로 매입하여 이를 소각하는 조치를 취하였다.

〈표 8-2〉 주식발행과 자기자본 계정의 변화

	① 자본금	① 자본금		자기자본 합계 ①+②
		이익잉여금	자본잉여금	
① 설립자본금	500,000 =5,000×100주	0	0	500,000
② 이익잉여금	500,000 =5,000×100주	200,000	0	700,000
③ 현금배당	500,000 =5,000×100주	100,000	0	600,000
④ 주식배당	600,000 =5,000×120주	0	0	600,000
⑤ 유상증자	1,100,000 =5,000×220주	0	200,000	1,300,000
⑥ 준비금자본전입	1,300,000 =5,000×260주	0	0	1,300,000
⑦ 액면분할	1,100,000 =500×2,600주	0	0	1,300,000
⑧ 자사주매입소각	910,000 =500×1,820주	0	0	910,000

* 자본준비금은 자기자본 중에서 자본금으로 전입되기 위한 준비금이란 의미로서 이익잉여금(earned surplus), 자본잉여금(capital surplus)이 이에 해당한다.

** 자사주로 매입하여 소각한 주식수는 780주(2,600주×30%)이다.

(7) 기타 분류

의결권 유무에 따라 의결권주와 무의결권주로 구분한다. 주식의 기본적 성격인 의결권주(voting share)로서, 의결권은 보통주 1주에 하나가 부여되는 것이 원칙이다. 그렇지만 무의결권주(non-voting share)도 존재하는데, 이는 이익배분의 순서가 보통주와 우선주 중간정도이다. 우리나라의 경우 대부분의 우선주는 무의결권주인 것이 보통이다.

액면가 유무에 따라 액면주식(par value stock)가 무액면주식(non-par value stock)으로 구분한다. 액면주식은 주권에 액면가액이 기재되어 있는 주식으로서 국내 상법에 액면주식의 금액은 균일하여야 하며, 최저 100원 이상으로 규정하고 있다. 무액면주식은 주권의 금액이 기재되어 있지 않은 주식으로서 미국과 같은 선진국에서는 무액면주식이 상당히 보편화되어 있다. 기타 주주의 성명이 적혀 있느냐에 따라 기명주, 무기명주로 분류한다.

(8) 특수한 형태(주식예탁증서)

지금까지의 일반적인 주식의 형태와 달리 특수한 형태의 주식이 있는데, 대표적인 것으로 주식예탁증서(DR, depository receipt)가 있다. 주식예탁증서는 주식의 유통을 원활하게 하기 위해 예탁기관이 발행회사의 주식(원주)을 보관하고 이를 대신하여 발행하는 대체증권(국내에서는 1985년 삼성전자 최초 발행)이다. 주로 해외 주식시장의 투자자에게 주식을 판매할 때 예탁증서를 발행하며, 이때 발행된 예탁증서는 보관된 원주식과 동일한 권리를 가지고 국제금융시장에서 유통된다.

발행시장에 따라 미국시장에서 발행하면 ADR(american depositary receipts), 유럽시장에서 발행하면 EDR(european depositary receipts), 그 외 세계 다른 국가를 대상으로 발행하면 GDR(global depositary receipts)이라고 칭한다.

다른 국가의 기업이 우리나라 주식시장에 DR형태로 상장되어 있다면 이를 KDR(korean depository receipt)로 칭한다.

주식예탁증서는 흔히 해외 주식시장에 "간접상장"을 하는 효과가 있으며, 해외 현지에 직접 진출하여 현지기업과 동일한 상장절차를 거쳐 상장하는 "직상장"과는 다른 해외 주식거래방법이다. 또한 주식예탁증서가 상장된 해외 주식시장과 국내 주식시장의 가격을 비교하여 차익거래가 일어나기도 한다.

예를 들어, 삼성전자(주)나 포스코(주)의 경우 국내 주식시장에 상장되어 있고, 당해 기업의 DR이 미국 주식시장에도 상장되어 있다. 따라서 국내 주가와 미국 주가를 비교하여 가격의 차이를 판가름해볼 수 있고, 만일 국내 주가가 미국 주가에 비해 낮다면 미국 주식시장에서 매도, 한국 주식시장에서 매입하여 무위험차익(arbitrage)을 거둘 수 있다.

반면에 인터넷기업인 인터파크(주)의 자회사이었던 G마켓(주)는 국내 주식시장에는 상장되어 있지 않으나, 미국 주식시장에 상장되어 거래되고 있다. 이 같은 경우는 직상장에 해당한다. 따라서 G마켓(주)의 주가가 크게 오르거나 떨어지면 모회사인 인터파크(주)의 국내 주가도 영향을 받았다. 인터파크(주)는 G마켓(주)를 미국의 이베이에 매각하여 현재는 자회사가 아니다.

3. 주식의 가치평가

(1) 주가의 의의

주가(stock price)로 대변되는 기업가치(firm value)가 변하는 이유에 관해서 다양한 분석이 이루어진다. 내재가치(기본적 분석, fundamental analysis), 과거 주가의 움직임(기술적 분석, technical analysis), 시장수급상황(market situation), 국내외 거시적 경제상황 등에 대한 분석이 그것이다. 이 가운데 주식시장이 상승기에 접어들거나 하락기로 돌아섰을 때, 어떤 기업의 주가가 더 우수한가 그리고 주가흐름이 당해 기업이 생산하는 재무정보 즉, 재무적 특성과 어떤 연관이 있는 지를 알아보는 것은 경영학(그 중에서도 재무학, finance)을 연구하는 학자들에게 뿐만 아니라 금융정책을 주관하는 정부, 시장의 주요 참가자인 금융기관 및 투자자 모두에게 중요한 주제이다.

다시 말하면, 주식시장이 상승세를 시현하거나 이후 하락세를 보이는 등 부침(浮沈)을 거듭함에 있어 어떤 재무적 특성을 가진 기업이 주가에 있어 어떠한 반응을 보이는 가는 자본시장의 참가자에게 공통적인 관심사라는 점에 대해서 재론의 여지가 없다.

다양하고 깊이 있는 이론과 모형이 있지만 본 절에서는 가장 기본적이며 기초적인 이론적 틀을 제공하는 주가 추정 모형을 살펴본다.

(2) 일반모형: 배당할인모형(dividend discount model)

주식투자에 따른 수익은 배당수익과 시세치익이다. 따라서 기대수익률은 1주당 기대배당금에 주식가격 상승분을 합한 값을 현재 주식가격으로 나눔으로써 계산할 수 있다. 투자자가 1년간 주식을 보유한 후 매각할 경우 예상되는 기대수익률은 다음과 같이 계산한다.

$$r = \frac{D_1 + (P_1 - P_0)}{P_0}$$

여기서, r = 기대수익률

D_1 = 1년 후 1주당 기대배당금

P_0 = 현재의 주식가격

P_1 = 1년 후 기대주식가격

여기서, 기대수익률 r은 시장자본률(market capitalization rate) 또는 시장자본환원률이라고도 한다. 따라서 기대수익률은 배당수익률(dividend yield)인 와 자본소득수익률(capital gain rate, 시세치익률)인로 구성된다.

예) 한국철강(주)의 주식은 현재 액면가 이하인 1,000원에 거래되고 있다. 투자자는 내년에 50원의 현금배당을 기대하고 있으며, 1년 후 이 주식은 1,100원에 거래될 것으로 예상하고 있다. 이 주식의 연간 기대수익률은 얼마인가?

위 식에 D_1 = 50원, P_0 = 1,000원, P_1 = 1,100원을 대입, 기대수익률 r은 다음과 같이 계산한다.

$$r = \frac{50 + (1,100 - 1,000)}{1,000}$$

$$= 0.15 \text{ 또는 } 15\%$$

(3) 배당할인모형의 일반화

비슷한 위험을 가진 모든 주식은 시장에서 동일한 가격에 거래되는 경향이 있기 때문에 평가하고자 하는 주식과 비슷한 위험을 가지고 있는 다른 주식의 기대수익률을 알고 있다면 이 수익률을 주식의 가치평가에 사용한다. 즉, 평가하고자 하는 주식의 미래 기대배당금과 기대주식가격, 비슷한 위험을 가진 다른 주식의 기대수익률이 알려져 있다면 앞서 나온 식을 이용하여 평가대상주식의 현재가격을 다음과 같이 계산한다.

$$P_0 = \frac{D_1 + P_1}{1 + r}$$

위 식에서 내년도의 주가(P_1)는 2년도 말의 기대배당금(D_2)과 기대주가(P_2)를 (1+r)로 할인함으로써 계산할 수 있기 때문에 P_1 대신 $P_0 = \frac{D_2 + P_2}{1 + r}$ 을 (식)에 대입하면 P_0는 다음과 같이 표시할 수 있다.

$$P_0 = \frac{D_1 + P_1}{1 + r} = \frac{1}{1 + r}[D_1 + \frac{D_2 + P_2}{1 + r}] = \frac{D_1}{1 + r} + \frac{D_2 + P_2}{(1 + r)^2}$$

주식을 T기간 보유할 경우 위의 가치평가식은 다음과 같이 일반화할 수 있다.

$$P_0 = \frac{D_1}{1 + r} + \frac{D_2}{(1 + r)^2} + \frac{D_3}{(1 + r)^3} + \cdots\cdots + \frac{D_T}{(1 + r)^T} + \frac{P_T}{(1 + r)^T}$$

$$= \sum_{T}^{t=1} \frac{D_t}{(1+r)^t} + \frac{P_T}{(1+r)^T}$$

만약 투자자가 주식을 영구히 보유한다면 또는 거래가 영속적으로 지속되면 위에서 PT의 현재가치는 0이 되므로 오늘의 주가는 다음과 같이 무한대로 계속되는 미래현금배당금을 기대수익률로 할인하여 계산할 수 있다.

$$P_0 = \sum_{t=1}^{\infty} \frac{D_1}{(1+r)^t} = \frac{D}{r}$$

(4) 고정성장모형(constant growth model)

주식에 대한 매기의 배당금이 동일한 일정비율(g)로 계속하여 성장하는 것을 가정한 주식의 가치평가모형으로 고든(Gordon)모형이라고도 부르며, 배당의 고정성장을 가정한 주식의 현재가치를 계산하면 다음과 같다.

$$P_0 = \frac{D_1}{(1+r)} + \frac{D_1(1+g)}{(1+r)^2} + \frac{D_1(1+g)^2}{(1+r)^3} + \cdots + \frac{D_1(1+g)^{\infty-1}}{(1+r)^{\infty}}$$

$$= \frac{D_1}{(1+r)} \left[1 + \left(\frac{1+g}{1+r}\right) + \left(\frac{1+g}{1+r}\right)^2 + \cdots + \left(\frac{1+g}{1+r}\right)^{\infty-1} \right]$$

위의 식에서 $\frac{1+g}{1+r} = f$ 라고 하면,

$P_1 = \frac{D_1}{(1+r)} [1+f+f^2+f^3+ \cdots +f^{\infty-1}]$로 나타낼 수 있다. 이 식에서 [ ]안의 합은 무한등비급수를 이용하여 $(\frac{1}{1+f})$ 가 되므로

$P_0 = \frac{D_1}{(1+r)}(\frac{1}{1+f}) = \frac{D_1}{(1+r)}(\frac{1+r}{r-g}) = \frac{D_1}{r-g}$가 된다.

D_1은 다시 $D_0(1+g)$로 대체할 수 있으므로 고정성장모형을 이용한 주식의 현재가치는 다음과 같이 계산한다.

$$P_0 = \frac{D_1}{r-g} = \frac{D_0(1+g)}{r-g} \text{ (단, } r > g\text{)}$$

P_0 = 현재의 주식가격

D_1 = 1년 후 1주당 기대배당금

D_0 = 올해의 1주당 배당금

r = 기대수익률

g = 배당의 성장률(유보율×투자수익률)

예) HUF기업은 올해 1주당 500원의 배당금을 지급하였다. HUF기업에 대한 투자자의 기대수익률이 12%일 때 매년의 배당성장률(g)을 10%로 가정한 HUF기업의 주식가치는 얼마인가?

D_0=500원, r=12%, g=10%를 대입하면 HUF기업의 현재 주식가격은 다음과 같다.

$D_1=D_0(1+g)=500\times(1+0.1)=550$원이므로,

$$P_0 = \frac{D_1}{r-g} = \frac{550}{0.12-0.1} = 27,500$$

따라서 HUF기업의 이론적인 현재 주식가치는 27,500원이 된다.

(5) 주가수익비율을 이용한 주가평가(상대가치법)

주가수익비율(price earning ratio, PER)은 주가가 주당이익 대비 몇 배가 되는가의 비율이다. 주가는 현재의 시장주가이고, 주당이익(earnigs per share, EPS)은 순이익을 전체 발행주식수로 나누어 구한다.

주가수익비율(PER) = 주가 ÷ 주당이익(EPS)

따라서 주가 = PER × 주당이익(EPS)

여기서 주당이익(EPS) = 당기순이익 ÷ 발행주식수

그러므로, 유사기업 또는 동종산업의 평균 PER가 알려져 있을 경우 PER를 이용하여 적정주가를 예상할 수 있다. 이른바 "저PER"주는 다른 조건이 동일한 상태에서 PER가 상대적으로 낮아 즉, 이익 대비 주가가 저평가되어 향후 주가가 상승할 가능성이 높은 주식을 일컫는다.

예) 적정주가가 알려지지 않은 기업의 향후 1년간 주당이익이 1,000원이고 유사기업의 평균 PER가 20배일 경우 이 기업의 예상 주식가치는?

예상주가 = PER × EPS = 20 × 1,000 = 20,000원

이와 함께 주당순자산비율(price book-value ratio, PBR)도 상대가치로 쓰인다. 주당순자산비율은 1주당 순자산(자산-부채)을 산출하여 이용한다. 주당순자산이 낮으면 상대적으로 자산가치에 비해 주가가 저평가되었다고 본다. 통상 1.0을 기준으로 절대적인 높고 낮음을 평가하기도 한다.

$$\text{주당순자산비율} = \frac{\text{주가}}{\text{주당순자산}} = \frac{\text{주가}}{(\text{총자산} - \text{부채 총액})}$$

주가를 주당 매출로 나누어 산출한 주당매출비율(price sales ratio, PSR)과 본질가치 대비 시장가치로 측정하는 토빈의 Q도 상대가치로 유용한 도구로 사용된다.

4. 주식의 액면금액과 시세

상법에 의하면 주식의 액면금액은 100원이상으로 균일하여야 한다. 우리나라 증권시장에서 거래되고 있는 종목들은 100원, 500원, 1,000원, 2,500원, 5,000원 등으로 다양한 액면금액을 나타내고 있는데 500원과 5,000원인 종목이 가장 많다. 신문 등의 주가시세표에는 액면금액에 따라 종목명 앞이나 뒤에 특정한 표시를 하여 액면금액을 구분한다. 일반채권의 액면금액은 100,000원 단위이다. 액면금액이 다르므로 투자자들은 주가를 관찰함에 있어 이를 고려하고 시세를 파악하여야 한다.
아래와 같은 시세표 예를 참고해 보자.

〈표 8-3〉 주식 액면금액과 시세

종목명	시가	고가	저가	종가	등락	거래량
아주화학 A	520	570	510	550	△30	25,820
미래기술 B	6,300	6550	6,150	6,450	△350	123,050
대한전자 C	640,000	653,000	639,000	650,000	△4,500	85,320
금강테크 C	38,900	40,200	38,500	40,200	⇧11,000	13,250

A, B, C: 액면금액 / A=100, B=500, C=5,000
시가(始價): 그 날의 시작가격
고가(高價): 일중 최고 거래가격
저가(低價): 일중 최저 거래가격
종가(終價): 그 날의 최종가격
등락(登落): 전일 종가 대비 상승, 하락 폭

미래기술의 액면금액은 500원이고 종가는 6,450원이다. 대한전자의 경우 액면금액이 5,000원이고 종가는 650,000원이다. 이 둘의 주가를 단순비교해서는 안되고, 미래기술의 주가에 10배를 곱하여 액면금액을 같게 한 후 비교하여야 한다. 그렇게 되면 미래기술의 주가는 액면금액 5,000원을 기준으로 할 때 64,500원이 된다. 금강테크의 ⇧기호는 상한가를 표시한다.

학습정리

01. 주식은 기업의 소유권을 부여하는 증서로서 주주는 보유주식수에 비례하여 소유권(지배권)을 가지며, 이외에도 경영참가권과 이익배분권을 가진다.

02. 기업의 목표는 주주 부의 극대화이고 주식회사의 운영에 있어 실질적인 소유와 경영이 분리되는 상태를 소유와 경영의 분리라고 한다. 주주는 보유하고 있는 지분의 가치 이상의 책임은 부담하지 않는다. 이를 주주의 유한책임이라고 한다.

03. 주주는 채권자에 비해 높은 위험을 부담하고, 그로 인해 기대수익률도 채권자보다 크다. 그러므로 기업 입장에서는 채권자보다 주주의 자금이 더 부담스러운 자본이 된다.

04. 주식은 경제적 권리에 따라 크게 보통주와 우선주로 나눌 수 있다. 우선주는 보통주와 채권의 중간적 성격을 띠는 확정소득부 증권의 특징을 갖고 있고, 성격에 따라, 활용도에 따라 다양한 형태로 발행된다.

05. 기업입장에서 채권<우선주<보통주의 순서로 자본비용이 크다. 이는 투자자의 요구수익률이 보통주가 가장 크기 때문이다.

06. 유상증자는 추가로 주식을 발행하고 그에 따라 자본이 유입되는 것으로, 주주배정, 주주우선공모, 일반공모, 제3자배정의 네 가지 방법이 있다.

07. 무상증자, 주식배당, 주식분할은 자본이 실제로 유입되지 않고, 주식발행이 이루어지는 특수한 형태의 주식발행이다.

08. 주로 해외 주식시장의 투자자에게 주식을 판매하기 위해서는 간접상장과 직상장의 방법이 있다. 주식예탁증서(DR)는 해외 주식시장에 간접상장되는 효과가 있고, 직상장은 직접 기업이 해당 국가의 증권거래소에 가서 상장심사를 거친 후 상장되는 방법이다.

09. 주식의 가치평가에는 배당할인모형과 고정성장모형이 일반적으로 사용되고, 주가수익비율(PER), 주당순자산비율(PBR)은 주식의 상대가치 평가에 유용하게 사용된다. 저PER, 저PBR는 일반적으로 주가상승 가능성이 높은 주식으로 알려진다.

제9장

채권과 신용등급평가

1. 채권의 의의와 특징
2. 회사채 발행과 매매제도
3. 채권의 종류
4. 채권의 가치평가
5. 신용등급평가

들어가기

증권투자는 크게 주식투자와 채권투자를 일컫는 말이다. 이 가운데 주식투자는 기대수익률이 큰 만큼 투자위험도 큰 것이 사실이다. 철저한 대비나 분석이 없이 무턱대고 주식투자에 뛰어들었다가는 손실을 입기 십상이기 때문이다. 채권투자는 은행권의 금리보다는 높은 수익률을 기대하면서 주식투자에 비해 낮은 위험을 가지고 있다. 전환사채는 주식과 채권의 성격을 모두 띠고 있는 것으로 장점이 크다. 또한 국공채형, 우량채권형, 일반채권형 등으로 채권에 투자하는 펀드도 다양하게 판매되고 있어 안정적인 재테크 투자수단으로 채권을 고려해 봄 직하다.

자동차를 새로 구입한 김OO씨는 매입비용에 공채, 공채할인이라는 비용이 포함되어 있어 이 비용이 무엇인지 궁금하였다. 채권이라는 증권에 대해 거의 알지 못하는 김OO씨로서는 자동차딜러가 제시하는 비용을 따를 수밖에 없었다. 이후 김OO씨는 공채를 할인하지 않고 보유하고 있다가 직접 금융기관에 찾아가 채권을 매도하면 더 나은 가격으로 판매된다는 사실을 알았다.

위 사례는 김OO씨 뿐만 아니라 많은 사람들이 경험하였을 것이다. 주택을 구입할 때도 채권매입, 채권할인비용이 부속서류에 첨부되어있다.

이처럼 채권은 증권시장에서 주식과 함께 양축을 구성함에도 불구하고 개인투자자 입장에서는 주식에 비해 접근성이 떨어지는 증권이라고 볼 수 있다. 주식보다 안정적이면서, 은행권의 상품보다는 높은 수익을 주는 채권투자는 훌륭한 투자행위가 된다. 현명한 투자자라면 주식과 함께 채권이 어떤 성격을 지닌 증권인지에 대해 알아두어야 할 필요가 있다.

1. 채권의 의의와 특징

(1) 채권의 의의와 분류

① 의의

채권은 자금 수요자(채권 발행자, 채무자)가 자금 공급자(채권 소유주, 채권자)에게 채무(debt)를 지고 있다는 증서로서, 자금이 필요하여 채권을 발행하고 자금을 조달한 채권발행자(=채무자)는 채권을 소지한 채권자에게 수익발생 여부와 관계없이 정해진 약속대로 일정한 이자를 지급하고, 만기에는 원금을 상환해야 하는 의무가 있다. 채권은 원리금의 상환기간이 발행시점에서 정해져 있는 기한부 증권이다.

> 만일 원금이 100,000원이고 이자율이 연 10%, 만기가 5년인 경우, 1차년도부터 5차년도까지 다섯 해에 매년 이자 10,000원(=100,000원×10%), 총 50,000원을 지급하고, 만기인 5차년도말에 액면금액인 100,000원을 다섯 번째 이자와 함께 상환하게 된다.

이런 연유로 채권 소지자(채권자)는 정해진 이자와 원금을 받을 수 있는 확정소득청구권자(fixed income claimant)이며, 기업에 대해 주주에 앞서 우선적으로 재산권을 행사할 수 있는 권리를 보유한다. 즉, 주주에게 지급되는 배당보다 우선하여 채권자에 대한 원리금 의무가 시행된다. 하지만 주식과 달리 원리금을 잘 지급하면 채권자로부터 지배권이나 청구권과 관련한 일체의 경영활동 개입은 받지 않아도 된다.

채권(Bond)과 확정소득증권(Fixed income securities)

- 채권은 발행자(Issuer)가 계약에 따라 일정한 이자(Interest or coupon)를 지급함과 동시에 만기(maturity date)에 원금 또는 액면금액(face or par value, or principal payment)을 상환하기로 약속한 증서이다.
- 정해진 기간에 일정한 이자를 지급하므로 확정소득증권이 된다.

채권에 의한 부채조달은 주식에 의한 자기자본(equity)조달과 함께 자금 수요자의 자본조달의 원천이 되는데, 기업이나 정부, 공공단체가 투자나 운영에 필요한 거액의 자금을 비교적 장기간 사용하기 위해 발행하는 것이다.

② 분류

채권은 자금을 필요로 하는 수요자가 발행하는 증서이기 때문에 발행하는 주체가 누구이냐에 따라 여러 종류로 발행된다. 자금을 필요로 하는 발행주체가 국가(정부)일 경우 국채, 공공기관일 경우 공채, 금융기관일 경우 금융채, 특수법인일 경우 특수채, 일반기업일 경우 회사채로 불리운다. 국채와 공채를 묶어 '국공채' 라고 부르는 것이 일반적이다.
채권을 발행할 당시의 시중금리와 동일한 금리로 발행할 경우에는 액면발행(par value issue), 시중금리보다 낮은 금리로 발행할 경우에는 할인발행(discount issue), 시중금리보다 높은 금리로 발행할 경우에는 할증발행(premium issue)이 된다.

> 현재 시중금리가 10%이더라도 신용도가 높은 기업일 경우 10%보다 낮은 8%나 9%의 액면이자율로 채권을 발행할 수 있고, 이는 할인발행이 된다. 신용도가 우수하여 시중금리보다 낮은 금리로 채권을 발행하면 투자자들이 이를 매입할까? 8%나 9%이더라도 은행예금 등 위험도가 낮으면서 수익률도 높지 않은 다른 금융상품 보다는 수익률이 높으므로 많은 투자자들이 선호한다.

국내에서 발행할 경우 국내채, 국제금융시장에서 발행할 경우 국제채가 된다. 지급이자가 만기까지 고정된 경우는 고정금리채, 변동하는 경우는 변동금리채가 된다.

③ 채권의 기본 용어

채권에는 액면이자 또는 액면이자율(coupon rate), 액면금액(face value, par value), 만기(maturity)를 반드시 표시하게 되어 있다. 기본 개념과 관련된 용어 몇 가지를 살펴본다.

액면이자(coupon) 또는 표면이자	할인채 (zero coupon / pure discount bond)
• 액면이자율(coupon rate) × 액면금액 (face value) • 액면이자는 일 년에 분기별로, 월별로 여러 번 지급될 수 있음	• 만기까지 이자 지급 없이 만기에 액면 금액만을 받는 채권 • 만기까지 이자 지급이 없으므로 주로 할인채는 주로 CD와 같은 단기채권에서 이용됨

이표채(coupon bond)	복리채
• 정기적으로 이자 지급을 받고 만기에 원금을 받는 채권	• 이표이자를 이표이율로 복리계산하야 만기에 지급하는 채권

고정금리부사채(fixed rate bond)	변동금리부사채(floating rate bond)
• 만기까지 시중 금리 변동에 상관없이 확정된 이자를 받는 채권	• 시중 금리 변동에 연동시켜 이자를 지급 하는 채권(주로 3개월 평균금리 이용)

(2) 채권의 장단점

① 장점

• 투자자 관점에서의 장점

주식과 동일하게 증권거래소에 상장되어 자유로이 매매 가능(소매채권매매)하며, 확정채무이므로 주식에 비하여 안전한 투자대상이다. 화폐시장 상품이나 은행예금보다는 금리가 높아 수익성 측면에서 유리하다.

• 발행자 관점에서의 장점

흔히 이자를 지급해야 하는 부담 때문에 채권이 주식보다 높은 비용을 지불하는 자본조달 수단으로 오해하기 쉽다. 하지만, 채권의 자본비용은 주식의 자본비용보다 훨씬 저렴하다. 왜냐하면 주식을 보유하고 있는 주주의 요구수익률이 채권자의 요구수익률보다 높기 때문에 기업 입장에서는 요구수익률에 대한 부담이 더 크게 작용하게 되는 것이다.

또한, 채권발행은 기업의 지배권에 변동을 가져오지 않는다. 다만 기업이 재무적인 어려움에 처하게 되어 채권과 주식을 교환하는 출자전환(debt-equity swap)일 경우에는 채권자가 자신의 채권을 주식으로 전환시키게 되지만, 이런 특수한 때를 제외하고는 채권발행은 기업의 지배권 즉, 소유권과 무관한 자본조달이다. 만기가 있지만 우리나라에서는 차환발행(bond refunding)이 일반화되어 만기에 다시 채권발행으로 상환하기 때문에 만기가 없는 자금화 되어 가는 양상이다.

마지막으로 채권의 이자는 세금을 산정하는 이익(과세표준)에서 차감되므로 이자지급액만큼 세액을 절감하는 효과(tax shield)가 있다.

〈채권 이자의 세금절감효과의 예〉

아래 기업 A는 부채가 없고, 기업 B는 1,000원의 부채를 연 10% 이자율로 사용하고 있다고 가정해 보자. 다른 조건은 동일하다.

〈표 9-1〉 채권이자의 세금절감 효과의 예

기업 A(부채 미사용)		기업 B(부채 사용)
1,000	매 출	1,000
500	비 용	500
500	영 업 이 익	500
0	이 자 ①	100
500	경상이익(세전 이익)	400
250	세 금 (세 율 = 5 0 %)	200
250	순 이 익 ②	200
0 + 250 = 250	총현금흐름 = ①+②	100 + 200 = 300

* 기업 B는 이자(100)×세율(50%) = 50 만큼의 세금절감효과 발생
* 결과적으로, 총 현금흐름은 기업 B가 세금절감효과(50)만큼 크게 발생
* 총현금흐름 = 주주에 대한 현금흐름(순이익) + 채권자에 대한 현금흐름(이자)

② 단점

• 투자자 관점에서의 단점

채권을 발행한 기관이 이익을 많이 실현시켜 현금흐름이 풍부해지더라도 정해진 이자 이외에 추가적인 소득실현이 없다. 전환사채, 신주인수권부사채, 교환사채 등은 채권이 주식으로 전환될 수 있는 권리가 부여되어 있으나 일반적인 채권에는 주식과 같은 초과이익 실현이 어렵다. 또한 주식(보통주)과 달리 의결권을 행사할 수 없으며, 인플레이션 발생시 금리인상으로 실질투자가치가 하락한다는 단점이 있다.

• 발행자 관점에서의 단점

채권발행을 통한 적정한 부채비율 상승은 전체적인 기업의 자본비용에 도움이 되지만, 적정 비율 이상의 채권발행은 재무구조를 악화시켜 대외신용도를 저하시킬 수 있다. 또한, 실적에 관계없이 매기 일정이자를 지급하여야 하므로 기업내부 현금흐름이나 유동성을 악화시킬 수도 있다. 더불어 만기에 가서는 원금을 상환하여야 하므로 자금부담이 될 수도 있다.

> 채권을 발행할 때 채권약관(bond covenant)이라고 부르는 계약내용에는 채권소유자를 보호하기 위하여 채권을 통한 자금으로 배당을 지급하는 것을 제한하고, 원리금의 원활한 지급을 위해 일정기간 현금을 축적해야 하는 감채기금 규정 및 일정수준의 유동성을 유지토록 하는 조항 등이 포함되는 것이 일반적이다. 이러한 채권자 보호조항들은 발행기관의 경영활동을 제약하는 요인으로 작용할 수 있다.

③ 채권투자의 위험

채권에 투자하는데 따른 위험에는 크게 이자율위험, 채무불이행위험, 인플레이션위험, 조기상환위험이 있다.

• **이자율위험(interest rate risk)**

재투자수익률위험과 가격위험을 포함하는 개념으로서, 시장이자율 변동으로 인하여 재투자수익률과 채권가격이 변동하게 될 위험이다. 만일 이자율이 상승하면 이자로 받은 금액을 다시 투자할 때 받는 수익이 높아지므로 유리한 반면 채권가격은 하락하게 된다. 이렇게 재투자수익과 채권가격의 변동이 서로 상쇄되는 투자기간이 있는데, 이 투자기간(듀레이션)에 맞추어 채권투자에 임하는 전략을 목표시기면역전략이라고 한다.

• **채무불이행위험(default risk)**

채권의 발행자가 원리금을 약정대로 지급하지 못하게 될 가능성으로서 확정소득청구권자인 채권의 소유자 입장에서는 채권투자에서 원천적으로 발생하는 위험이다.

• **인플레이션위험(inflation risk)**

시장의 이자율이 상승하면 확정금리로 발행한 채권을 보유한 투자자는 금리상승의 혜택을 누리지 못하게 되므로 발생하는 위험이다. 예를 들어, 8% 금리의 회사채를 보유한 투자자가 있는데, 금리가 올라 10%가 되더라도 여전히 8% 확정소득만을 가지게 되므로 수익 측면에서 불리해지기 때문이다. 그러므로 이는 물가상승의 불확실성 때문에 발생하는 실질 수익률 변동의 위험이라고 볼 수 있다.

• **조기상환위험(callability risk)**

이자율 하락 시 발행회사가 만기 이전에 채권을 상환할 가능성이다. 발행기업이 일종의 콜옵션(call option)을 보유하는 것이다. 이를 고려하여 수의상환부채권을 구입하는 매입자에게는 다른 채권보다 높은 수익률을 제공하는 것이 일반적이다.

(3) 채권의 다양한 발행조건

채권은 다양한 발행조건을 가지고 있다.

① 이자지급방법

이자지급방법에 따라 이표채, 할인채, 복리채로 구분한다. 정기적으로 고정적인 이자(표면이자 또는 이표이자라고 함)를 지급하는 것을 이표채(coupon bond), 고정적인 이자지급이 없는 대신 액면금액을 할인하여 싸게 구입하고 만기에 액면금액을 받는 할인채(discount bond), 정기적으로 고정적인 이자를 받지 않고 받아야 할 이자를 누적해두었다가 만기에 일시불로 지급하는 채권을 복리채(compounding bond)라고 한다.

할인채는 대개 만기가 짧아 이자지급보다는 가격할인으로 이자에 상응하는 수익을 취할 때 쓰인다. CD, CP 등의 단기금융상품이 할인채 방법을 이용한다.

원리금 지급방법

채권으로부터 발생하는 현금흐름은 이자와 원금이다. 할인채와 복리채의 경우 정기적으로 지급되는 이자는 없지만, 할인채의 경우 할인하여 싸게 구입한 금액만큼 이자가 되고, 복리채의 경우 중도에 이자를 지급받지 않는 대신 이를 복리로 적립해 두었다가 만기에 일시불로 이자를 많이 받는다.

할인채의 예로서, 3개월 만기, 액면금액 100,000원 짜리 CD를 90,000원에 할인하여 구입하였다면 3개월간 10,000원의 이자를 지급받은 셈이 된다.

복리채의 예로서, 10년 만기, 액면금액 100,000원짜리를 2%에 매입하였다면 10년간 매년 이자를 2% 복리로 계산하여 만기에 원리금을 지급한다.

이표채의 예로서, 3년 만기, 액면금액 100,000원짜리 회사채를 5%에 매입하였다면 매년 5,000원(100,000원×5%)의 이자를 받고 만기에 원금을 상환받는다.

② 지급이자의 변동여부

이자지급방법에 따라 고정금리부(fixed rate) 채권, 변동금리부(floating rate) 채권으로 구분한다. 통상 변동금리부채권은 만기까지의 기간 중 특정기간 동안의 평균이자율을 계산하여 이자를 지급한다. 예를 들어, 만기가 3년이고, 3개월 변동금리부라면 이전 3개월간의 평균이자율을 계산하여 일년에 4번 이자를 지급하기 때문에 총 12번의 이자를 변동금리부로 지급한다. 2000년대 이후 우리나라에서 발행되는 채권은 일정기간까지는 고정금리부이고, 그 후 일정기간은 변동금리부인 경우가 많다.

③ 담보와 보증조건

이자나 원금의 일부 또는 전부를 지급하지 못할 경우를 대비하여 채권자에 대해 담보를 제공하느냐, 또는 다른 기관이 지급에 대해 보증을 하느냐에 따라 담보부채권(secured bond), 무담보부채권(unsecured bond), 보증채권(guaranteed bond), 무보증채권(unguaranteed straight bond)으로 구분한다. 만일 이자나 원금의 일부 또는 전부를 지급하지 못하면, 채권자는 담보부채권일 경우 담보물건으로 충당하고, 보증채권일 경우 지급을 보증한 기관으로부터 대신 이자나 원금을 수령하게 된다.

(4) 기타 주요 특성

① 채권가격과 금리의 역관계

채권의 가격은 시중금리와 반비례의 관계를 가진다. 즉, 시중금리가 상승하고 있다면 기존에 채권을 보유한 사람에게는 불리하게 작용한다는 것이다. 예를 들어 설명해보자. 만일 6개월 전에 10% 이자율로 채권을 구입한 사람이 있다면 최근 시중금리가 15%로 상승할 경우, 가지고 있는 채권의 가치는 하락하기 때문에 불리해진다. 유사한 채권을 지금 구입하면 15%의 이자를 받을 수 있는데 6개월 전에 구입한 관계로 10% 이자 밖에 받지 못하게 되기 때문이다. 반대로 시중금리가 5%로 하락할 경우에는 채권의 가치는 상승하게 된다.

② 채권매매

채권을 매매(사거나 팔거나)코자 할 때는 주식처럼 증권거래소를 통하여 매매할 수 있고, 증권회사 등의 금융기관에 가서 직접 창구매매할 수도 있다. 전자를 장내거래(floor market transaction)라고 하고, 후자를 장외거래(non-floor market transaction)하고 한다. 따라서 채권을 구입할 경우 즉, 채권에 투자할 경우 이러한 채권의 특징을 염두에 두고 투자에 임해야 할 것이다.

(5) 주식과 채권의 비교

주식과 채권의 기업활동에 필요한 주요 자본(capital)이다. 이들 주식과 채권을 발행하고 유통하는 시장을 자본시장(capital market) 또는 좁은 의미의 자본시장이라고 부른다.

● 주식과 채권의 기대수익률

주식과 채권에 투자하는 투자자 입장에서 기대하는 수익률 즉, 기대수익률(expected return)은 어느 것이 가장 클까? 투자자의 기대수익률 크기는 채권〈우선주〈보통주가 된다. 따라서, 반대로 기업입장에서 볼 때는 보통주에 대한 비용이 가장 커지게 된다. 그만큼 투자자가 높은 수익률을 기대하고 요구하기 때문이다. 기대수익률 크기의 차이는 투자자가 부담하는 위험의 차이와 일치한다. 보통주 소유자는 고정적인 현금흐름(원리금)도 없고, 잔여재산 청구권자라는 열위의 지위에 있게 된다. 우선주 소유자는 보통주보다는 이익청구권에 우선하며, 채권 소유자는 그보다 나은 지위에 있기 때문에 보통주 소유자의 투자위험이 가장 크다는 것이다. 투자위험의 차이는 그대로 기대수익률에 반영되어 채권〈우선주〈보통주의 부등식이 나타난다.

채권으로부터 발생하는 현금흐름인 이자와 원금을 지급하지 않았을 경우 채권을 발행한 주체는 부도(default)라는 법적인 책임을 지게 되며, 채권은 주식과 달리 기업에 대한 소유권을 보유하지 않는다는 특징이 있다. 단, 기업이 이자와 원금을 지급하지 못하는 부도상태에 있는 경우 채권자집회를 소집하여 주주로부터 소유권을 이전받게 된다.

	보통주	우선주	채권
소유권 여부	있음		없음
현금흐름	배당	배당	이자 및 원금
현금흐름을 지급하지 않을 경우 법적책임	없음	없음	부도 (Degault)

2. 회사채 발행과 매매제도

(1) 회사채 발행

일반적으로 채권이라고 하면 정부나 공공단체가 발행하는 국공채(國公債)나 기업이 발행하는 회사채(社債, corporate bond)를 의미한다. 여기서는 보다 보편적인 회사채의 발행에 관해 요약해 본다. 회사채를 발행하기 위해서는 다음과 같은 방식이 대체로 이용된다.

① 거래양식

회사채를 발행코자 하는 기업은 발행을 주관하여 업무를 수행하는 주간사회사(투자은행, 증권회사)를 선정한다. 이 때 기업은 주간사회사와 함께 '유가증권신고서'와 '사업설명서'를 통해 당해 기업과 발행하려는 채권의 내용에 관해 투자자에게 공시하여야 한다. 주간사회사(lead company)는 인수단(underwriter)을 구성하여 당해 기업이 발행하는 회사채를 자기 책임 하에 먼저 전액 총액인수(firm commitment)한 후 이를 최종 매수자(개인, 기업 등 투자자)에게 판매하게 된다.

예를 들어, 100억원의 회사채를 발행하여 100억원의 자금을 조달하려 하는 기업이 있을 때 그 기업의 회사채 100억원 어치를 주간사회사(AAA증권회사)가 인수회사와 함께 모두 사들이고 100억원을 기업에게 입금해 준다(이 절차를 '납입'이라고 함). 그 다음 AAA증권회사는 사들인 100억원을 자기 책임 하에 최종 매입자들로부터 청약을 받아 배정, 판매하게 되는 것이다. 만일 판매하지 못하고 남은 잔량의 채권에 대해서는 주간사인 증권회사가 보유하게 된다.

② 표면금리(액면이자율)

표면금리는 1993년 11월에 자유화되어 현재는 발행기업과 주간사회사, 인수회사가 시장금리, 신용도 등을 감안하여 협의를 통해 자율적으로 결정한다. 그러므로 시장금리('시중금리'라고도 함)가 10%이더라도 기업의 상황, 신용도에 따라 발행금리는 9%, 9.5%, 10.8% 등으로 달라지게 된다.

③ 만기

일반적으로 1년, 2년, 3년 및 5년 만기로 발행된다. 10년 만기도 발행되는 경우가 있으나 3년물이 대부분으로서 회사채는 3년짜리 만기를 가진 채권으로 통용된다. 미국은 우리나라와 달리 6년 만기의 회사채가 많이 발행된다.

④ 발행조건

주로 고정금리부, 이표채(분기별로 이자 지급), 3년 만기, 보증사채가 다수를 차지한다. 금융시장의 발전과 더불어 주식연계채권, 변동금리부 지급, 무보증 일반사채(straight bond) 등 다른 발행조건을 가진 회사채 발행이 늘어나는 추세이다. 특히, 무보증 일반사채가 크게 늘어났고, 주식과 연계된 전환사채, 신주인수권부사채 등의 주식연계채권(equity linked bond) 발행이 증가하고 있다.

(2) 우리나라의 채권매매제도

① 채권의 발행시장

우리나라 채권 발행시장의 특징은 개인투자자의 참여가 저조하며, 대부분 금융기관에 의해 이루어진다는 점이다. 특히, 국공채의 비중이 크다. 대표적인 채권의 형태인 회사채의 발행방식은 공모발행과 간접발행으로 이루어진다. 공모는 50인 이상의 불특정다수를 대상으로 채권이 판매되어 자금이 모집된다는 것이고, 간접발행은 금융기관의 중개 하에 채권발행절차가 진행된다는 것이다. 공모발행은 총액인수계약(firm commitment)으로서 발행물량을 주간사인 인수단이 전량 인수한 다음 인수단이 자기 책임 하에 다음 투자자인 금융기관이나 일반투자자에게 매출하는 방식이다. 국채의 경우는 다음의 경로를 거친다.

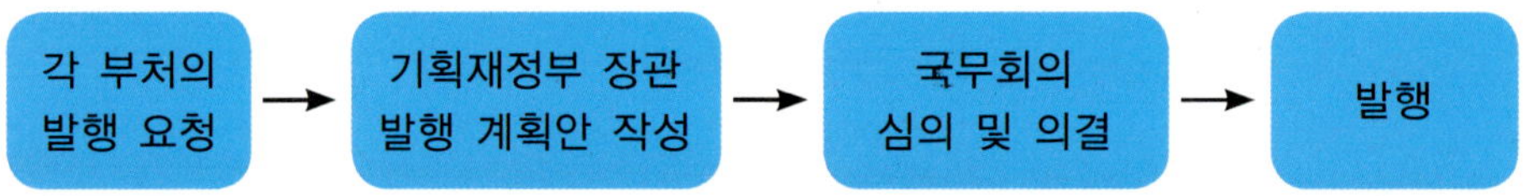

[그림 9-1] 국채 발행 절차

매출방식은 교부발행, 인수발행, 공모발행을 통한다. 교부발행은 증권회사를 통해 일반 투자자에게 매출하는 것, 인수발행은 은행, 투자신탁사, 증권회사 등이 인수단을 조직하여 공동으로 인수하는 것, 공모발행은 정부가 채무 변제시 현금 대신 국채를 발행하는 것이다.

② 채권의 유통시장

가. 장외시장(non-floor market) 거래

한국, 미국, 일본 등 대부분의 선진 자본시장 국가에서 채권거래는 증권회사를 중개기관으로 하여 대부분 장외시장에서 이루어진다. 이는 채권 발행종목이 매우 다양하여 채권 종목을 전부 상장시켜 거래소에서 매매하는 것이 기술적으로 어렵기 때문이다.

예를 들어, 국민주택채권이라는 채권도 만기가 5년, 10년, 20년 등 다양하고 발행시기에 따라 이자율도 각양각색으로 발행되어 종목이 매우 많아지게 된다. 이러한 연유로 대개 증권회사가 주문자로부터 매도 또는 매수의 호가를 받아 적정 수익률로 거래를 체결시킨다. 또한, 주문 후 결제는 주식과 달리 대부분 당일결제를 이용한다. 당일결제는 매매에 따른 대금지급과 증권인도가 그 날 당사자 간에 직접 이루어지는 것(수도결제라고도 함)을 말한다.

나. 장내시장(floor market) 거래

장내시장에서 거래되는 채권을 상장채권이라고 한다. 상장채권은 증권선물거래소 전산시스템을 통해 장내거래되나 장외시장에 비해 비중이 크지 않다. 장외시장 거래처럼 당일 결제된다.

다. 소매채권매매제도

소매채권은 일반법인 · 개인들을 대상으로 한 50억 미만의 채권거래를 가리키는 것이다. 우리나라에서는 소매채권 시장의 장내거래 활성화를 통하여 안전자산(safety asset)에의 접근성을 높이고자 2007년 8월 20일 채권소매전문딜러제도를 도입하였다. 이를 통해 기존의 증권선물거래소 전자거래 이용을 핵심으로 하는 소매채권 매매제도가 실시되고 있다.

3. 채권의 종류

본 절에서는 보다 구체적으로 발행주체에 의한 분류, 상환시기 및 상환방법에 따른 분류, 주식연계채권, 자산유동화증권(ABS), 주택저당채권유동화증권(MBS) 등의 특수 채권으로 나누어 채권의 종류에 관해 알아본다.

(1) 국내의 주요 채권

① 발행주체에 의한 분류

발행하는 기관이 누구인가에 따라 국채(중앙정부), 지방채(지방자치단체), 특수채(공공법인, 공사 등 특수한 법인), 금융채(한국은행, 산업은행, 시중은행 등 금융기관), 회사채로 구분한다. 지방채와 특수채를 묶어 공채라고 부르기도 한다. 또한 국채와 공채를 공공기관이 발행하는 채권이라는 의미에서 '국공채'로 칭하기도 한다는 것은 앞서 언급한 바와 같다.

- 국　채: 국고채권, 외국환평형기금채권, 국민주택채권, 재정증권 등
- 지방채: 지하철공채, 상수도공채, 도로공채 등
- 특수채: 전력공사채권, 도로공사채권, 토지개발공사채권 등
- 금융채: 통화안정증권, 산업금융채권, 카드채, 은행채 등
- 회사채: 일반 기업

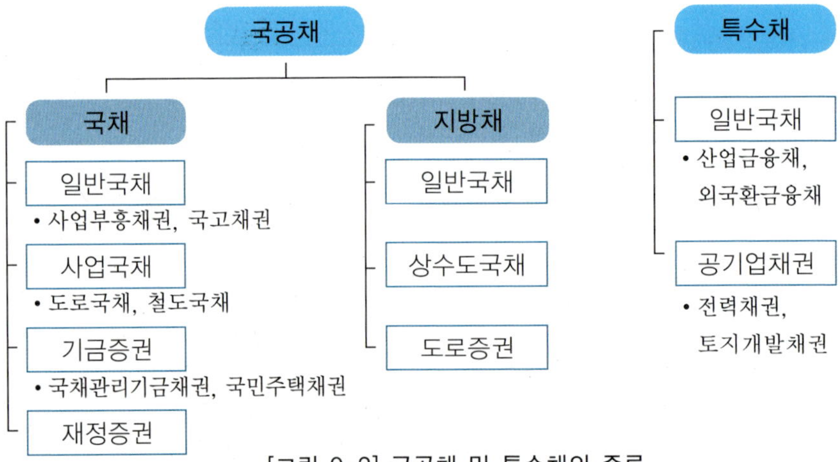

[그림 9-2] 국공채 및 특수채의 종류

〈표9-2〉 주요 채권의 발행조건

	종류	만기	이율
국공채	국고채권	1 ~ 10년	시장금리
	양곡기금증권	0.5 ~ 5년	시장금리
	국민주택채권 1종	5년	5%
	국민주택채권 2종	20년	3%
특수채	전력채권	3년	시장금리
	토지개발채권	2년	시장금리
	예금보험기금채권	7년 이내	시장금리
	부실채권정리기금채권	7년 이내	시장금리
금융채	통화안정증권	통상 1년 이내	시장금리
	중소기업금융채권	1 ~ 5년	시장금리
	산업금융채권	1 ~ 10년	시장금리

② 상환시기 및 상환방법에 따른 분류

원리금을 만기에 일시에 상환하느냐, 중도에 정기적 또는 부분적으로 상환하느냐 등에 따라 만기일시상환채권, 수의상환채권, 감채기금부채권, 연속상환채권 등으로 구분한다.

- 만기일시상환채권: 일반적으로 사채는 만기에 상환한다.
- 수의상환사채(callable bond)

  만기 이전이라도 발행기업이 원하는 시기에 미리 약정한 가격(call price)에 임의로 상환이 가능한 것으로 옵션부사채이다. 이자율이 높은 기간에 발행한 채권을 이자율이 낮은 기간에 조기 상환 후 낮은 이자율로 재발행하여 금융비용을 절약할 수 있다. 발행기관이 옵션을 소유하고 있어 투자자에게 불리하므로 다른 채권에 비해 이자율이 높은 편이다.
- 감채기금부사채(sinking fund bond)

  원리금 상환의 확실성을 높이기 위하여 상환에 필요한 금액을 매 결산기마다 일정액씩 적립할 것을 규정한 채권이다. 따라서 투자자에게 유리한 측면이 있어 다른 채권에 비해 이자율이 낮은 편이다.

■ 연속상환사채(serial bond)

사채에 대하여 일정기간마다 일정액씩 계속하여 원리금 상환이 가능토록 설계된 채권이다.

③ 주식연계채권

자본시장의 발전에 따라 가장 두드러지게 발달한 증권 중 하나가 주식연계채권(equity linked bond)이다. 주식과 채권의 성격을 모두 지니고 있어 성장세가 뚜렷하다. 대표적인 주식연계채권에는 전환사채, 신주인수권부사채, 교환사채가 있다.

• 전환사채(convertible bond, CB)

일정기간이 경과한 후 채권자의 희망에 따라 발행회사의 보통주로 전환될 수 있는 채권이다. 보통주의 주가가 높을 경우에는 전환사채를 보통주로 전환함으로써 자본이득(capital gain)을 얻을 수 있으며, 그렇지 못할 경우에는 전환하지 아니하고 만기까지 계속 채권으로 유지할 수 있다. 일정한 전환비율(conversion ratio)에 따라 보통주로 전환될 수 있는 전환사채는 다음의 특징을 갖는다.

• 전환가치(conversion value) = 전환비율 × 주가
• 전환프리미엄 = 전환가치 − 전환사채가격

예) 전환사채 가격: 50,000원, 전환비율: 4, 주식가격: 15,000원이라면,
전환가치: 60,000원, 전환프리미엄: 10,000원이 된다.

• 신주인수권부사채(bond with warrants, BW)

신주 발행시 이를 인수할 수 있는 권한이 부여된 채권이다. 전환사채는 전환에 의하여 사채가 소멸되어 보통주로 전환되며, 신주인수권부사채는 사채의 형태가 그대로 존속되면서 별도의 신주를 유상으로 인수할 수 있다는 차이점이 있다. 따라서 채권이자율은 전환사채에 비해 낮은 편이다.

• **교환사채(exchange bond, EB)**

발행 후 일정기간 내에 발행회사가 보유하고 있는 주식 또는 다른 증권으로 교환할 수 있는 채권이다. 교환사채는 채권자가 교환을 청구하면 당해 채권을 주식으로 교환해 주어야 하므로, 대개 주식 등의 증권을 많이 보유하고 있는 은행이나 증권회사 등 금융기관이 발행한다.

④ 기타 특수한 채권

• **자산유동화증권(asset backed securities, ABS)**

경제주체는 자금을 조달하고, 이 자금을 자산으로 운용하게 된다. 즉, 자산은 자금조달 측면이 아닌 자금의 사용 측면이므로 자본조달과는 무관하다. 그러나 자산을 이용하여 자금을 조달하는 수단이 개발되었는데, 이것이 자산유동화증권이다. 자산유동화증권은 자산을 담보로 채권을 발행함으로써 기업에 대해서는 새로운 자본조달 수단을 제공하고, 투자자에 대해서는 보다 안정적인 채권 투자상품이 됨으로써 새로운 채권시장 상품으로 자리잡고 있다.

• **주택저당채권유동화증권(mortgage backed securities, MBS)**

주택이나 건물을 담보로 구입자금을 대출해 준 경우(흔히 '모기지론(mortgage loan)'이라 부른다), 이 주택저당채권을 유동화시켜 자금을 조달하는데 쓰이는 채권이다. 여러 개의 각종 주택담보대출증권을 특성에 맞게 묶어 이를 채권발행에 사용하는 것이다. 이렇게 조달받은 자금은 주택 구입자에 대한 대출이나 보증에 사용된다. 우리나라는 주택금융공사가 이를 발행하고 있다.

(2) 해외의 주요 채권

① 미국

세계 최대 채권시장인 미국의 채권시장은 딜러 중심의 장외시장이다. 딜러들은 자기 책임 하에 자기 계좌를 통해 채권을 매매하며, 채권딜러들의 거래가격이 시장가격 형성에 결정적으로 작용한다. 또한, 채권의 매매당사자로서 연금, 보험, 뮤츄얼펀드, 주정부 등의 기관투자자가 큰 비중을 차지하는 특징이 있다.

미국에는 국가재정에 쓰이는 자본을 조달하는 재정증권(treasury securities)으로서 만기가 1-5년 정도인 중기채권과 5년 이상 30년 이하의 만기를 가진 장기채권인 T-Notes(중기재정증권), T-Bonds(장기재정증권)가 있다. 이들 모두 국고국(國庫局)에서 주관하여 발행한다.

미국은 위에서 설명한 주택저당채권(MBS)이 잘 발달되어 있다. 집을 구입할 때 대개의 경우 5-10%의 현금을 지불한 다음, 나머지 90-95%의 금액은 20년 정도의 장기동안 원리금을 상환하게 된다. 이렇게 되면 주택을 구입한 사람에게 대출한 금액의 담보로서 주택을 설정하게 되는데, 이 저당주택을 이용하여 채권을 발행하여 자금을 조달한다.

미국은 주 정부가 설립되어 있는 관계로 지방채(municipal bonds)가 매우 발달된 시장을 가지고 있다. 주 정부가 사회간접자본 확충 등 투자나 운영에 필요한 자금을 조달하는데 유용하도록 채권이자에 대해 세금을 면해 준다는 특징이 있다. 이외 회사채 시장이 잘 발달되어 있다.

〈표 9-3〉 미국의 주요 채권상품

중장기재정증권 (Treasury Notes, Treasury Bonds)	주택저당채권(MBS)
• 미국 중아정부가 발행하는 중장기채권 (통상 5~10년 중기, 10년 이상 장기)	• 모기지론을 바탕으로 발행된 주택저당 채권
지방채(Municipal Bonds)	**회사채(Corporate Bonds)**
• 주정부나 지방자치단체가 발행한 채권으로 이자소득에 대한 면세(Tax exempt) 혜택 부여	• 최대 회사채 시장으로 일반기업 발행

② 기타

미국 이외의 기타 주요 해외 채권상품에는 유로채(euro bond)가 있다. 유로채는 앞서 단기금융상품에서 나온 유로화폐시장(euro money market)의 상품처럼 자국이 아닌 다른 나라에서 자국통화로 발행하는 채권을 통칭하는 말이다. 유로화폐시장의 금융상품은 단기이고, 유로채는 장기라는 차이가 있다. 예를 들어, 미국이 아닌 프랑스에서 유로화가 아닌 달러화 표시 채권을 발행하면 이를 유로달러채권이라고 하고, 일본이 아닌 미국에서 달러화가 아닌 엔화표시 채권을 발행하면 이를 유로엔채권이라고 한다.

유로채와 조금 다른 방식의 채권이 있는데, 이를 외국채(foreign bond)라고 한다. 해외 현지에 가서 그 나라 화폐로 채권을 발행한 경우이다. 예를 들어, 미국기업이 영국 현지에서 달러화가 아닌 파운드화로 채권을 발행하여 자금을 조달할 경우 이 채권을 불독본드(bulldog bond)라고 하고, 미국기업이 일본 현지에서 달러화가 아닌 엔화로 채권을 발행하여 자금을 조달할 경우 이 채권을 사무라이본드(Samurai Bond)라고 한다. 양키본드(Yankee Bond, 미국에서 발행), 김치본드(Kimchi Bond, 한국에서 발행) 등은 모두 이러한 외국채의 별명이다.

4. 채권의 가치평가

(1) 가치평가 방식

다양한 채권 가운데 기업이 발행하면서 가장 일반적인 채권인 회사채는 이표채(coupon bond)로서 정기적으로 액면이자(이표)를, 만기에 액면금액 또는 원금을 지급하는 채권이다. 만기가 T년인 채권에 투자할 경우 다음과 같이 중간에 현금흐름 C(이자)를 받고, 만기에 마지막 이자 C와 F(원금)를 받게 된다. 즉, 앞으로 발생할 원리금의 현재가치가 채권가격이 되고, 이자의 재투자수익을 감안하면 이자지급횟수가 많고, 빠를수록 채권가격이 높아진다.

〈이표채의 기대현금흐름〉

0	1	2	……	T
P_0	C	C	……	C+F

P_0=현재의 채권가격, C=액면이자, F=원금, T=만기

채권 중에서 정기적으로 이자를 지급하고 만기일이 되면 원금을 상환받는 이표채의 경우 채권트자자가 가치를 부여할 수 있는 투자수입(현금흐름)은 정기적으로 받는 이자수입(Ct)과 만기시의 액면금액(원금: F)이다.

0	1	2	3	………………	n년
	C	C	C	………………	C + F(현금흐름)

$$P_0 = \frac{C}{1+r} + \frac{C}{(1+r)^2} + \frac{C}{(1+r)^3} + \cdots + \frac{C}{(1+r)^T} + \frac{F}{(1+r)^T}$$

$$= \sum_{t=1}^{T} \frac{C}{(1+r)^t} + \frac{F}{(1+r)^T}$$

여기서, P_0 = 이표채의 현재가격

C = 이표채의 액면이자(액면가×액면이자율)

F = 이표채의 액면가

r = 요구수익률(시중금리)

T = 이표채의 만기

(2) 가치평가 예제

아래 이표채의 예를 들어 가치평가 방식을 설명해 본다.

(예) 이표채의 현재가격 산출

액면금액 10,000원, 액면이자율 연 9%, 만기 3년인 이표채가 있다. 시중금리가 6%일 때 채권의 가격을 계산하라.

이 채권을 구입한 투자자는 향후 3년동안 매년 10,000(0.09)=900원의 액면이자와 3년말에 10,000원의 액면가를 지급받는다. 따라서 채권의 가격은 다음과 같이 계산할 수 있다.

$$P_0 = \sum_{t=1}^{3} \frac{900}{(1.06)^t} + \frac{10{,}000}{(1.06)^3}$$
$$= \frac{900}{(1.06)^1} + \frac{900}{(1.06)^2} + \frac{900}{(1.06)^3} + \frac{10{,}000}{(1.06)^3}$$
$$= 10{,}801.9\text{원}$$

채권의 가격(10,801.9원)이 액면가(10,000원)보다 큰 이유는 액면이자율이 시장이자율보다 높기 때문이다. 즉, 투자자의 입장에서 볼 때 채권의 이자수입액이 다른 대체투자안에서 얻을 수 있는 이자수입액보다 크기 때문에 두 투자안의 수익이 동일하게 되기 위해서는 채권이 액면가보다 높은 가격(할증가격)에 거래되어야 한다.
이같이 시장이자율보다 높은 액면이자율로 채권을 발행하는 이유는 이 기업의 신용등급이 시장평균에 비해 낮아 투자자가 그만큼 높은 수익률을 기대하기 때문이다.

(예) 이자를 분기별로 지급하는 경우의 현재가격 산출

위 채권의 이자를 분기별로 지급하는 경우에는 산출식과 금액이 달라진다. 아래와 같이 이자와 할인율을 분기로 나누어 계산하도록 식이 다르기 때문이다.

$$P_0 = \sum_{t=1}^{12} \frac{\frac{900}{4}}{\left(\frac{1.06}{4}\right)^t} + \frac{10{,}000}{(1.06)^{12}}$$
$$= \frac{225}{(1.015)^1} + \frac{225}{(1.015)^2} + \frac{225}{(1.015)^3} + \cdots\cdots + \frac{225}{(1.015)^{12}} + \frac{10{,}000}{(1.015)^{12}}$$
$$= 10{,}600.8\text{원}$$

5. 신용등급평가

(1) 신용평가와 신용등급

채권을 발행하는 주체가 누구인가는 채권의 품질에 절대적인 영향을 미친다. 여기서 채권의 품질은 채권의 발행금리와 가격을 의미한다. 신용도가 우수할수록 채권의 발행금리가 저렴해지고, 가격이 높아지게 된다. 따라서 채권의 신용도를 평가하는 것은 채권발행을 통한 자본조달에 있어서 중요한 위치를 점하게 된다.

채권 신용등급평가(credit rating)와 신용등급은 채권의 원리금 상환능력을 객관적이고 공정한 평가기관으로부터 평가받음과 동시에 유가증권에 관한 객관적이고 공정한 종합적 위험정보를 제공함으로써 자본시장의 효율성을 높이는데 의의가 크다. 또한 각종 금융기관의 여신운용 참고지표로서 활용되기도 한다. 신용평가는 채권등급판정(bond rating), 질적평가(quality rating)를 포함하는데, 이는 채권 발행주체가 지니는 신용도를 원리금 지급 능력에 따라 등급을 매기는 것이다.

● 신용등급 결정요인

영업위험(operating risk), 재무위험(financial risk), 발행조건(bond covenants)로 구성된다. 영업위험은 기업이 속한 산업의 위험과 경영관리능력 등이다. 재무위험은 이자보상비율, 부채비율, 유동비율, 수익성비율, 현금흐름비율을, 발행조건은 배당지급의 제한 여부, 지급 우선 순위 등을 고려한다.

(2) 신용등급의 의미와 평가기관

● 신용등급

채권의 신용등급은 트리플B(BBB)까지를 투자등급(investable), 그 이하는 투기등급채권으로 본다. 투기등급채권은 흔히 정크본드(junk bond)로 불리우는데, 고위험-고수익을 추구하는 투자자들이 정크본드의 높은 수익률을 좇아 매입함으로써 1980-1990년대 큰 유행이 되기도 하였다. 다양한 형태의 정크본드를 모아서 채권펀드를 조성하여 판매하기도 하는데, 정크본드는 그만큼 원리금 상환에 대한 위험도가 크기 때문에 기대수익률도 높다는 점을 유념해야 한다.

● 신용평가기관

신용평가기관에는 세계 3대 신용평가기관으로서 무디스사(Moody's Investor Service Co.: 약칭 Moody's), 스탠더드 앤드 푸어사(Standard and Poor s Co.: 약칭 S&P), 피치사(Fitch IBCA Co.: 약칭 Fitch)이 있다.

국내 3대 신용평가기관에는 한국신용평가(약칭 영문명 KIS), 한국기업평가(약칭 영문명 KMCC), 한국신용정보(약칭 영문명 NICE)가 있다.

일본의 대표적 신용평가기관에는 Rating & Investment Information Inc.(R&I)이 있으며, 신용등급 체계로 a-1, a-2, a-3, b, c 등으로 분류한다.

〈표9-4〉 신용등급과 등급의 의미

구분	등급의 의미	
고 급	AAA	원리금 지급능력이 최상급
	AA	원리금 지급능력이 매우 우수하지만 AAA의 채권보다는 다소 열위
중 급	A	원리금 지급능력은 우수하지만 상위등급보다 경제여건 및 환경악화에 따른 영향을 받기 쉬운 면이 있음
	BBB	원리금 지급능력은 양호하지만, 상위등급에 비해서 경제여건 및 환경악화에 따라 장래 원리금의 지급능력이 저하될 가능성을 내포하고 있음
저 급	BB	원리금 지급능력이 당장은 문제가 되지 않으나, 장래 안정에 대해서는 단언할 수 없는 투기적 요소를 내포하고 있음
	B	원리금 지급능력이 결핍되어 투기적이며 불황시 이자지급이 확실하지 않음
최저급	CCC	원리금 지급에 현재에도 불안요소가 있으며 채무불이행 위험이 커 매우 투기적임
	CC	상위등급에 비하여 더욱 불안요소가 큼
	C	채무불이행의 위험성이 높고 전혀 원리금 상환능력이 없음
	D	채무불이행 상태에 있으며 원리금의 일방 또는 쌍방이 연체, 부도상태

Moody's	S&P	우리나라	의미	만기수익률
Aaa	AAA	AAA	high - quality(고급채권)	가장 낮다
Aa	AA	AA		
A	A	A	medium - quality	
Baa	BBB	BBB		〈투자등급〉
Ba	BB	BB		〈투자등급〉
B	B	B		
Caa	CCC	CCC		
Ca	CC	CC	speculative(저급채권)	
C	C	C		
	D	D	default(부도)	
	E		bankrupt(파산)	가장높다

(3) 정크본드(Junk bond)

신용등급이 낮은 고수익 채권(Moody's 등급 B이하, S&P 등급 BB 이하인 채권)이다. 흔히 투자적격채권이 비적격으로 하향조정된 경우, 또는 신설기업, 창업투자회사 등의 채권이다. 1970년대(1977년) Michael Milken(Drexel Burnham Lambert사, DBL사)에 의해 활성화되었는데, 그 배경에는 투자 비적격채권의 부도율이 실제로는 2.5%에 불과하다는 사실에 착안하여 투자가 확대되었다. 위험투자에 대한 차입매입(leveraged buyout, LBO) 등의 자금조달수단으로 활용되었다. 하지만 1980년대 후반 대규모 부도와 DBL사의 소송사건, 경기침체 등으로 침체기를 맞았다. 정크본드는 이외에도 다음과 같은 기능을 수행하기도 하였다.

■ 시장 활성화시 구조조정 대상기업의 자금조달이 원활해짐
■ 벤처기업의 자금조달을 가능하게 함
■ 투자자들에게 다양한 투자기회를 제공

학습정리

01. 채권은 발행자가 계약에 따라 일정한 이자를 지급함과 동시에 만기에 원금을 상환하기로 약속한 증서이다.

02. 채권은 기업이 채권의 소유주에게 채무를 지고 있다는 증서이며, 채권소지자(채권자)는 확정소득청구권자(fixed income claimant)로서 기업에 대해 주주에 앞서 우선적으로 재산권을 행사할 수 있는 권리를 보유한다.

03. 기본적인 채권의 종류는 할인채, 이표채, 복리채가 있으며, 추가되는 계약의 종류에 따라, 수의상환사채, 전환사채, 담보부사채 등 여러 종류가 있다.

04. 만기 1년 이상의 채권에는 발행주체에 따라 국공채, 특수채, 금융채, 회사채 등 다양한 종류가 있다. 한국은행이 발행하는 2년 이내의 만기로 발행하는 통화안정증권은 금융채(은행채)이다.

05. 채권가격은 이자와 원금의 현재가치의 합으로 계산한다. 따라서, 이자의 재투자 수익을 감안하면 이자지급횟수가 많고, 빠를수록 채권가격이 높아진다. 예를 들면, 연도별 지급보다 분기별 지급의 채권가격이 더 높다.

06. 표면금리와 시중금리의 크기에 따라 액면발행(표면금리=시중금리), 할인발행(표면금리〈시중금리), 할증발행(표면금리〉시중금리)으로 구분한다.

07. 발행자의 파산 등으로 이자, 원금의 지급 불능이 발생할 가능성이 신용위험이며, 이는 신용평가기관에 의해 파악, 평가된다.

08. 국내 채권시장에서는 발행시장과 유통시장 모두 국공채의 비중이 회사채보다 크며, 유통시장은 장외시장에서의 거래가 주를 이룬다.

09. 미국 채권시장은 딜러와 기관투자자의 역할이 큰 시장이며, 글로벌화 및 정부의 규제가 강한 특징을 지니고 있다.

10. 채권은 원리금 상환 능력 등에 따라 신용평가등급이 결정되는데, BBB이상의 등급을 투자등급으로 분류하고, 그 이하는 정크본드로 명한다.

제10장

간접투자상품 (신탁, 펀드, 자산운용)

1. 은행신탁
2. 증권투자신탁
3. 부동산신탁과 부동산투자신탁
4. 대체투자펀드(기타 간접투자상품)
5. 자산운용회사

들어가기

증권시장의 발전에 따라 다양한 금융상품이 개발되고 있다. 선물, 옵션과 같은 파생상품 그리고 펀드로 대표되는 간접투자상품이 그것이다.

증권투자신탁이자 집합투자업 상품인 펀드는 간접투자상품의 대표격이다. 증권투자의 대중화에 힘입어 큰 비중을 차지하고 있다. 많은 사람들이 펀드를 이용한 재산증식에 나서고 있지만, 펀드가 가지고 있는 위험이나 수익구조 등에 관해서 숙지하고 있는 투자자는 많지 않다. 펀드의 종류에는 일반펀드와 뮤츄얼펀드가 있는데 뮤츄얼펀드가 무엇인지도 잘 모르는 투자자는 부지기수인 실정이다. 금융상품에 대한 투자는 안전자산이 아닌 위험자산에 주로 투자하는 만큼 고수익 추구에 따라 손실위험도 상대적으로 높은 경제적 행위인데도 정확한 개념을 모르고 투자에 임한다는 것이다.

아파트를 건설하는데에도 부동산신탁을 활용하면 조합 방식에 비해 위험이 낮고 사업비 절감이나 공사기간 단축에서도 이점이 있다.

신탁에는 크게 은행의 은행신탁, 증권회사의 증권투자신탁, 부동산투자신탁이 있고 신탁에 맡긴 자산을 관리, 운용, 처분하는 것을 목적으로 거래되는 시장과 회사를 각각 자산운용시장과 자산운용회사이라고 한다.

이번 장에서는 금융시장에서 거래되는 대표적인 간접투자상품 즉, 신탁상품과 펀드 그리고 이를 운용하는 자산운용시장이 무엇이고, 어떤 내용을 담고 있는지를 알아본다.

1. 은행신탁

(1) 의의

① 신탁

신탁(trust)은 위탁자(trustor)가 수탁자(trustee)에게 신임관계(fiduciary)를 바탕으로 특정한 재산권을 이전하거나 기타의 처분을 하고 수탁자로 하여금 수익자의 이익 또는 특정한 목적을 위하여 그 재산권을 관리 · 처분하게 하는 법률관계를 말한다.

[그림 10-1]은 일반적인 신탁의 구조를 도해하고 있다. 위탁자가 신탁계약을 통해 수탁자에게 재산권이나 특정 자산을 이전하면 수탁자는 이를 신탁재산으로 보관한다. 신탁재산의 관리와 운용은 자산운용회사가 수행하고 여기에서 거둔 이익과 원금을 수탁자에게 양도하면 수탁자는 신탁계약 상의 수익자에게 이를 지급하는 것이다. 수익자는 수탁자에 대한 감시 · 감독권을 가진다.

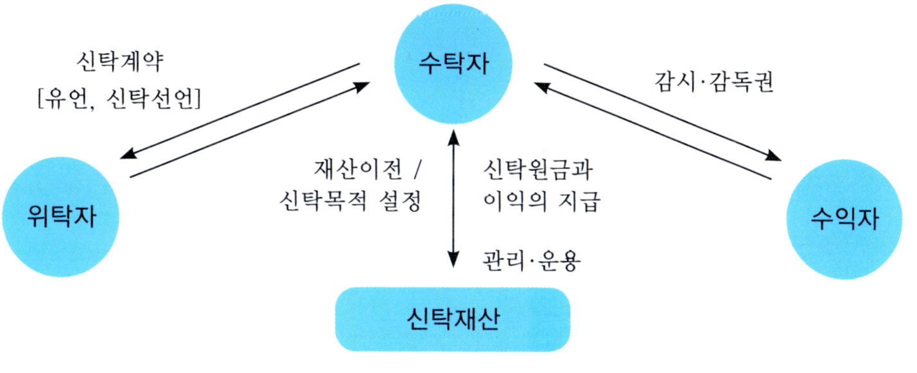

[그림 10-1] 신탁 구조도

② 은행신탁

은행신탁(bank trust)은 은행이 주체가 되어 고객들의 자금을 모아 대출이나 주식, 채권 등 유가증권에 투자하여 거둔 수익을 원금과 함께 돌려주는 상품이다. 실적배당형 상품으로 CD, RP, MMF처럼 예금자보호가 되지 않는 특징이 있다.

(2) 종류

은행신탁은 신탁재산의 형태에 따라 금전신탁, 유가증권신탁, 부동산신탁 등 다양한 형태로 분류된다. 금전신탁은 운용대상을 지정하느냐 그렇지 않느냐에 따라 특정금전신탁과 불특정금전신탁으로 나뉘고 특정금전신탁은 단독운용의 방식을, 불특정금전신탁은 합동운용의 방식을 취하고 있다. 불특정금전신탁은 은행이 부동산, 유가증권 등에 투자한 뒤 수익금을 나눠 주는 실적 배당 상품으로 일반불특정금전신탁, 가계금전신탁, 개인연금신탁, 연금신탁, 퇴직신탁, 부동산투자신탁, 유언신탁 등이 판매된다.

〈표 10-1〉 금융기관 신탁의 종류

신탁상품	거래량
금전식탁	적극적인 투자를 통한 재산증식을 목적으로 함
증권신탁	유가증권의 보관, 관리 또는 대여운용을 목적으로 함
금전채권신탁	금전채권의 관리, 추심을 목적으로 하는 신탁이지만, 수탁된 금전채권의 수익권을 제3자에게 양도하여 자금을 조달하는 수단으로 주로 이용됨
동산신탁	선박, 항공기, 차량, 중기 등의 수송용설비나 기계용 설비 등을 신탁 받은 후 사업자에게 임대운용하는 방식으로 신탁자산을 관리, 우용하거나 처분하는 신탁임. 주로 신탁수익권의 양도를 통한 자금조달수단으로 활용됨
부동산신탁	부동산의 관리, 처분, 담보활용 또는 개발을 목적으로 함
부동산관련 권리의 신탁	지상권, 전세권, 임차권 등의 관리 및 활용을 목적으로 함
무체재산권의 신탁	저작권, 상표권, 특허권 등의 무체재산권의 관리 또는 처분을 목적으로 하는 신탁으로, 기업들의 특허권이나 영화, 음반 제작회사의 저작권 등을 신탁회사에 신탁하여 전문적인 관리가 가능하도록 하거나, 신탁수익권의 양도를 통한 자금조달수단으로 활용함
종합재산신탁	하나의 신탁으로 여러 가지 종류의 재산을 한꺼번에 신탁하는 상품으로서 상속을 목작으로 하거나, 여러 종류의 자산을 한꺼번에 유동화하여 자금을 조달할 때 활용함

2. 증권투자신탁

(1) 수익증권(펀드)

① 의의

흔히 펀드로 불리우는 수익증권은 증권투자신탁제도에 의해 판매되는 실적배당형 금융상품이다. 집합투자증권이라고도 한다. 증권투자신탁제도는 투자자로부터 자금을 모아 투자자를 대신하여 투자한 다음 그에 대한 수임료(펀드수수료)를 받는 제도로서 증권투자신탁상품은 흔히 펀드상품 또는 펀드로 약칭하는 수익증권(beneficiary certificate)을 매입하는 것이다. 따라서 집합투자업이라고 하고 이에 속한 회사들을 집합투자업자라고 한다.

증권투자신탁(증권회사가 영위함)은 불특정 다수의 일반투자자로부터 영세자금을 모아서 형성된 대규모 자금을 전문투자회사(자산운용회사)가 유가증권에 분산투자하고 그 수익을 자금 제공자인 일반투자자에게 분배하여 주는 제도로 공공투자, 투자대행, 분산투자, 높은 공공성 등과 함께 기업지배를 목적으로 하지 않는 특성이 있다. 또한 증권투자신탁제도는 자금의 중개, 저축 및 투자수단의 제공, 국민소득의 공평한 배분에 기여하게 되며 이를 통해 증권시장의 기관투자가로서 물량조절과 가격조정기능을 수행하여 증권시장의 안정과 성장에도 기여하게 된다.

증권투자신탁상품(펀드상품)은 환매 가능여부에 따라 개방형과 폐쇄형이 있고 신탁재산의 추가설정 가능여부에 따라 단위형과 추가형으로 구분할 수 있으며 편입대상 유가증권에 따라 주식형, 채권형 및 혼합형으로 분류한다.

② 내용

펀드는 소액의 공동자금을 투자자를 대신하여 투자해 준다는 의미에서 간접투자상품으로 부른다. 투자위험을 분산시키기 위해 분산투자를 함으로써 위험최소화를 기하기도 한다. 따라서 펀드상품은 간접투자, 대행투자, 분산투자, 공동투자라는 특징이 있다. 하지만 은행권의 상품과는 다르게 원리금이 보장되지 않는다. 주식이나 채권, 부동산과 같은 위험자산에 투자하는 비중이 높기 때문이다.

수익증권과 투자회사(Investment Company)

수익증권은 불특정다수의 일반투자자로부터 자금을 모아 투자자를 대신하여 증권 등 투자자산에 분산 투자하고 수임료를 받는 금융상품으로서, 투자회사가 투자를 대행하여 준다. 투자회사는 고객을 대신하여 적절한 분산 투자 등으로 전문투자를 행한 뒤 그 수익금을 고객에게 배분하여 준다.

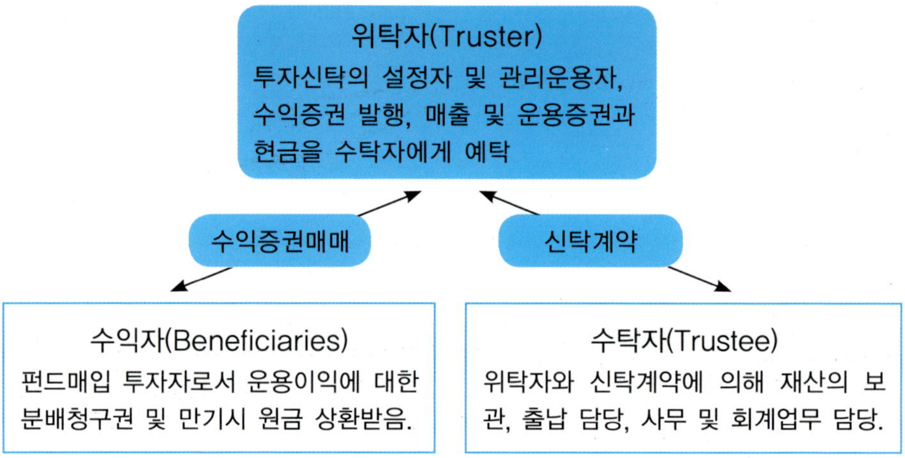

[그림 10-2] 수익증권 구성도

주식형, 채권형, 혼합형이 주를 이루지만, 부동산 투자가 주 목적인 것도 있는데 이런 펀드 또는 투자회사를 리츠(REITs, real estate investment trusts)로 칭하기도 한다. 수익증권 투자가 이루어지는 과정을 도식화하면 다음과 같다. 수익증권 투자는 계약형 투자신탁(contractual type investment trust)의 형태로 이루어지는데, 위탁자(수익증권 판매 및 운용회사), 수탁자(운용재산 보관 및 제반 업무), 수익자(고객)로 구성된다. 최근에는 펀드상품에 투자하는 펀드(재투자펀드)가 등장하는 등 수익증권도 금융시장 발전에 따라 다양한 형태를 띠는 경향이 있다.

③ 해외펀드

금융시장의 발전에 따라 해외 증권이나 자산에 투자하는 해외펀드가 크게 증가하는 추세를 보이고 있다. 해외펀드는 세금체계가 다르고 해지기간도 오래 걸리며, 환율차이로 인한 손익이 발생할 수 있음을 염두에 두어야 한다.

④ 펀드 관련 수수료

펀드와 관련한 주요 수수료에는 펀드수수료(보수율)와 환매수수료가 있다.

- **펀드수수료**

펀드수수료는 보수율이라고도 하며, 펀드를 판매하는 판매회사(은행, 증권회사)의 판매수수료와 운용회사에 대한 운용수수료로 구성된다. 펀드의 순자산에 대해 일정비율로 연단위로 차감되어 판매회사와 운용회사에게 지급된다.

- **환매수수료**

환매는 펀드에 가입한 것으로 중도에 해지하는 것으로 고객이 수익증권을 판매회사에 다시 되판다는 의미에서 환매라고 칭한다. 환매수수료는 이렇게 약정기일이 도래하기 전에 펀드가입을 해지하고 환매하여 환급금을 받았을 때 소요되는 중도해지비용이다. 정기예금을 만기 이전에 해약하였을 때 해지수수료를 부과하는 것과 유사한 것이다.
수익증권의 수익률이 좋지 않거나 고객의 자금 사정에 따라 수익증권 환매가 이루어지지만 주가상승으로 높은 수익률을 달성하여 환매하는 경우도 있다는 특징이 있다. 환매가 대량으로 발생하여 대규모 자금이 인출되는 현상을 펀드런(fund-run)이라고 한다.

(2) 뮤츄얼펀드

① 의의

역시 펀드로 불리우는 뮤추얼펀드(Mutual Fund)는 개별 투자자들의 돈을 모아서 펀드를 만들고 펀드매니저에게 주식투자를 맡기는 명목상의 주식회사로 금융위원회에 등록(최저자본금 10억)하여야 한다. 우리말로는 '상호회사형 기금'으로 번역되는데 투자신탁의 한 형태로 투신사들이 판매하는 금융상품인 계약형펀드와 외형상 비슷하다. 하지만 펀드 하나 하나가 주식회사 형태로 투자자들이 주주로 참여한다는 점이 다르다. 일명 회사형 투자신탁으로 불린다.

미국 투자신탁의 주류를 이루고 있고 펀드 형태로 개방형, 회사형의 성격을 띠는데, 개방형이란 투자자들의 펀드 가입 · 탈퇴가 자유로운 것을 의미하며, 회사형이란 투자자들이 증권투자를 목적으로 하는 회사의 주식을 소유하는 형태를 말한다. 최초의 뮤추얼펀드는 1924년 보스턴에 설립된 메사추세츠 인베스터스 트러스트(Massachusetts Inverstors Trust)이다. 뮤추얼펀드는 법률상 독립된 회사이기 때문에 계약형에 비해 투명성이 높다는 것이 장점이다.

② 운영

뮤추얼펀드 투자자들은 출자를 통해 특별한 목적을 가진 서류상의 회사(SPC, special paper company)인 투자회사를 만들고 이 회사의 경영을 자산운용회사에게 위탁하게 된다. 투자자들은 주주로서 정기주주총회와 주주권 행사를 통해 자산운용이 적절하게 이뤄지는지 감시하게 된다. 투자자(주주)는 펀드를 운용한 다음 결산을 해서 남은 수익을 1주당 일정액의 배당금으로 지급받는다. 하지만 유가증권시장이나 코스닥시장에 상장해 뮤추얼펀드 주식을 사고 팔 수 있기 때문에 폐쇄형이라고 해도 환금성이 그다지 낮지는 않다.

뮤츄얼펀드는 회사형 투자신탁(corporate type investment trust)으로서 투자회사의 주식을 소유함으로써 주주로서의 권리 보유, 시장매매가 가능하다. 한번 설정된 신탁금액이 변경가능하여 추가적으로 투자금을 납입할 수 있는 것은 개방형(open end) 뮤츄얼펀드, 추가납입이 불가능한 것은 폐쇄형(closed end) 뮤츄얼펀드이다.

수익증권과 뮤츄얼펀드의 단적인 차이점은 투자자가 투자회사에 자금을 입금하며 수익증권을 받느냐, 해당 투자회사의 주식을 받느냐이다. 수익증권을 받는다는 것은 대행투자의 수익을 받을 권리를 매입하는 것이고, 주식을 받는다는 것은 투자회사가 대행투자를 잘하여 기업가치가 우수할 때 주식을 매도하여 차익을 내겠다는 투자의도를 가지는 것이다. 따라서 결과적으로는 투자성과가 비슷할 수 있지만 수익금을 분배받느냐, 직접 증권을 매도하느냐가 수익증권과 뮤츄얼펀드 투자의 차이점이다.

신문의 증권시세면에 "OO투자회사"라고 되어 있으면서 주가가 나와 있으면 뮤츄얼펀드이고, "OO펀드제1호" 등으로 표기가 되어 있으면 일반 수익증권 펀드를 가리킨다.

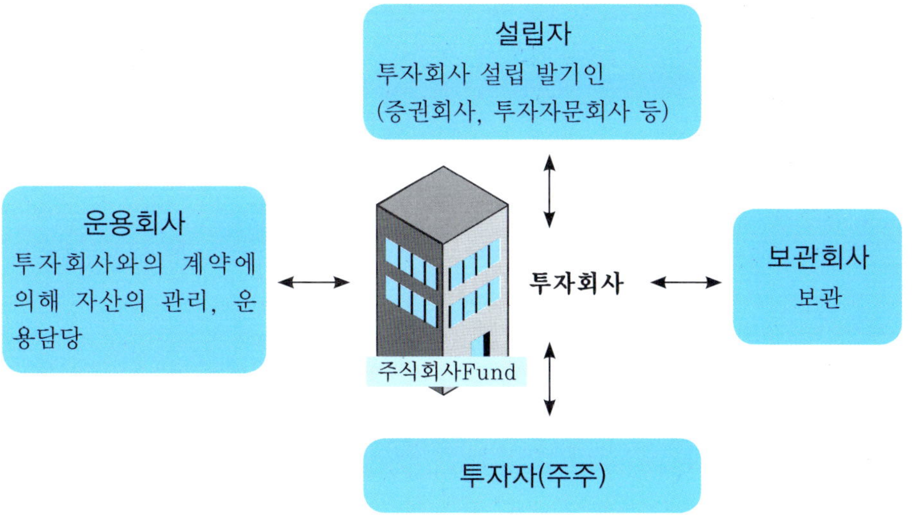

[그림 10-3] 뮤츄얼펀드 구성도

(3) 인덱스펀드와 상장지수펀드(ETF)

① 인덱스펀드

펀드상품 가운데 시장지표의 움직임에 투자하여 수익금을 분배하는 펀드를 인덱스펀드(index fund)라 한다. 인덱스펀드는 개별종목이 아닌 시장전체의 지수를 추종하는 것으로서 단지 시장지수라는 하나의 종목에만 신경쓰면 되고, 거의 모든 종목을 포함하는 포트폴리오를 구성하고 있으므로 다른 투자에 비해 안정성이 높다. 즉, 종합주가지수, 채권지수 등 시장지수에 투자하다 보니까 개별종목이나 채권에 투자하는 것보다 안정성이 높아 투자상품으로서 각광을 받은 바 있다. 그러나, 인덱스펀드는 수익증권 상품이기 때문에 시장에서 자유로이 매매할 수 없는 성격을 띤다. 즉, 목표수익률이나 목표기간이 달성될 때까지는 해지 또는 타인에 대한 매매가 어렵다는 단점이 있다.

② 상장지수펀드

이러한 점을 배경으로 개발된 상장지수펀드(ETF, exchange traded fund)는 2000년대 이후 급속히 발달한 금융상품이다. 상장지수펀드는 인덱스펀드의 장점에 시장 매매를 첨가한 금융투자상품이다. 인덱스펀드처럼 특정 지수를 대상으로 하되, 매입과 매도가 개별종목처럼 가능한 금융상품이다. 특정지수와 연동하는 수익률을 거둘 수 있도록 설계된 지수연동형 펀드로서 현물주식으로 설정, 해지되며 개별종목처럼 거래된다. 전체 지수의 움직임을 좇아 수익률을 달성토록 하는데 목적이 있고 인덱스펀드와 달리 매매가 가능하다. 신문의 유가증권시장 주식시세면에 상당히 많은 종목이 거래되고 있음을 볼 수 있다.

우리나라의 경우 KOSPI200지수와 KOSPI50지수, 우량 대형주의 주가 등이 ETF의 수익률을 결정하는 기초자산으로 이용되고 있다. 앞서와 같이 인덱스펀드와 유사하나 인덱스펀드는 수익증권 형태의 펀드상품이고, 시장거래가 되지 않는 상품이라는 큰 차이점이 있다.

(4) 상장지수증권(ETN)

상장지수증권(ETN, exchange traded note)은 상장지수펀드(ETF)와 마찬가지로 거래소에 상장돼 손쉽게 사고 팔 수 있는 채권으로, 상장지수채권이라고도 한다. 신문의 주식시세표를 보면 ETF와 함께 많은 종류의 상장지수증권이 거래되고 있다.

주가지수, 개별 종목 주가만 기초지수로 삼는 상장지수펀드(ETF)를 보완하기 위한 증권으로 장기간 안정적인 투자를 하는 사람에게 적합하다. 중위험·중수익 상품이며 상장지수펀드(ETF)와 마찬가지로 거래소에서 사고 파는 것이 가능해 유동성 측면에서 유리하다.

특정지수의 수익을 오차 없이 보장하는 채권으로 금융회사가 자기신용으로 발행하고, 투자자는 시장에서 자유롭게 사고 팔거나 만기까지 보유해도 된다. ETN 투자의 가장 큰 위험요인은 발행자인 금융기관의 신용위험도로서, 운용성과와 상관없이 발행주체가 파산하면 투자금 회수가 어렵다는 단점이 있다. 미국과 일본은 각각 2006년과 2011년에 ETN을 도입했으며, 우리나라는 2014년 11월 17일 처음 발행되어 활발하게 거래되고 있다.

〈표 10-2〉 ETN과 ETF의 차이

구분	상장지수증권(ETN)	상장지수펀드(ETF)
발행사	증권사	자산운용사
법적 성격	파생결합증권	집합투자증권
만기	있음(1년 이상, 20년 이하)	없음
최초 지수 구성 항목	5종목	10종목
파산 위험	있음	없음
기초 지수	특화지수	대부분 시장추종형 지수
수익 구조	약정된 기초 지수 수익 제공	운용 실적에 따라 다름

(자료: 한국거래소)

(5) 머니마켓펀드(MMF)와 어음관리계좌(CMA)

① 머니마켓펀드

지금까지의 펀드상품은 대개 자본시장 즉, 주식시장이나 채권시장, 파생상품시장의 상품을 대상으로 이에 대한 투자수익을 투자자에게 배분해 주는 상품이다. 이와 달리 머니마켓펀드(money market fund, MMF)는 통화안정증권, 기업어음(CP), 만기가 1년 이내인 국채 또는 우량기업의 회사채 등 단기

금융상품에 대해 간접투자를 한 다음 이에 대한 수익을 가지는 금융상품이다. 단기금융시장의 펀드상품인 것이다.

따라서 MMF는 안정성과 유동성이 뛰어나고 수익률도 단기투자를 고려할 때 우수한 편이다. 이러한 연유로 금융시장이 불안하거나 투자자들이 마땅한 투자처를 찾지 못하고 있을 때 통상 MMF에 시중자금이 많이 유입된다.

② 어음관리계좌 또는 종합자산관리계좌

어음관리계좌(cash management account, CMA)는 종합자산관리계좌라고도 부른다. 상품명에서도 알 수 있듯이 주식이나 채권 등의 유가증권에 투자하고 남은 현금잔고를 양도성예금증서(CD), 기업어음(CP), 단기 국공채 등의 단기 금융상품에 투자하여 운용한다.

즉, 증권투자를 위한 계정이면서 동시에 증권투자에서 남은 여유자금을 계좌에 그대로 두지 않고 금융투자회사가 안전하고 우량한 단기 금융상품에 투자하여 그 수익을 돌려주는 금융상품이다. 어음관리계좌의 또 다른 특징은 은행의 보통예금처럼 입출금은 물론 자동납부 · 급여이체 등의 서비스 기능이 있고, 주식청약 자격이 주어진다는 것이다. 단기간을 예치해도 높은 이자율을 적용받으므로 MMF처럼 여유자금을 운영하는 데에 적합한 금융상품이다.

3. 부동산신탁과 부동산투자신탁

(1) 의의

부동산신탁은 부동산을 소유하고 있는 주체가 소유권을 신탁회사에 이전하고 신탁회사는 소유자가 원하는 의견과 신탁회사의 자금 및 전문지식을 결합해 신탁재산을 효과적으로 개발·관리하고 그 이익을 돌려주는 제도이다. 금융기관이 금전을 신탁받아 이를 운용한 뒤 수익을 배당하는 금전신탁과 동일한 개념으로 신탁 대상이 금전이 아닌 부동산이란 점에서 차이가 있다.

한편 부동산투자신탁(REITs, real estate investment trusts)은 신탁회사가 불특정다수인으로부터 자금을 모집하거나 금전을 수탁받아 이를 신탁부동산의 개발, 관리, 처분에 운용하거나 부동산 관련 유가증권에 투자하여 수익을 위탁자나 투자자에게 배분해준다.

(2) 종류와 기능

① 종류

부동산투자신탁(일명 리츠라고 함)은 신탁형과 회사형이 있다. 신탁형은 금전을 위탁받아 부동산 등에 운용하여 그 수익을 수익자에게 배분하는 것이고, 회사형은 금전을 불입받은 대가로 주식을 발행하여 운용수익을 배당하거나 처분토록 하는 방법이다. 따라서 신탁형은 일반펀드, 회사형은 뮤츄얼펀드와 유사하다고 볼 수 있다. 회사형은 증권시장에 상장되어 거래되기 때문에 자유로이 처분할 수 있다.

또한 부동산투자회사법에 의해 부동산투자회사가 설정하여 운용하는 일반리츠와 자본시장법에 의해 집합투자업자(자산운용회사)가 설정하여 운용하는 기업구조조정리츠(CR REITs)가 있다. 일반리츠는 위에서 설명한 바와 같고, 기업구조조정리츠는 기업구조조정을 위해 설정한 한시적 명목회사로 기업구조조정을 위한 부동산 관리, 매각 및 투자로 제한되어 있다. 일반리츠와 CR

리츠는 모두 증권시장에 상장되어 거래될 수 있다. 이외에도 목적과 관리형태에 따라 위탁관리리츠, 개발형리츠 등이 있다.

② 기능 및 특징

리츠는 소액투자자들로부터 모은 자금으로 부동산이나 부동산 관련 대출에 투자한 뒤, 수익을 투자자들에게 배당하므로 주식 등 유가증권 투자를 통해 수익을 내는 뮤추얼펀드처럼 운영된다는 점에서 부동산 뮤추얼펀드라고도 불린다. 부동산시장과 금융시장을 연결하는 역할도 한다.

리츠는 투자자에게 정기적으로 배당수익을 제공해야 하므로 주로 안정적인 임대 수익이 발생하는 상업용 부동산에 투자한다. 리츠의 지분은 일종의 주식에 해당하며, 이에 따라 투자자는 법인의 형태로 설립되는 개별 투자상품의 지분(주식)을 소유한다고 볼 수 있다. 또한 리츠는 소액화된 증권을 일반투자자에게 제공하기 때문에 소액자금으로 부동산에 간접적으로 투자할 수 있고, 증권거래소에 상장되어 거래되기 때문에 투자자금을 언제든지 매각이 가능하여 현금화할 수 있다는 장점이 있다. 또한 부동산이라는 실물자산에 투자하기 때문에 가격등락위험이 상대적으로 완화되어 주가가 안정적이라는 특징이 있다. 예금자보호법의 대상이 아니지만 부동산 취득세와 등록세를 감면하는 등 세금혜택이 있다.

4. 대체투자펀드(기타 간접투자상품)

(1) 선박펀드

선박펀드는 선박에 투자하여 수익을 투자자에게 배분하는 것이다. 불특정다수의 자금을 모아 명목상의 선박투자회사를 설립하고 선박을 건조하거나 매입하여 이를 대선(선박 임대)한 다음 용선(선박 임차사용)한 곳으로부터 들어온 대선료가 수익이 된다. 투자자는 주식을 보유하며 선박운영을 통해 생긴 수익을 배당으로 갖거나 주식형태로 거래하게 된다. 선박 처분시에도 매각 차익이나 손실을 분배받도록 약정되어 있다. 리츠와 유사하게 또한 선박이라는 실물자산이 담보로 설정되기 때문에 투자에 있어서 상대적으로 안정적이라는 특징이 있다. 주식시세면에 선박투자종목으로 가격과 거래량이 기재되어 공표된다.

(2) 원자재펀드

금, 구리, 동, 아연 등 원자재와 석유, 농산물, 탄소배출권 등의 상품에 투자하는 펀드로 원자재와 관련된 회사의 주식을 매입하는 경우, 관련 주식을 포함한 펀드에 투자하는 경우 그리고 원자재와 관련된 지수(인덱스)에 투자하는 방법이 있다. 원자재가 다량 생산 유통되는 국가에 대해 펀드가 설정되는 경우가 많으며, 원자재 가격은 물가상승률을 반영하기 때문에 인플레이션이나 경기호황시 수익률이 우수해지는 경향이 있다.

(3) 사회간접투자펀드

흔히 인프라펀드(infra fund)라고도 부르는 사회간접투자펀드는 선박펀드와 유사하게 실물자산펀드로서 도로, 교량, 항만 등 사회간접시설을 건설, 운영하는 민간사업자가 발행하는 증권을 매입하거나 대출을 일으키고 그 운용수익을 배분하는 것이다. 사회간접자본의 수요가 꾸준하기 때문에 상대적으로 안정적인 수익률을 올리는 것으로 알려져 있다.

(4) 사모펀드(PEF, 헤지펀드)

사모펀드는 50명 이하의 소수로부터 자금을 모집하여 기업구조조정, 파생상품 등에 투자하는 회사 또는 기구이다.

불특정 다수의 투자자가 참여하는 공모펀드와 달리 자금운용에 제한이 없는 만큼 자유롭고 공격적인 운용이 가능하다. 예를 들어, 공모펀드는 펀드 규모의 10% 이상을 동일한 주식에 투자할 수 없고, 유가증권 한 종목에 역시 10% 이상 투자할 수 없는 등의 제한이 있다. 하지만 사모펀드는 이러한 제한이 없어 이익이 발생할 만한 어떠한 투자도 수행할 수 있다. 사모펀드의 규모가 크면 이익률이 낮더라도 상당한 금액의 이익이 발생하므로 공격적인 투자가 이루어진다. 사모펀드를 다른 용어로 고수익기업투자펀드라고도 하는 배경이기도 하다. 이러한 점 때문에 사모펀드는 자금 운용 상에 폐해가 발생할 소지가 있어 일정한 규제를 두고 있는데 특히 헤지펀드에 대한 것이 많다.

우리나라의 경우 2000년 7월부터 투자신탁회사들의 주식형 사모펀드 발행을 허용하였는데 주식형 사모펀드는 펀드 자산의 50% 수준까지 특정종목에 대한 투자를 할 수 있고, 발행주식의 편입 제한도 없어 한 기업의 주식을 100% 매입할 수 있다.

이와 같은 사모펀드는 경영참여형이냐에 따라 크게 사모전문투자회사와 헤지펀드가 있다.

① 사모전문투자회사(PEF)

사모전문투자회사(경영참여형 사모펀드)는 흔히 PEF(private equity fund)라고 하며, 소수의 투자자로부터 조달한 자금을 기업구조조정, 출자 등에 운용하여 이익을 남기려는 회사이다. 사원의 총수는 50인 미만이어야 하고, 1

인 이상의 무한책임사원과 업무집행사원을 두어야 한다.
사모펀드는 현행 국내 규정상 투자신탁업법에서는 100인 이하, 증권투자회사법(뮤추얼펀드)에서는 50인 이하의 투자자를 대상으로 모집하는 펀드이다. 사모펀드의 운용은 비공개로 투자자들을 모집하여 저평가된 기업에 자본참여를 한 다음 이후 여러 조치를 통해 가치를 높인 다음 매각하거나 구조조정 및 부실화된 기업의 지분을 매입하여 정상화 시킨 후 보유지분을 매각하여 이익을 취하는 전략을 취하기도 한다.

② 헤지펀드

헤지펀드(hedge fund)는 일정한 자격을 갖춘 투자자로부터 자금을 모집하여 이를 파생상품이나 구조조정펀드 등에 공격적으로 운용하는 투자기구이다. 헤지의 원래 의미는 위험회피나 손실을 막으려는 투자기법인데 절대수익을 추구하는 소수 투자자들이 차입과 레버리지 투자 등을 이용하여 이익추구를 위해 다양한 전략으로 공격적인 기법을 운용한다.
이러한 연유로 대규모 자금이 투기적으로 이동함으로써 시장의 안정성까지 저해한 적이 있는데 1997년 조지 소로스의 퀀텀펀드가 대국 바트화를 내량으로 공매도하여 바트화가 폭락함으로써 동남아시아 외환위기를 촉발하였다는 비난도 있다. 각 국에서는 헤지펀드에 대해 투자자 자격, 차입 한도, 신규 설정 및 파생상품 매매 등에 일정한 규제를 시행하고 있기도 하다.

5. 자산운용회사

(1) 의의

신탁이나 펀드 등 모든 금융자산의 관리, 운용, 처분을 목적으로 설립되어 운영되는 회사를 자산운용회사라고 한다. 보다 실제적으로는 증권투자회사의 위탁을 받아 뮤추얼펀드에 모인 돈을 운용하는 주식회사를 말한다. 증권투자회사(뮤추얼펀드)는 주식회사의 형식을 갖추고 있으나 서류상의 회사로서 실체가 없고 실제 뮤추얼펀드의 자산운용은 자산운용회사가 담당한다.

(2) 기능

집합투자기구의 운영 형태를 보면 투자자들이 주주가 되는 상법상의 회사인 증권투자회사(뮤추얼펀드)를 중심으로 뮤추얼펀드의 주식을 판매하는 판매회사(은행, 증권회사), 뮤추얼펀드의 자산을 유가증권 등에 투자하여 운영하는 전문투자회사(자산운용회사), 뮤추얼펀드의 자산을 보관하는 자산보관회사(은행 또는 한국예탁결제원), 그리고 뮤추얼펀드의 일반사무업무를 수행하는 일반사무수탁회사로 구성되어 있다.

그러므로 은행이나 증권회사에서 판매하는 뮤츄얼펀드에 가입하면 실제 금전의 운용은 자산운용회사가 전담한다. 그리고 자산운용회사는 주식·채권·기업어음(CP)·양도성예금증서(CD) 등 유가증권과 선물, 옵션 등 파생상품에 투자한다. 따라서 펀드에 가입할 때 자산운용회사와 운용인력이 누구인지 확인 열람하는 것도 내 자산을 소중히 지키고 증식하기 위한 좋은 투자자의 행동일 것이다.

(3) 현황

2019년 2월 현재 우리나라에는 총 231개의 자산운용회사가 영업 중에 있다. 직원 수가 100명이 넘는 대형사로는 미래에셋자산운용, 삼성자산운용, 한화자산운용, 한국투자신탁운용, KB자산운용, 신한BNP파리바자산운용, 키움투자자산운용, NH아문디자산운용, 교보악사자산운용 등이 있다.

자산운용회사가 되기 위해서는 상법상의 주식회사로서 납입자본금이 100억 원 이상이어야 하며, 상근하는 임직원 중에서 대통령령이 정하는 운용 전문 인력이 5명 이상이어야 한다. 또 임원 중에 증권투자회사 발기인의 결격사유에 해당하는 사람이 없어야 하며, 직전 사업연도의 대차대조표상에 자산이 부채를 초과하는 재무 건전성 요건을 갖추어야 한다.

한편 2009년 2월부터 「자본시장과 금융투자업에 관한 법률」(자본시장법)이 시행됨에 따라 간접투자자산운용업법을 적용받던 자산운용회사와 신탁업법을 적용받던 신탁은 금융투자업자로 분류(투자매매업, 투자중개업, 집합투자업)되어 하나의 영업영역에 속하여 금융투자회사로 불리우게 되었다. 하지만 아직도 편의상 OO증권회사와 ◎◎자산운용회사와 같이 상호를 다르게 하여 영업을 영위하고 있다.

마지막으로 자산운용회사와 달리 투자자문회사가 있는데 이 회사는 투자자산의 운용에 관한 자문 및 평가 등의 업무를 수행한다.

크라우드 펀딩(crowd funding)

웹이나 모바일 네트워크 등의 플랫폼을 통해 불특정다수로부터 자금이 필요한 조직이 자금을 모으는 일종의 P2P 금융(개인간 직거래 방식 금융 서비스)을 말한다. 소셜 네트워크 서비스(SNS)를 통해 참여하는 경우가 많아 소셜 펀딩이라고도 한다. 우리나라도 2016년 1월부터 자본시장법상의 온라인소액투자중개업자제도를 마련하여 금융권을 통하지 않아도 간편하게 조달할 수 있도록 하고 있다.

학습정리

01. 신탁(trust)은 위탁자(trustor)가 수탁자(trustee)에게 신임관계(fiduciary)를 바탕으로 특정한 재산권을 이전하거나 기타의 처분을 하고 수탁자로 하여금 수익자의 이익 또는 특정한 목적을 위하여 그 재산권을 관리 · 처분하게 하는 법률관계를 말한다.

02. 수익증권은 증권투자신탁제도에 의해 판매되는 실적배당형 금융상품이다. 집합투자증권이라고도 한다. 흔히 펀드로 넓게 불리운다.

03. 증권투자신탁(증권회사)은 불특정 다수의 일반투자자로부터 영세자금을 모아서 형성된 대규모 자금을 전문투자회사(자산운용회사)가 유가증권에 분산투자하고 그 수익을 자금 제공자인 일반투자자에게 분배하여 주는 제도이다.

04. 공동투자, 간접투자, 대행투자, 분산투자의 성격을 지닌 펀드상품은 펀드를 투자자가 직접 매매할 수 있느냐의 여부에 따라 수익증권(일반펀드)과 뮤츄얼펀드로 구분한다.

05. 펀드상품 가운데 시장지표의 움직임에 투자하여 수익금을 분배하는 펀드를 인덱스펀드라고 하고 상장지수펀드는 인덱스펀드의 장점에 시장 매매를 첨가한 금융투자상품이다.

06. 상장지수증권은 주가지수, 개별 종목 주가만 기초지수로 삼는 상장지수펀드를 보완하기 위한 증권으로 장기간 안정적인 투자를 하는 사람에게 적합하다. 중위험 · 중수익 상품이며 거래소에서 사고 파는 것이 가능해 유동성 측면에서 유리하다.

07. 리츠는 소액투자자들로부터 모은 자금으로 부동산이나 부동산 관련 대출에 투자한 뒤, 수익을 투자자들에게 배당하므로 주식 등 유가증권 투자를 통해 수익을 내는 뮤추얼펀드처럼 운영된다는 점에서 부동산 뮤추얼펀드라고도 불린다.

08. 신탁이나 펀드 등 모든 금융자산의 관리, 운용, 처분을 목적으로 설립되어 운영되는 회사를 자산운용회사라고 한다. 보다 실제적으로는 증권투자회사의 위탁을 받아 뮤추얼펀드에 모인 돈을 운용하는 주식회사를 말한다.

09. 사모펀드는 50명 이하의 소수로부터 자금을 모집하여 기업구조조정, 파생상품 등에 투자하는 회사 또는 기구로 사모전문투자기구(PEF)와 헤지펀드(hedge fund)가 대표적이다.

제11장

파생금융상품

들어가기

증권시장의 발전에 따라 다양한 금융상품이 개발되고 있는데 금융혁신이나 금융공학의 발전에 따라 등장한 것이 선물, 옵션과 같은 파생상품이다.

주식선물, 주식워런트, 콜옵션, 풋옵션과 같은 파생금융상품 또한 우리나라 주식시장에서 인기를 끌고 있으며, 우리나라 파생금융시장 규모는 세계 최고 수준의 거래량과 수준을 점하고 있다. 그러나 파생상품의 구조와 특징에 대한 이해가 부족한 것도 사실이다.

파생상품금융상품의 원조 격인 선물시장은 애초에 농산물의 가격변화를 회피하기 위한(헤지) 기능으로 시작되었다. 즉, 원래 위험을 줄이기 위한 헤지 수단으로 만들어졌다. 그러던 것이 목적과 달리 고수익을 추구하는 투기의 수단으로 사용되어 큰 수익과 함께 대규모의 손실을 가져다주기도 한다.

대표적인 사례로 2005년 파산한 영국의 베이링 투자은행, 2007년 파산하여 2008년 글로벌 금융위기를 본격적으로 촉발한 계기가 된 미국의 리만브라더스 투자은행 등은 모두 파생금융상품 투자가 큰 손실을 가져다 주었기 때문이다.

증권시장 금융상품에 대한 투자는 안전자산이 아닌 위험자산에 주로 투자하는 만큼 고수익 추구에 따라 손실위험도 상대적으로 높은 경제적 행위이다. 주식과 채권을 제외하고 금융시장에서 거래되는 파생금융상품이 무엇이고, 어떤 내용을 담고 있는지를 알아보자.

1. 파생금융상품의 의의와 발전배경

(1) 의의

파생금융상품(financial derivative securities)은 주식, 채권 등의 기초 증권을 토대로 계약시점은 현재이나, 거래의 종결시점은 미래 시점인 무형의 상품을 개발하여 만든 무형의 증권이다. 그렇기 때문에 주식, 채권 등의 기초자산의 미래 가격이 어떻게 되는가에 따라 증권의 가치가 결정되는 금융상품이다. 선물(futures), 옵션(option), 스왑(swap)이 대표적인 상품이다. 이 가운데 선물, 옵션 등은 미래 시점을 대상으로 무형의 증권을 거래하는 것이기 때문에 특정한 형태의 거래대상을 인위적으로 만들어야 한다. 이를 선물지수(futures index)라고 하며, 이 선물지수의 움직임이 선물, 옵션의 가치를 좌우하게 된다.

(2) 발전배경

① 본래의 기능

선물시장은 1800년대 후반 미국 농산물의 가격변화 위험을 줄이기 위해 캔자스지방에서 태동하였고, 이후 농산물의 집결지인 시카고를 중심으로 성장하였다. 이렇게 선물시장은 애초에 농산물의 가격변화를 회피하기 위한(헤지) 기능으로 시작되었다. 즉, 원래 위험을 줄이기 위한 헤지 수단으로 만들어졌다. 그러던 것이 목적과 달리 고수익을 추구하는 투기의 수단으로 사용되어 큰 수익과 함께 대규모의 손실을 가져다주기도 한다. 선물, 옵션과 같은 파생금융상품이 등장하여 발달하게 된 배경은 세계적인 금융시장 환경 변화에 기인하는 바가 크다.

대표적인 사례로 2005년 파산한 영국의 베이링 투자은행, 2007년 파산하여 2008년 글로벌 금융위기를 본격적으로 촉발한 계기가 된 미국의 리만브라더스 투자은행 등은 모두 파생금융상품 투자가 큰 손실을 가져다 주었기 때문이다.

② 발전배경

1944년 제2차 대전 종전을 계기로 승전국인 미국을 중심으로 브레튼우즈 협약(Brettonwoods agreement)이 체결되는데, 이 협약의 주된 내용에는 통화제도가 이전의 금본위제도(gold standard)에서 금환본위제도(gold exchange standard)로 바뀌고, 전후 세계경제 복구를 위해 세계은행(World Bank)과 국제통화기금(IMF)를 설립하는 것이 포함되었다. 브레튼우즈협약 하에서의 통화제도는 금과 미국달러를 중심으로 한 이중기축통화체제(dual system)로서 고정환율제도가 표방이 되었다. 그러나 1970년대 킹스턴체제로 변동환율제도가 본격 시행되기 시작하고, 이와 동시에 각 국의 금융환경이 자율화(deregulation)되자 다양한 금융상품이 등장하기 시작하였고 금융시장 환경도 빠르게 변화하였다.

금융시장의 환경변화에 따라 금융자산의 가격변동성이 높아지고 투자위험도가 커지게 되었고, 투자위험을 줄일 수 있는 수단으로서 선물, 옵션과 같은 상품이 급속도로 발전하게 되었다. 특히, 아직 도래하지 않은 미래시점의 가격변동위험을 파생금융상품으로 효과적으로 줄이면서 투자기회까지 확대시켜주는 효과가 있어 큰 인기를 끌었다. 또한 미래시점에 대해 투자가 이루어지기 때문에 미래가격을 예측하여 경제활동을 영위하는데에도 도움이 된다.

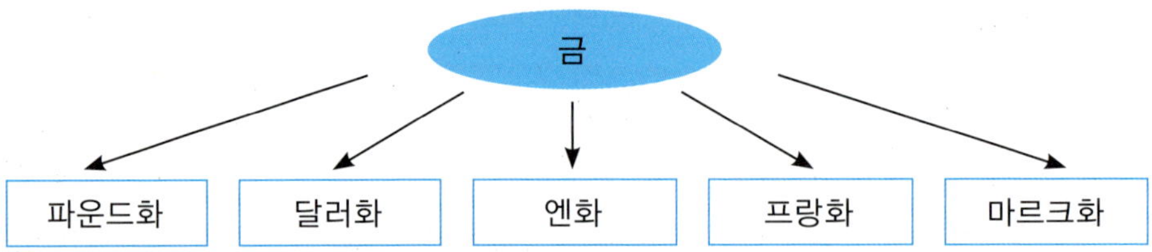

* 유료화 통합 이전의 통화를 이용하여 표기한 것입

[그림 11-1] 금본위제도 하에서의 환율결정

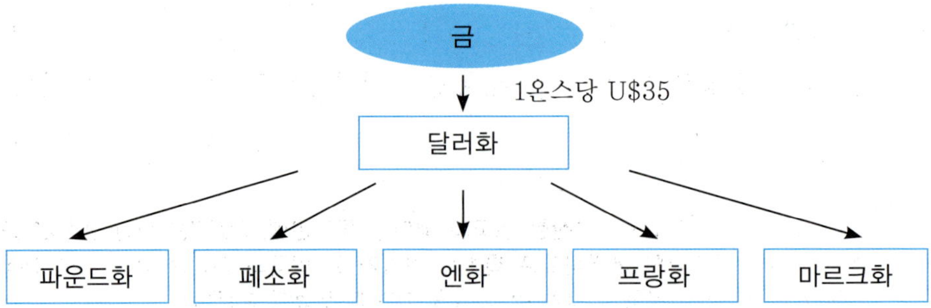

[그림 11-2] 금환본위제도 하에서의 환율결정

2. 파생금융상품의 종류와 개념

다양한 파생금융상품이 개발되어 사용되고 있는데 여기서는 가장 기본적인 파생금융상품의 틀을 구성하는 선물, 옵션, 스왑의 개념에 대해 간략하게 다루고자 한다.

- ■ 선물: 미래에 매도 또는 매입하기로 약정한 거래(promise to sell or buy in the future)
- ■ 옵션: 미래에 매도 또는 매입할 권리를 거래(rights to sell or buy in the future)
- ■ 스왑: 미래에 교환하기로 한 거래(promise to exchange in the future)

(1) 선물

① 선물의 의의

선물계약(futures contract)은 매입자(매도자)가 특정 만기일 또는 만기일 이전에 미리 정한 가격으로 대상이 되는 기초자산(underlying asset)을 매입(매도)하기로 약정하는 계약이다(promise to sell or buy). 현재 거래를 하고 다음 달에 가서 지급을 완료하는 카드결제거래는 대표적인 선물계약이다. 계약시점과 계약의 종료 시점이 다르기 때문에 그 사이에 계약한 대상의 가격이 변동하여 손해를 볼 수도 있고, 반대로 이익을 볼 수도 있다. 하지만 미래 거래가격을 현재 시점에서 정해놓기 때문에 미래 가격변동에 따른 손실 위험을 회피(헤지) 할 수 있다는 점에서 큰 의의가 있다.

예를 들어, 돈육선물(hog futures)에서 양돈업자가 돈육선물매도(hog futures short)를 하였다고 가정해 보자. 이 경우 양돈업자는 돼지를 생산하면서 미래 출하시기에 맞추어 판매가격을 특정가격으로 미리 계약해 놓은 다음 출하시기의 가격변동과 무관하게 그 가격에 판매하게 된다.

선물을 거래함에 있어 거래대상이 금, 광물, 농산물 등의 유형의 상품이면 상품선물(commodity futures), 주가지수, 금리 등 특정지수를 거래하면 지수선물(index futures), 주식, 채권 등의 금융상품을 대상으로 하면 금융선물(financial futures)이라고 한다. 지수선물은 상품선물과 금융선물에 혼합되어 공통적으로 사용되기도 한다.

선물거래는 농산물 거래에서 시작되었다. 미국에서 농작을 하는 농부들이 수매시기의 가격변동에 대비하여 미리 수매가격을 정함으로써 판매가격 변동위험을 회피할 필요가 있었는데, 이러한 필요에 의해 선물시장이 형성되기 시작하였다. 1800년대 중반 선물시장의 기원이 미국 중부지역의 곡창지대인 캔자스주라는 점도 여기에 기인한다.

② 선물계약과 선도계약

선물계약은 흔히 선도계약(forward contract)과 비교된다. 선도계약은 무역거래, 신용카드 사용과 같이 계약시점과 최종 결제시점이 달라, 계약 이후 미래시점에서 결제가 완료되는 모든 계약을 말한다. 즉, 계약시점에서 결정된 가격(forward price)으로 만기에 기초자산을 인도(인수)할 의무를 규정하는 계약이다. 계약시점에는 현금흐름에 전혀 변화가 없고, 만기가 되어 자산을 인도(인수)할 때 현금의 유입(지출)이 발생한다.

선물계약도 기본적으로는 선도거래와 같은 형태의 거래이다. 하지만 대부분의 선물계약은 증권거래소를 통한 장내거래라는 특징이 있다. 또한 선물계약이 선도계약과 다른 점은 거래소의 표준화된 계약조건이 존재한다는 점과 원활한 결제를 도모하고 계약의 불이행을 방지하기 위하여 거래소와는 별도로 결제소(청산소, clearing house)라는 기구를 두고 있으며, 계좌의 손익현황을 매일 계산하여 계약증거금 수준을 체크하는 일일정산(daily settlement, 혹은 marking to market)과 마진시스템(margin system)을 통해 계약불이행의 가능성을 줄이고 있다. 이를 위해 선물거래는 표준화되고 정형화된 거래체계를 가지고 있다.

[일일정산의 예]

1/1 현재 금시장에서 금 1온스(ounce)의 가격은 $100이다. 3개월 후 금 1온스가 필요한 김씨가 있다. 김씨는 앞으로 금 가격이 오르게 되면 예기치 않은 손실을 볼 수 있어서 3개월 후 1온스당 $100에 매입하는 선물계약을 $100의 10%인 $10를 지불하고 체결하였다.

i) 만일 3개월 후 금 가격이 올라 1온스 당 $110가 되었다면 김씨는 이미 $100에 매입할 수 있는 계약을 해놓았기 때문에 $10의 이익을 본다.

ii) 이를 일일정산을 통해 정리하면 다음과 같다.

1/1 계약체결일	금시장에서 1온스당 $101로 상승.	+$1(이익)
1/2	금시장에서 1온스당 $98로 하락.	-$3(손실)
	금시장에서 1온스당 $104로 상승.	+$6(이익)
	금시장에서 1온스당 $110로 상승.	+$6(이익)

+1-3+6+6 = $10(이익)

즉, ii)와 같이 매일의 정산을 통해 발생한 이득과 손실의 금액을 합하면 i) 처럼 $10로 같아지게 된다. 이렇게 일일정산을 하게 되면 거래 당사자들에 대해 거래유지가 안전하게 보증이 되는 효과가 있게 된다.

[마진시스템(margin system)]

선물거래는 미래시점에서 거래가 종결되므로 계약금만을 지불하고 이루어지는데 이 계약금의 수준을 증거금 또는 마진(margin)이라고 부른다. 그러므로 레버리지가 높은 거래이다.

마진은 최초 계약 당시에 지불하는 최초증거금(개시증거금, initial margin), 계약을 유지하기 위해 필요한 유지증거금(maintenance margin), 유지증거금이 일정 수준을 밑돌았을 때 최초증거금 수준으로 증거금을 보충하는 추가증거금(margin call)의 세 가지가 있다.

위의 예에서 10%인 $10를 지불하고 계약을 하였으면 최초증거금은 $10이다.

유지증거금 수준이 5%라면 $100의 5%인 $5가 계약을 유지하기 위한 유지증거금 수준이 된다. 그렇다면 일일정산을 통해 발생한 손실이 $5를 넘게 되면 유지증거금 수준을 하회하게 되는데, 이렇게 되면 추가증거금으로서 개시증거금 수준으로 되돌려 놓아야 한다. 만일 손실금액이 $6이어서 계좌잔고가 $4가 되면, $6의 추가증거금을 입금하여야 하며, 그렇지 못할 경우 거래소는 반대매매(counter trade)를 통해 강제로 계좌를 청산시키게 된다. 즉, 선물계약은 더 이상 존속하지 못하고 계좌에는 $4만 남아있게 된다. 계좌를 보유한 투자자에게 추가증거금 납부를 알리는 것을 마진콜(margin call)이라고 한다.

선물계약의 결제는 현금결제, 실물인수도로 이루어지는데, 대부분의 선물계약 결제는 실물 인수도보다는 선물거래의 손익을 현금으로 결제한다. 예를 들어, 금선물계약을 하였는데 금 가격이 상승한 경우, 매입자(long position)가 이득을 보고 매도자(short position)은 손해를 보게 된다. 이 때 직접 금을 인수도하는 것이 아니라, 이득을 보거나 손해 본 금액에 해당하는 현금을 결제함으로써 거래를 마무리한다는 것이다.

따라서, 거래소와 청산소가 존재하여 체계화되고 표준화된 거래구조를 가진다는 점, 일일정산을 통해 매일매일 거래 손익을 정산한다는 점은 선물계약이 선도계약과 다른 가장 큰 차이점이다.

대개 선물계약은 1년 이내로 거래된다. 선물거래의 대상이 되는 자산의 가격변동성이 클수록 선물계약의 만기는 줄어들고, 가격변동성이 적을수록 만기가 긴 경향이 있다. 그래서 금선물계약이나 통화선물계약은 만기가 6개월에서 1년 사이로 설정된 것이 대부분인데 반해, 주식선물이나 주가지수선물 등 위험자산을 대상으로 하는 선물계약은 3개월 만기로 거래된다.

선물계약은 옵션이나 스왑 등의 다른 파생상품 거래와 동일하게 거래 당사자의 손익을 모두 합한 금액이 "0"이 되는 제로섬(zero-sum) 게임이다. 따라서, 이득을 본 거래자의 이익금액과 손해를 본 거래자의 손실금액은 같아지는 거래이다. 계약가격보다 가격이 상승하면 미래 시점에서 미리 매입해 둔 선물매입자에게 유리하고(+), 선물매도자에게는 불리해진다(-). 그리고 이 두 거래자의 손익인 ①과 ②를 합하면 "0"이 된다.

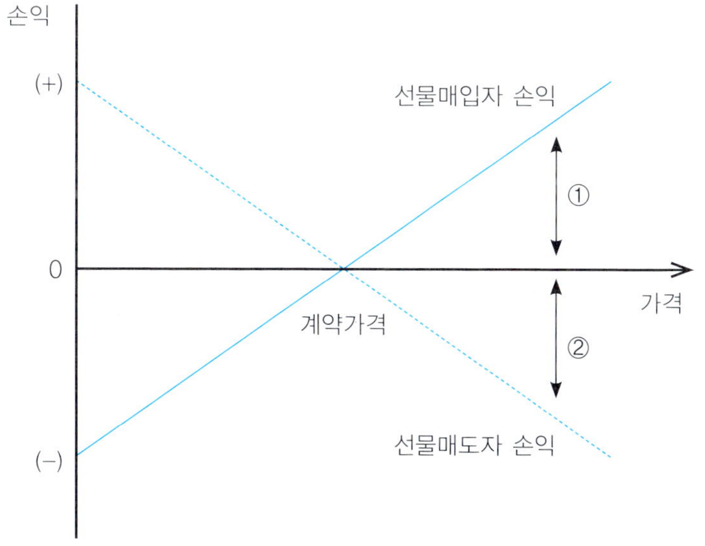

[그림 11-3] 제로섬 게임

③ 선물계약의 종류

선물계약은 크게 거래대상에 따라 상품선물(commodity futures)과 금융선물(financial futures)로 나뉜다. 상품선물은 농산물, 금속광물, 원유, 귀금속, 돈육과 같은 상품을 대상으로 하는 것이며, 금융선물은 주식, 채권, 통화 등과 같은 금융상품을 대상으로 한다.

상품선물, 금융선물과는 별도로 상품의 가격이나 금융자산의 가격을 지수화한 지수선물(index futures)이 있는데, 농산물이나 주식 등의 거래대상의 가격을 지수화하여 이를 거래하는 것이다. 주가지수선물(stock index futures)이 대표적이다. 우리나라는 1997년에 처음으로 주가지수선물거래를 시작으로 선물거래를 개시하였으며, 1999년 4월에는 한국선물거래소를 설립하였다. 주가지수선물거래를 위해 현물시장의 종합주가지수(코스피, KOSPI)를 대신하여 코스피200(KOSPI200)지수가 개발되어 선물시장의 현물지수로 이용되고 있다.

④ 선물 거래절차(KOSPI 200 주가지수선물)

• **위탁계좌 개설**

선물거래는 현재에는 증권거래소를 통해서만 이루어져 투자자들은 증권회사에 선물매매거래계좌를 만들어 놓아야 한다.

• **기본예탁금 입금**

일정금액 이상의 현금이나 대용증권이 있어야 최초의 거래 가능하다.
주문 시 매도나 매수 모두 매매대금의 일정액에 상응하는 계약증거금(margin)을 계좌에 납부해 놓아야 한다. 이를 개시증거금(initial margin)이라고 한다.

• **주문체결/일일정산/결제**

거래자에 불리한 가격변화로 인해 계좌잔고에 증거금이 부족하게 되면 증권회사는 추가증거금이나 담보를 요구한다. 다음날 정오까지 입금되지 않으면 오후 동시호가(오후1시 정각의 첫 시세)에 시장가로 반대주문(counter trade)으로 거래를 청산시킨다.

⑤ 파생금융상품 거래와 포지션

파생금융상품 거래에서는 매입, 매도와 함께 숏포지션, 롱포지션 등의 포지션이 병용된다. 매매거래에서 매입, 매도와 포지션의 차이를 다음의 예로 설명해보자. 통화선물거래자 갑은 달러당 900원, 920원, 950원, 960원에 아래와 같은 거래를 하였고, 그에 따라 포지션은 숏(short), 롱(long) 포지션으로 바뀌게 된다. 처음 거래에서 900원에 7,500달러를 매도한 경우 7,500달러만큼 숏포지션이 되고, 다음 920원에 1,000달러를 추가로 매도한 경우 8,500달러 숏포지션이 된다. 그러나 이보다 많은 10,000달러를 매입한 경우 이번에는 1,500달러 롱포지션이 되고, 1,500달러만큼 매도한 경우 잔액이 “0”이 되는 스퀘어(square) 포지션이 된다.

〈표 11-1〉 통화선물거래와 포지션

거래환율 (₩/$)	거래내역		포지션
	매입	매도	
900/$		7,500	7,500 (short)
920/$		1,000	8,500 (short)
950/$	10,000		1,500 (long)
960/$		1,500	0 (square)
계	10,000	10,000	

⑥ 선물과 헤지(위험회피)

선물, 옵션과 같은 파생금융상품이 등장하여 발달하게 된 주요 배경에는 "헤지(hedge)"로 불리우는 위험회피요소가 크다. 최근에는 헤지가 아닌 선물가격의 변화에 대해서만 투자하는 경우가 더 많아졌지만, 기본적으로 선물은 위험회피를 위한 금융수단이었다.

한 가지 예를 들어 선물이 헤지수단으로 어떻게 이용되는 기를 살펴본다.

무역업을 하는 김갑동씨는 3개월 후 U$100만을 받기로 하고, 반도체검사장비를 미국에 수출하는 계약을 체결하였다. 계약 체결일 현재 환율은 1,500원/U$이다. 만일 3개월 후 환율이 크게 떨어진다면 김갑동씨는 무역거래와 무관하게 손실을 입을 수 있다. 그리하여 통화선물시장에서 3개월 후 1,500원/U$에 U$100만을 매도하기로 하는 통화선물매도계약을 체결하였다. 이 경우 김갑동씨는 미래 환율변화와 무관하게 1,500원/U$의 환율을 고정시켜 15억원의 수입을 만들 수 있게 된다.

• 3개월 후 환율이 1,200원/U$으로 하락한 경우

  입금은행으로부터 1,200원/U$으로 환전하여 12억원을 받음

  통화선물시장에서 (1,500원 − 1,200원) × 100만으로서 3억원의 차익을 받음

  김갑동씨의 소득 12억원 + 3억원 = 15억원

• 3개월 후 환율이 1,700원/U$으로 상승한 경우

입금은행으로부터 1,700원/U$으로 환전하여 17억원을 받음

통화선물시장에서 (1,500원 - 1,700원) × 100만으로서 2억원의 손실 지급

김갑동씨의 소득 17억원 - 2억원 = 15억원

여기서, 환율이 상승한 경우 김갑동씨는 선물시장에서 오히려 2억원의 손실을 지급한 후 15억원이 된다. 하지만 어떤 경우에든 환율변화와 무관하게 김갑동씨가 애초에 원하던 수입 15억원이 고정되어 가격변동위험을 회피할 수 있다.

※ 주식선물

우리나라에서 2007년부터 도입한 선물계약이다. 특정 주식을 기초자산으로 하는 선물로서 KOSPI200 주가지수선물은 기초자산이 실제로는 매매가 불가능한 '주가지수'인 반면, 주식선물의 기초자산은 실제로 매매가 가능한 '개별주식' 그 자체이다. 즉, 거래시점에 예측한 주식의 미래가격과 미래에 실제로 형성된 주식가격과의 차이를 현금으로 주고 받는 거래이다. 주식선물은 삼성전자, 현대차, SKT, 한국전력, 국민은행, KT&G, KT, LG전자 등 우량주식을 대상으로 선물거래를 하는 것이다. 결제월은 3,6,9,12월로서 만기는 3개월이다.

(2) 옵션

① 옵션의 의의

옵션계약(option contract)은 매입자(매도자)가 특정 만기일 또는 만기일 이전에 미리 정한 행사가격(exercise price)으로 대상이 되는 기초자산(underlying asset)을 매입(매도)할 수 있는 권리를 거래하는 계약이다(rights to sell or buy). 매입할 수 있는 권리를 콜옵션(call option), 매도할 수 있는 권리는 풋옵션(put option)이라고 한다. 옵션은 일종의 보험료(premium)을 지불하고, 보유자산의 손실을 커버하기 위한 보험에 가입하는

것과 같은 성격의 금융상품이다. 보험에 가입하여 보험료를 지급한 후 사고가 발생하면 그에 대해 보상을 받고, 사고가 발생하지 않으면 보험료를 돌려받지 못하는 원리가 그대로 적용된다.

② 거래의 예

아파트 거래를 예로 들어보자. 처음 계약시 대개 10% 내외의 계약금을 주고 계약서를 작성하는데 이 때 거래하는 것은 아파트의 소유권이 아닌 아파트 입주권이다. 비슷한 예로 특정 주식을 매입할 권리를 계약금을 주고 거래하게 되면 주식의 소유권이 아닌 매입권이다. 이 때 입주권과 매입권 등과 같은 옵션(권리)을 매입하기 위해 지불하는 것이 옵션프리미엄(option premium)이다. 이 경우 아래에 나와 있는 예와 같이 아파트 값이 폭락하면 아파트에 입주하는 것보다 그 계약을 포기하는 것이 유리할 것이다.

돈육옵션(hog option)에서 양돈업자가 돈육 풋옵션매입(put option long)을 하였다고 가정해 보자. 이 경우 양돈업자는 돼지를 생산하면서 미래 출하시기에 맞추어 판매가격을 특정가격으로 팔 수 있는 권리(풋옵션)를 미리 사 놓게 되면 출하시기에 돼지가격이 폭락하더라도 미리 정한 가격에 판매할 수 있다. 반대로 돼지가격이 오르면 옵션은 포기하고 올라 있는 돼지가격에 판매하면 된다. 이렇게 옵션에는 옵션매입자에게 권리행사가 부여된 점이 선물과 다르다.

③ 옵션과 선물

선물과 함께 대표적인 파생상품으로서 옵션계약은 선물계약과 차이점을 보이게 되는데, 선물계약은 미리 지정한 가격에 반드시 매입(매도)해야 하지만, 옵션계약의 경우 콜옵션, 풋옵션의 매입자가 자신에게 불리한 가격이 형성된 경우 그 계약을 포기할 수 있는 권리가 부여되어 있으므로 반드시 체결한 계약을 이행하지 않아도 된다. 위 돈육옵션의 예에서, 양돈업자는 출하시기의

> 여기서와 같이, 옵션을 포기하고 현물시장의 시세대로 판매한다면 판매가격에서 포기한 옵션프리미엄만큼 차감한 것이 판매자의 수익이 된다. 옵션을 보유하기 위해 보험료와 유사한 성격의 옵션프리미엄이라는 비용을 지불하였기 때문이다.

돼지가격이 반대로 상승한 경우 사농은 풋옵션계약을 이행하지 않을 수 있는 권리가 있으므로 시중의 돼지가격 상승 시 권리를 취소할 수 있다. 이 권리를 가진데 대해 지불하는 비용이 옵션프리미엄이다.

단, 선물계약도 만기 이전에 반대매매로 계약을 청산하는 경우 계약 이행 의무가 없다. 여기서는 만기 시점을 가지고 설명한 것이다.

옵션계약을 부동산거래로 다시 설명해보자.

부동산계약의 경우 거래 초기 계약금을 가지고 매입계약을 하게 되는데, 보통 계약금은 원금의 10% 정도이다. 이 때의 계약금은 선물거래의 증거금(margin)과 동일한 것이다. 계약 후 부동산가격이 상승하더라도 애초에 계약한 가격으로 매입할 수 있게 된다. 만일에 부동산가격이 폭락하여 입주 시 손해를 보게 된다면 부동산 매입자는 입주를 포기하고, 계약금도 되돌려 받지 못하게 된다. 매입자는 계약금을 통하여 부동산 입주권을 사는 것이기 때문이다. 예를 들어, 1억원 짜리 주택을 1천만 계약금으로 매입계약을 하였는데, 주택가격이 1억5천만원으로 상승 시, 매입자는 예정대로 주택을 인수하면 된다. 반대로 주택가격이 5천만원으로 하락 시, 매입자는 5천만 짜리 주택을 인수하여 손해를 보는 것보다 1천만의 계약금을 포기하는 것이 유리할 것이다.

비슷한 예로서 자동차보험을 들어보자. 100만 원의 보험료를 지불하고 자동차보험을 가입한 경우(콜옵션 매입) 100만원 이상의 사고가 난 경우에는 자동차보험회사가 이를 대신 지급해준다. 물론 100만원 이하의 사고에도 자동차보험회사가 대신 지급하여 주지만 보험료 등에의 영향을 따져봐야 하므로 대개의 경우 지불한 보험료 100만원이 보험처리 기준이 된다. 옵션에서는 이를 '행사가격'이라고 한다. 만일 사고가 나지 않더라도 보험회사는 100만원을 돌려주지 않는다. 위험보상에 대한 수수료로 간주되기 때문이다.

따라서 옵션은 선물과 달리 손익관계에 있어서 지급한 옵션프리미엄 만큼 달라지게 된다. 이처럼 옵션은 선물과 달리 손실을 한정시킬 수 있는 장점이 있는 반면, 손실을 한정시키기 위해 옵션프리미엄이라는 비용을 들인다는 차이점이 있다. 이를 그림으로 나타내면 다음과 같다. 현재시점의 가격과 미래시점의 계약가격이 같은 경우 선물에서는 손익이 발생하지 않지만, 옵션은 옵션프리미엄만큼의 손실이 생긴다.

③ 옵션의 유형

미리 약정한 특정가격(행사가격)에 거래대상인 자산(기초자산)을 살 수 있는

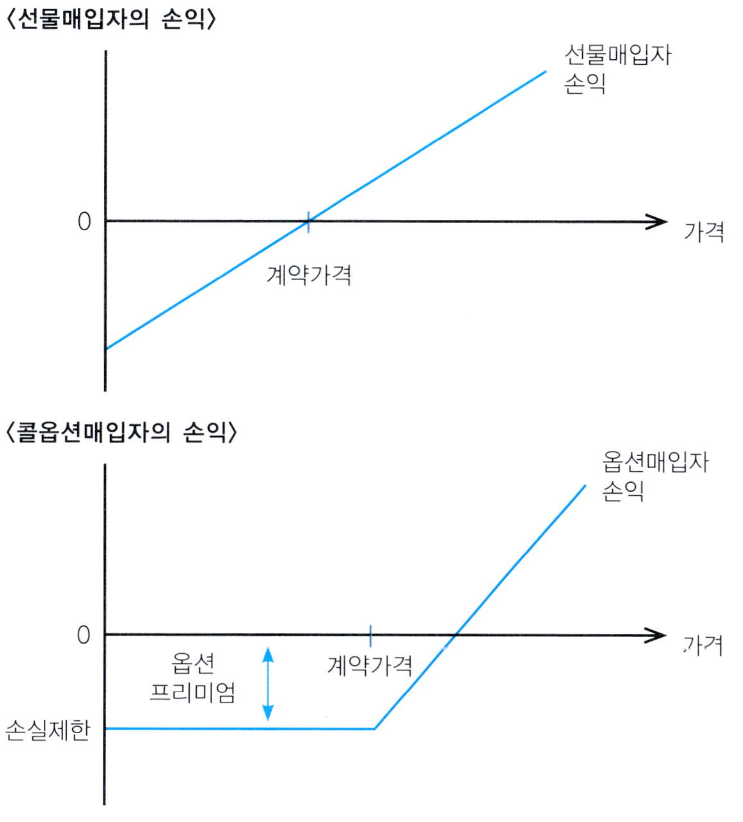

[그림 11-4] 선물, 옵션거래자의 손익

권리가 부여된 것은 콜옵션(call option), 특정가격에 대상자산을 팔 수 있는 권리가 부여된 것을 풋옵션(put option)이다. 평상시를 가정할 경우 대개 가격상승을 기대하는 세력이 더 크게 마련이므로, 다른 조건이 모두 동일하다면 실제 시장에서는 콜옵션의 가격이 풋옵션의 가격보다 높게 형성되는 것이 일반적이다.

계약의 만기 이전에 언제라도 옵션의 보유자가 옵션을 행사할 수 있는 것은 아메리칸옵션(american option), 만기에만 보유옵션을 행사할 수 있는 것은 유로피안옵션(european option)이다. 그러므로 다른 조건이 모두 동일하다면 아메리칸옵션의 가격이 유로피안옵션의 가격보다 비싸다.

거래대상에 따라 주식옵션, 주가지수옵션, 통화옵션, 금리옵션 등으로 구분된다. 옵션은 다양한 형태로 이용되어진다. 신주를 살 수 있는 권리가 별도로 거래되는 상품인 신주인수권(워런트, warrant)를 비롯하여 신주인수권부사채(bond with warrants, BW), 전환사채(convertible bond, CB) 등의 채권에도 옵션이 부여되어 거래된다.

[옵션거래의 손익]

금 1온스를 $100에 살 수 있는 콜옵션 1계약(1계약 단위는 100온스)을 $3을 주고 매입하였다고 가정하자. 금 1온스의 가격이 $110으로 상승한 경우와 $95로 하락한 경우의 옵션거래 손익을 계산하면 다음과 같다.

- $110으로 상승한 경우
  행사가격 단위차익 = $110 − $100 = $10
  옵션거래 단위손익 = $10 − $3(매입가격) = $7
  옵션거래 총 손익 = $7 × 1계약× 100온스 = $700(이익)
- $95로 하락한 경우
  옵션행사를 포기하므로 옵션프리미엄만큼인 $3 손해
  옵션거래 총 손익 = $3 × 1계약× 100온스 = $300(손실)

옵션은 콜옵션, 풋옵션이 각각의 형태로 단독으로 거래되기도 하지만, 헤지전략(hedge strategy), 합성전략(combination strategy), 차익거래(arbitragy) 전략 등 여러 가지 형태로 몇 개의 옵션이 결합되어 포지션이 형성된다. 헤지전략은 현물상품 또는 선물계약을 보유한 상태에서 ① 풋옵션을 매입하거나(이를 'protective put' 이라고 함), ② 콜옵션을 매도하는 방법(이를 'covered call' 이라고 함)이 대표적이다. 이 두 가지 전략을 각각 풋옵션을 매입함으로써 가격 하락시의 손실을 커버하고, 콜옵션 매도로 발생하는 프리미엄 수입으로 손실을 보전하려는 방법이다. 합성전략은 만기일이나 행사가격이 서로 다른 콜옵션+콜옵션, 풋옵션+풋옵션을 동시에 매입, 매도하는 것이 대표적이다(이를 '스프레드전략' 이라고 함). 만기는 같고 행사가격이 다른 콜옵션+콜옵션, 풋옵션+풋옵션을 동시에 매입, 매도하는 것은 수직스프레드(vertical spread), 만기가 다르고 행사가격이 같은 콜옵션+콜옵션, 풋옵션+풋옵션을 동시에 매입, 매도하는 것은 수평스프레드(horizontal spread)이다. 이외에도 콜옵션+풋옵션을 동시에 매입, 매도하는 방법도 있다(이를 '스트레들(straddle), 스트립(strip), 스트랩(strap)' 이라고 함). 여러 개의 옵션을 합성하면서 저평가된 옵션은 매입하고 고평가된 옵션은 매도하는 전략도 있다(이를 '컨버젼(conversion)' 또는 '리버설(reversal)' 이라고 함). 컨버전과 리버설을 차익거래전략으로 분류한다.

(3) 스왑

① 개념

스왑계약(swap contract)은 특정 만기일 또는 만기일 이전에 미리 정한 가격으로 대상이 되는 기초자산(underlying asset)을 거래 당사자 상호간에 교환하기로 약정하는 계약이다("Promise to exchange"). 선물, 옵션, 스왑으로 대별되는 파생상품시장에서 스왑시장은 파생상품 거래량의 50% 이상으로서 가장 큰 비중을 차지한다. 그리고 스왑은 아직까지 거래소시장에서 거래되지 않는 상품으로서 대표적인 장외상품이다.

② 스왑시장의 발전

스왑시장은 1970년대 초 외환시장과 국제금융시장이 발달하지 않고 각 국가에서 금융시장에 대한 규제가 심할 때 미국과 영국 간에 평행대출(parallel loan) 또는 국제상호직접대출(back-to-back loan)이 성행하면서 성장하였다. 평행대출을 통해 미국과 영국 내 자회사에 서로 대출을 해줌으로써 외환거래 통제를 받지 않고 필요한 달러화와 파운드화를 조달할 수 있게 되었다. 그러다가 1981년 Solomon Brothers사의 중개로 세계은행(World Bank)과 IBM사간에 미국 달러, 독일 마르크 및 스위스 프랑 채무 간의 고정금리통화스왑계약이 체결되었는데 이 통화스왑을 계기로 스왑거래가 정형화되고 국제금융시장의 주요한 금융수단으로 부상하였다.

스왑거래를 통해 거래 당사자들은 원하는 통화로 된 자금을 차입할 때의 비용을 절감하고, 금리 및 환율변동위험을 회피할 뿐만 아니라 여러 시장규제에서 벗어나 필요한 자금을 조달하는게 가능해진다. 즉, 국제금융시장에서 비교우위가 있는 금융상품으로 자금을 차입하거나 투자한 다음 금리스왑이나 통화스왑을 통해 원하는 금리나 통화로 교환할 수 있게 된다.

쉬운 예로서, 한국의 A기업은 원화자금 조달이 유리하지만 달러화가 필요하고, 미국의 B기업은 달러화자금 조달이 유리하지만 원화가 필요하다고 가정하자. 이 때 스왑딜러인 C금융기관이 이러한 두 기업의 수요를 찾아 통화스왑을 중개해 줌으로써 A기업의 원화와 B기업의 달러화를 스왑거래하였다.

- 이러한 스왑거래를 통해 한국의 A기업은 원화차입금리로 달러화를 사용하고, 미국의 B기업은 달러화차입금리로 원화를 사용하는 상황을 만들 수 있다.

③ 거래 효과

예를 들어, 고정금리부로 자금을 대출받은 기업이 변동금리부로 대출을 바꾸고자 하는 경우 변동금리부로 자금을 대출받은 기업과 대출계약을 상호교환하는 스왑을 체결함으로써 대출교환의 효과를 볼 수 있다. 이 때 한 가지 의문이 생길 수 있는데, 변동금리부가 유리한 기업은 애초에 고정금리부가 아닌 변동금리부로 대출받으면 될 것이 아닌가 하는 것이다. 자금시장에서는 고정금리부로 대출받은 것이 유리한 기업이 있고, 변동금리부로 대출받는 것이 유리한 기업이 있게 마련이다. 그러므로 고정금리부로 일단 대출받은 기업이 스왑계약을 통해 변동금리부로 교환함으로써 대출효과를 극대화시킬 수 있다. 스왑을 필요로 하는 당사자 간에 스왑계약을 체결해주는 중개인을 스왑딜러(swap dealer)라고 하며, 주로 은행, 증권회사 등의 금융기관이 스왑딜러의 역할을 수행한다.

④ 스왑의 손익

A기업과 B기업은 각각 한국과 미국에 소재한 기업으로서 원화 차입과 달러화 차입에 우위를 보인다. 그러나 A기업은 달러화 사용을, B기업은 원화 사용을 원하고 있는 상태이어서 아래와 같이 스왑딜러를 이용하여 차입한 자금을 스왑코자 한다.

이 경우, 스왑 이후에 달러화 이자가 상승하면 A기업이 불리해지므로 A기업의 가치가 상대적으로 하락하고, 반대로 원화 이자가 상승하면 B기업이 불리해진다. 비슷한 예로, 스왑 이후에 달러화 가치가 상승하면 달러화 이자를 지급해야 하는 A기업이 불리해지고, 원화가치 상승하면 B기업이 불리해진다.

〈표 11-2〉 스왑거래의 효과

스왑 이전				
원화 이자 지급	A기업 원화 차입	스왑딜러	B기업 달러화 차입	달러화 이자 지급
스왑 이후				
달러화 이자지급	A기업 달러화 사용	스왑딜러	B기업 원화사용	원화 이자 지급

스왑계약도 거래 당사자 간의 손익을 모두 더하면 제로가 되는 제로섬게임이다. 하지만 제로섬이 되면서 당사자에게 모두 이익이 될 수 있는 양(+)의 제로섬(positive zero-sum) 게임이 될 수 있다는 특징이 있다. 스왑이 금융상품으로서 각광을 받는 배경이 되기도 한다.

[Positive Zero-sum Swap]

A은행의 예대스프레드는 대출금리 9%, 예금금리 7%(리보금리+3%)이고, B은행의 예대스프레드는 대출금리 9%(리보금리+5%), 예금금리 7%이다. 두 은행 모두 2%의 예금, 대출 스프레드 구조를 가지고 있다. 그러나 리보금리는 변동금리로서 만일 리보금리가 6% 이상이 되면 두 은행 모두 수익구조가 흔들리게 되어 스왑을 통해 이를 해소하게 된다.

스왑 이전 A은행의 대출/예금 구조는 고정금리 9%, 변동금리 7%(리보+3%)로서 예대스프레드가 2%이고, B은행의 대출/예금 구조는 변동금리 9%(리보+5%), 고정금리 9%로서 예대스프레드가 역시 2%이지만 수익구조가 리보금리의 변동에 연계되어 불안한 상태이다. 하지만 스왑이후 A은행과 B은행은 모두 고정적으로 2%의 예대스프레드를 확보하게 되어 이전보다 나은 수익구조를 보인다. 즉, 스왑이 거래당사자 모두에게 혜택을 주는 양(+)의 제로섬 구조를 나타낸다.

〈표 11-3〉 양(+)의 제로섬 스왑거래 예시

스왑 이전				스왑 이후			
A은행		B은행		A은행		B은행	
대출	예금	대출	예금	대출	예금	대출	예금
9%	7% (리보+3%)	9% (리보+5%)	7%	9%	7%	9% (리보+5%)	7% (리보+3%)

* 리보금리는 4% 가정함.
* 리보(LIBOR, London Inter-Bank Offered Rate)은 영국은행간 초단기대출금리로서, 우리나라의 콜금리와 동일한 성격의 기준금리임.

⑤ 종류

스왑은 스왑의 대상이 되는 상품에 따라 상품스왑, 금융스왑(통화스왑, 주식스왑, 금리스왑 외)으로 구분할 수 있다. 위의 예는 대표적인 금리스왑(plain vanilla)이다. 상호간에 서로 다른 통화를 교환할 수 있는 거래는 통화스왑으로서 외환시장에서 많이 사용한다. 주로 우리나라를 포함한 선진국에서 미국달러 등 주요 통화가 일시적으로 부족할 때 통화스왑거래를 통해 부족한 외화를 보전하기도 한다.

(4) 주식워런트와 주식옵션

파생상품의 옵션의 형태 중 최근에 개발되고, 각광을 받는 상품이다.

① 주식워런트

신주인수권을 의미하는 주식워런트(equity linked warrants, ELW)는 특정한 가격에 주식이나 미리 정한 대상을 인수할 권리를 매매하는 증권이다. 다시 말하면, 개별 주식 또는 주가지수와 연계하여(linked), 사전에 만기와 같은 매매시점 및 가격을 정한 뒤 약정한 바에 따라 해당 주식 또는 현금을 사고 팔 수 있는 권리가 주어진 증권이다. 특정 종목의 주가 상승이 예상될 경우, 해당 종목의 주식을 모두 사지 않더라도 일부 자금만 투자해 주식으로 바꿀 수 있는 권리만 산 뒤, 차익을 올릴 수 있는 증권이다.

주식워런트는 다양한 투자 수요를 충족하고, 증권산업의 경쟁력을 높일 수 있는 제도로 도입되어 많은 국가의 증권거래소에 상장되어 거래되고 있다. 유럽에서 활발한 거래를 보이고 있는 증권이며, 우리나라도 2005년에 도입하여 세계적인 거래량을 나타내고 있다. 참고로, 우리나라 선물시장은 ELW를 포함한 옵션의 거래량이 전 세계 거래소 가운데 최고 수준의 규모를 보이고 있다.

주식워런트의 거래방식을 약술하면 다음과 같다.

예를 들어, 훕스기업의 현재 주가가 30,000원인데, 투자자가 이 주식을 1년 뒤에 35,000원에 살 수 있는 ELW를 1,500원에 샀다고 하자. 3개월이 지났을 때 주가가 40,000원까지 오른 경우, 주식을 산 사람은 ELW의 권리를 행사해 35,000원에 주식을 사서, 현재의 시세인 40,000원에 팔 수 있다. 이 때, 이 거래를 한 사람은 매입가격 1,500원을 빼더라도 3,500원의 투자 수익을 올릴 수 있다. 반대로 주가가 35,000원 이하라면, 행사할 수 있는 권리를 포기해 자신이 투자한 1,500원만큼만 손해를 보면 된다. 만기 전이라도 자신이 투자한 1,500원보다 올랐을 경우, 즉 주가가 36,500원 이상 오른다면 언제든지 팔아서 시세 차익을 올릴 수 있다.

주식워런트를 발행할 수 있는 기관은 자본시장법상 파생금융상품 영업을 인가받은 금융투자회사이다. 특히, 자본금이 대형인 금융기관이 발행기관이 된다. 투자자의 권리행사로 발생할 수 있는 손실가능금액을 충분히 감당할 수 있어야 하는 증권회사이어야 하기 때문이다. 대상종목은 거래가 잘 될 수 있는 유동성이 풍부한 KOSPI100 구성 종목과 KOSPI200지수 등이다. 만기는 최소 3개월 이상 3년 이내이다.

② 주식옵션

주식워런트가 거래에 따른 손익을 현금정산하여 지급한다면 주식옵션은 실제 해당주식이 이전되는 것을 말한다. 주식워런트와 주식옵션은 특정한 가격에 주식이나 미리 정한 대상을 인수할 권리를 매매하는 증권인데, 주식워런트는 손익을 현금정산하여 결제하는 반면 주식옵션은 해당주식을 인도하여 결제하는 차이점이 있다. 주식옵션의 거래대상이 되기 위해서는 발행주식수가 많고 유동성이 큰 대형주이어야 하는데, 우리나라에서는 삼성전자, POSCO, KT&G, LG전자 등이 주식옵션의 대상으로 거래된다.

(5) 주가연동형상품(ELD, ELS, ELF)

금융투자상품의 개발은 주식워런트와 주식옵션과 같은 신종 파생상품 이외에도 다양한 형태의 상품을 출범시켰다. 대표적인 것이 증권회사가 운용, 판매하는 주가연동형증권(equity linked securities, ELS)과 은행이 운용, 판매하는 주가지수 또는 주가연동형예금(equity linked deposits, ELD) 그리고 자산운용회사의 주가연동형펀드(ELF)이다.

주가연동형예금(ELD)의 경우 은행이 판매하는 예금의 형태이므로 1인당 5,000만원까지 원금보장이 된다는 점에서 ELS와 차이가 있다. 또한 지수에 따라 은행이 사전에 제시한 수익을 확정적으로 지급한다는 장점이 있다.

주가연동형펀드(ELF)는 자산운용회사가 운용하고 은행이나 증권회사, 보험회사가 판매한다. 이들은 특정 주가지수나 종목의 주가의 가격 변동에 연계되어 수익률이 결정되는 것으로 금융기관이 유동성공급자(liquidity provider, LP) 및 딜러로서 상품을 판매하고 고객에게 수익금을 지급하는 것이다.

주가연동형증권(ELS)도 상품설계에 따라 원금보장형이 있으나 근본적으로 ELD의 원금보장과는 약간의 차별점이 있다. 예를 들어, 삼성전자 주가에 연동하는 ELS에 가입하였다고 하자. 가입 당시 삼성전자 주가가 700,000원이었고, 만기에 770,000원이 되었다면 이 **ELS 상품**의 수익률은 10%가 된다.

ELS의 수익구조는 만기까지 단 한번이라도 기초자산의 가격상승으로 약정한 수익률에 도달하면 그대로 만기수익률이 결정되는 형태(녹아웃형), 만기시점까지의 기초자산의 수익률에 비례하여 수익률이 결정되는 형태(불스프레드형), 약정한 가격 아래로 떨어지지만 않으면 약정 수익률을 지급하는 형태(리버스컨버터블형), 만기시점에 가서 약정 상승가격을 넘어섰을 때만 수익률을 크게 지급하는 형태(디지털형) 등 다양한 상품이 개발되었다.

Wag the dog 현상(선물시장의 현물시장 가격 지배 현상)

현물시장과 선물시장의 관계에서 웩더독(Wag the dog) 현상이 회자된다. "The dog wags the tail"이 "The tail wags the dog"의 표현으로 주(主)와 객(客)이 바뀐다는 데서 유래한 투자속어이다. "강아지가 자기 꼬리를 흔든다"가 아니라 "강아지 꼬리가 몸통을 흔든다"는 뜻이다. "주객전도(主客顚倒)"라고나 할까? 이는 선물시장이 현물시장을 지배한다는 의미로서, 지금 시점에서 물건을 보유하거나 보유코자 하는 현물거래자들이 물건을 보유하지 않은 채 거래하는 선물거래자들의 거래가격에 지배를 받는다는 것이다.

선물거래자들은 거래하더라도 이를 계약만기 이전에 재거래를 통해 없앨 수 있기 때문에 실수요자도 많지 않은 편이다. 그럼에도 불구하고, 실제 시장에서 현물을 거래하는 현물시장보다 선물을 거래하는 선물시장의 가격 영향력이 더 크게 작용하여 선물시장 거래가격이 현물시장 가격을 리드하는 현상이다.

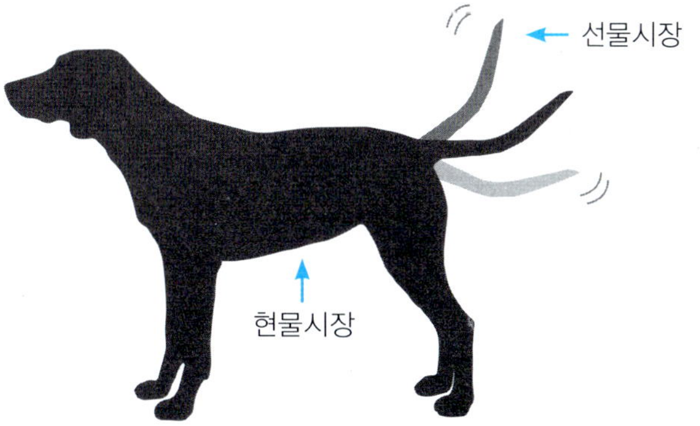

[그림 11-5] 웩더독 현상

학습정리

01. 파생금융상품은 원래 위험을 줄이기 위한 헤지 수단으로 만들어졌다. 그러던 것이 목적과 달리 고수익을 추구하는 투기의 수단으로 사용되어 큰 수익과 함께 대규모의 손실을 가져다주기도 한다.

02. 2005년 파산한 영국의 베이링 투자은행, 2007년 파산하여 2008년 글로벌 금융위기를 본격적으로 촉발한 계기가 된 미국의 리만브라더스 투자은행 등은 모두 파생금융상품 투자가 큰 손실을 가져다 주었기 때문이다.

03. 파생금융상품은 주식, 채권 등의 기초 증권을 토대로 계약시점은 현재이나 거래의 종결시점은 미래 시점인 무형의 상품을 개발하여 만든 무형의 증권이다. 주식, 채권 등의 기초자산의 미래 가격이 어떻게 되는가에 따라 증권의 가치가 결정되는 금융상품이다.

04. 선도계약과 선물계약의 가장 큰 차이점은 선물계약의 경우 거래소와 청산소가 존재하여 정형화되고 표준화된 거래구조를 가지고 있으며, 일일정산과 마진시스템을 통해 거래유지가 보증된다는 것이다.

05. 선물, 옵션, 스왑 등의 파생상품은 주식이나 채권과 달리 거래 당사자의 손익을 모두 합한 금액이 "0"이 되는 제로섬 게임이다. 따라서 이득을 본 거래자의 이익금액과 손해를 본 거래자의 손실금액은 같아지는 거래이다.

06. 선물계약은 미리 지정한 가격에 반드시 매입(매도)해야 하지만, 옵션계약의 경우 콜옵션, 풋옵션의 매입자가 자신에게 불리한 가격이 형성된 경우 그 계약을 포기할 수 있는 권리가 부여되어 있으므로 반드시 체결한 계약을 이행하지 않아도 된다.

07. 옵션은 손익관계에 있어서 지급한 옵션프리미엄 만큼 손실을 한정시킬 수 있는 장점이 있는 반면, 손실을 한정시키기 위해 옵션프리미엄이라는 비용을 들인다는 특징이 있다.

08. 스왑계약은 특정 만기일 또는 만기일 이전에 미리 정한 가격으로 대상이 되는 기초자산을 거래 당사자 상호간에 교환하기로 약정하는 계약이다. 대상에 따라 상품스왑, 금융스왑으로 구분할 수 있다.

09. 스왑계약도 거래 당사자 간의 손익을 모두 더하면 제로가 되는 제로섬게임이지만 제로섬이 되면서 당사자에게 모두 이익이 될 수 있는 양(+)의 제로섬(positive zero-sum) 게임이 될 수 있다는 특징이 있다.

10. 금융투자상품의 개발은 주식워런트와 주식옵션과 같은 신종 파생상품 이외에도 다양한 형태의 상품을 출범시켰다. 대표적인 것이 증권회사가 운용, 판매하는 주가연동형증권(ELS)과 은행이 운용, 판매하는 주가지수 또는 주가연동형예금(ELD) 그리고 자산운용회사의 주가연동형펀드(ELF)이다.

제12장

외 화 와 외 환 시 장

1. 외환시장의 의의
2. 환위험과 환위험관리전략

들어 가기

해외여행을 가는 박OO씨는 동네에서 외화로 환전하는 거랑 공항에서 하는 거랑 환율이 다르고, 동네의 은행에 따라서도 환전금액이 달라 환전할 때마다 고민이다. 이는 외환시장이 장외시장으로서 거래 상대방과 장소에 따라 동일한 시점이라도 다른 가격이 적용되기 때문이다.

2019년 5월 국내의 선박제조업체는 중동의 원유생산회사와 $500만의 유조선을 건조하는 계약을 맺었다. 이 계약은 선박제조업체에게 5억원의 순이익을 가져다 줄 수 있는 대형계약이다. 계약 이후 선박제조업체는 원/달러 환율이 하락할 것에 대비하여 선물환시장에서 1년 후 1달러 당 1,000원에 매도할 수 있는 선물환매도계약을 체결하였다.

1년 후인 2020년 5월 유조선을 인도함과 동시에 $500만을 입금받았다. 입금 받을 당시의 환율은 2018년 5월의 환율에 비해 크게 하락한 900원/$1이었다. 하지만 이 업체는 1달러 당 1,000원에 매도할 수 있는 선물환계약에 따라 900원/$1가 아닌 1,000원/$1에 대금을 환전함으로써 환율인하에 따라 발생할 수 있었던 대규모 손실을 회피하게 되었다.

만일 이 선박제조업체가 선물환계약을 맺지 않고 그래도 환율변동위험(환위험)에 노출되어 있었다면 유조선 판매에 따른 이익 5억원은 고스란히 환율하락에 따른 손실로 전가되었을 것이다.

외환시장은 서로 다른 나라의 통화가 거래되는 시장이다. 외환시장을 통해 환율의 변화로 야기되는 환위험을 회피할 수 있는 수단을 제공받을 수 있는데, 선박회사가 사용한 방법을 선물환거래라고 한다.

1. 외환시장의 의의

(1) 3대 금융지표와 외환시장

로댕의 생각하는 사람 이후 세간의 가장 고민스러운 것이 중국집에서 짜장면과 짬뽕 중 무엇을 먹을 것인가와 외국에 갈 때 언제 어디서 누구와 환전거래를 하느냐라는 우스개 소리가 있다. 거래시간, 장소, 상대방에 따라 환전금액이 달라지기 때문이다. 또한 네이버, 다음, 구글 등 주요 포털사이트의 연중 검색어 상위에는 '환율'이 자리 잡고 있다. 그만큼 많은 사람들이 환율에 관심을 가지고 있다. 환전을 어디에서 누구와 하는가에 따라 환율이 다른 이유는 외환시장이 장외시장이기 때문이다.

① 3대 금융지표

경제 주체가 수행하는 의사결정행위의 최적의 목적은 불확실성(위험) 하에서의 가치 극대화에 있다. 이렇게 가치 극대화를 추구하는데 있어서 참고해야 할 금융시장의 3대 지표에는 주가, 금리, 환율이 있다. 이 가운데 환율(exchange rate)은 글로벌 경제, 세계화 추세에 힘입어 중대한 지표로 부각되고 있다.

② 외환시장

이번 장에서는 외환시장(foreign exchange market)을 대상으로 각 나라의 각기 다른 통화가 거래되는 외환시장의 의미를 알아보고, 학습대상으로서 환율의 정의와 환율이 변하게 되는 배경에 대하여 알아본다. 서로 다른 통화가 지속적으로 매매되는 시장을 외환시장(foreign exchange market)이라고 하고, 통화 간의 교환비율이 환율(exchange rate)이다. 따라서, 환율은 외환시장의 가격지표이다. 환율이 인상되고 인하됨에 따라 특정 통화를 보유한데 따른 이익이나 손실이 발생하게 되는데 이를 환위험(exchange risk)이라고 한다.

③ 주요국 통화

각 나라마다 고유의 통화를 사용하는데, 유럽국가들은 2001년 이후 유로화를 통용하고 있다. 일부 국가에서는 자국통화 이외에 미국달러를 통용하고 심지어는 자국통화보다 미국달러를 선호하는 경우도 있는데 이를 달러라이제이션(dollariazation)이라고 한다.

흔히 미국달러, 유로, 일본엔, 영국파운드, 스위스프랑을 세계 5대 통화라고 칭하는데, 세계적인 경제위기나 금융위기가 닥쳐오면 이들 통화를 보유하려는 수요가 몰리기 때문에 다른 나라 통화들의 가치는 약세를 보여 환율인상을 가져온다. 이 때문에 이들 통화를 안전자산(safety asset)이라고 부르기도 한다.

대외거래에서 사용가능한 주요 국제통화(major international currency)에는 미국달러(USD), 일본엔(JPY), 영국파운드(GBP), 스위스프랑(CHF), 유로화(EURO), 캐나다달러(CAD) 등이 있으며, 이들은 수입-수출의 결제통화로 사용된다. 국제통화로 인정받기 위해서는 교환성, 안정성, 유동성의 3대 요건을 갖추어야 한다. 우리나라 통화인 원화도 안정성 측면을 보완하면 국제통화로 인정받을 요건을 갖추고 있는 것으로 나타났다.

〈표 12-1〉 주요국 통화

통 화	국제분류코드	약 호
Austrailian dollar	AUD	A$
Austrian shilling	ATS	S
Belgian franc	BEF	Bfr
British pound	GBP	Stg, £
Canadian dollar	CAD	Can$, C$
Deutsche mark	DEM	DM
Dutch guilder	NLG	DGI
French franc	FRF	FFr
Hongkong dollar	HKD	HK$
Italian Iira	ITL	Lit
Japanese yen	JPY	¥
Chinese yuan	CNY	¥
NewZealand dollar	NZD	NZ$

Saudi riyal	SAR	SR
Singapore dollar	SGD	S$
Spanish peseta	ESP	Pta
Swiss franc	CHF	Sfr, SwF
US dollar	USD	U$, US$
EURO	EUR	£

* ATS, BEF, DEM, FRF, ITL, ESP, NLG 등은 2001년부터 유로화(euro)로 통합됨

(2) 외환시장과 환위험

환율의 변화는 경제주체에 대해 예기치 않은 손실이나 이익을 가져다 줄 수 있는데, 환율의 변화에 따른 경제적 위험을 환율변동위험(환위험)이라고 한다. 외국과의 거래가 일반화되고, 이에 따라 환율변화에 의한 환위험이 상존하는 가운데 환위험은 가치 극대화를 필수불가결한 통제요소가 되고 있다. 환위험을 효과적으로 통제하기 위해서는 기업이나 국가의 내부 · 외부에 적절한 수단을 마련해 두어야 한다. 이를 환위험관리전략이라고 한다. 환위험관리전략의 쉬운 예로서, 원/달러 환율이 앞으로 오를 가능성이 크다면(원/달러 환율이 1,000원/$에서 1,100원/$로 상승할 경우) 달러를 지급해야 하는 기업으로서는 가능한 한 지급을 앞당기는 것이 유리하다. 만일 지금 달러를 지급할 경우 $1 당 1,000원이면 되지만, 환율이 오른 이후에는 $1 당 1,100원이 필요하게 되기 때문이다. 이렇게 환위험에 대비하는 방법을 리딩(leading)이라고 하며, 내부관리전략의 하나로 사용한다.

▶ 해외여행객 박OO씨

해외여행을 가는 박OO씨는 동네에서 외화로 환전하는 거랑 공항에서 하는거랑 환율이 다르고, 동네의 은행에 따라서도 환전금액이 달라 환전할 때마다 고민이다. 이는 외환시장이 장외시장으로서 거래 상대방과 장소에 따라 다른 가격이 적용되고 환전수수료도 제각각이기 때문이다.

▶ 치과의사 김OO씨

치과의사인 김OO씨는 병원개업에 필요한 자금을 원화대출을 이용하지 않고 엔화대출을 받아 마련하였다. 엔화이자율이 원화보다 저렴하기 때문이다. 그러나 엔화가치가 크게 상승하여 대출상환을 하기 위해서는 많은 원화가 필요하게 되어 큰 낭패를 보았다. 결국 싼 이자율을 좇아 외화인 엔화자금를 이용한 것이 엔화가치 상승으로 도리어 화근이 되고 말았다.

▶ 선박제조업체 ABC사

2019년 5월 국내의 ABC선박제조업체는 중동의 원유생산회사와 $500만 규모의 유조선을 건조하는 계약을 맺었다. 이 계약은 선박제조업체에게 50억원의 순이익을 가져다 줄 수 있는 대형계약이다. 계약 이후 선박제조업체는 원/달러 환율이 하락할 것에 대비하여 선물환시장에서 1년 후 1달러당 1,000원에 매도할 수 있는 선물환매도계약을 체결하였다. 1년 후인 2020년 5월 유조선을 인도함과 동시에 $500만을 입금받았다. 입금 받을 당시의 환율은 2011년 5월의 환율에 비해 크게 하락한 900원/U$1이었다. 하지만 이 업체는 1달러 당 1,000원에 매도할 수 있는 선물환계약에 따라 900원/U$1가 아닌 1,000원/U$1에 대금을 환전함으로써 환율인하에 따라 발생할 수 있었던 대규모 손실을 회피하게 되었다. 만일 이 선박제조업체가 선물환계약을 맺지 않고 그래도 환율변동위험(환위험)에 노출되어 있었다면 유조선 판매에 따른 이익 50억원은 고스란히 환율하락에 따른 손실로 전가되었을 것이다.

(3) 외환시장과 환율

① 외환시장

외환시장은 서로 다른 국가간의 이종통화가 거래되는 시장이다. 외환시장은 딜러(dealer) 중심의 장외시장(non-floor market)이며, 24시간시장(24-hour market), 글로벌시장(one global market)이라는 특징이 있다. 따라서 주식시장에서처럼 종가(closing price)의 개념이 없고, 최근 거래가격이 시장에 고시된다.

〈표 12-2〉 세계 외환시장의 개장시간

또한 어느 한쪽의 거래이익은 거래 상대방의 손실과 정확히 일치되기 때문에 전형적인 제로섬시장(zero-sum market)이다. 예를 들어, U$를 매입 - 매도한 사람들에 있어 달러가치가 상승할 경우 매입자의 이익 = 매도자의 손실이 된다.

■ 딜러와 브로커

시장 참여자로서 딜러와 브로커는 차이가 있다. 부동산중개업자를 예로 들어보자.

아파트를 팔고자 하는 사람과 사고자 하는 사람의 중간에서 단순히 거래를 중개시키고 그 대가로 중개수수료(brokerage)를 받는다면 이 중개업자는 브로커의 역할을 한 것이다.

그러나 중개업자가 아파트 매도자로부터 아파트를 매입하여 보유하고 있다가 매입희망자에게 이를 매도하면 딜러로서의 기능을 수행한 것이고, 이때 중개업자의 수입의 원천은 매입가격과 매도가격의 차이로부터 발생한다. 따라서 딜러는 브로커보다 위험부담이 커 그에 따른 기대수입이 크다. 또한 가격결정에 직접 참여함으로써 시장 조성자로서 핵심적 지위에 있게 된다.

② 환율 상승, 하락의 의미

우리나라 원화를 대상으로 생각해 보자. 원화환율이 상승하는 것은 우리나라의 경제력이 약화되어 우리나라의 통화가치가 떨어졌음을 의미한다. 이를 평가절하(depreciation) 또는 약세통화로 칭한다. 반대로 환율이 하락하는 것을 평가절상(appreciation), 강세통화로 칭한다.

환율이 상승, 하락하면서 변화하는 것은 국가 경제 전반에 영향을 미치게 된다. 1997년대에 발생하였던 동아시아 경제위기는 외환위기라고 불릴 만큼 각 나라의 통화가치가 폭락(환율이 폭등)하여 일련의 사태가 벌어진 것이다.

■ 환율인상과 환율인하

예를 들어, 작년 겨울 미국방문 때 사용할 미국달러를 사기 위해 달러당 1,100원의 원화를 지급했다면 1달러=1,100원의 교환비율로 두 나라 통화가 거래된 것이고, 미국달러당 1,100원의 원화환율이 형성된 것이다. 그런데, 올해 들어서 미국방문을 가기 위해 다시 미국달러를 사려는데 은행에서 1달러=1,000원의 환율을 적용받았다면 그 동안 미국달러의 가치가 떨어지고, 원화의 가치가 상승하여 환율이 변했음을 의미한다. 작년에 1달러를 구입하기 위해 1,100원을 지급하던 것이 1,000원만으로 가능해졌기 때문에 그만큼 원화가 강세통화가 되었다는 것이다.

우리나라의 입장에서 볼 때 이렇게 환율이 떨어졌다는 것은 원화가치가 상승하여 환율이 하락한 것이다. 즉, 환율인하이고 반대의 현상이 환율인상이다. 환율인상시 통화는 약세통화가 된다.

1,100원/U$ → 1,000원/U$ = 환율인하(통화강세)

(4) 환율의 종류

① 명목환율과 실질환율

명목환율은 시장환율로서 통상의 환율은 이 명목환율(nominal exchange rate)을 말한다. 각 통화 간 환율을 표시하는데 있어서 실질환율이라는 표시가 없을 경우 명목환율을 의미한다. 명목환율은 외국통화라는 재화의 가격을 나타낸다. 예를 들어, 미국달러의 원화 환율이 1,200원 즉, 1,200원/미국달러의 환율은 미국달러라는 물건의 값이 원화로 1,200원이라는 것이다.

실질환율(real exchange rate)은 통화의 구매력을 기준으로 환율을 평가하는 방법으로 시장환율인 명목환율과 비교된다. 실질환율은 명목환율로 계산할 때 두 나라간 재화와 서비스의 교환비율이다. 예를 들어, 명목환율이 1,200원/미국달러일 때, 버드와이저 맥주 한 병이 서울에서는 1,350원에 판매되고, 미국에서는 1달러에 판매된다면 실질환율은 1,350원/미국달러가 된다.

■ **실질환율과 일물일가의 법칙**

실질환율은 통화의 구매력을 기준으로 환율을 평가하는 방법으로 가격결정과 관련된 일물일가의 법칙(law of one price: LOP)이 응용된다. 일물일가의 법칙은 한 재화에는 하나의 가격이 매겨진다는 것이다. 원/달러환율이 1,200원/달러일 때, 버드와이저 맥주 한 병이 서울에서는 1,350원에 판매되고, 미국에서는 1달러에 판매된다면 원, 달러의 구매력을 기준으로 한 실질환율은 1,350원/달러가 된다. 따라서 이런 가격이 계속된다면 1,200원/달러인 환율은 1,350원/달러로 인상될 가능성이 높다.

■ **빅맥지수**

영국의 이코노미스트지(Economist)가 1980년부터 발표하는 환율지수이다. 빅맥지수(big mac index)는 미국달러를 기준으로 각 국가의 통화가치를 평가하여 발표하는데 실질환율을 측정하는 방법을 이용한다. 맥도날드의 빅맥햄버거가 각 국가에서 얼마에 판매되는가를 조사하여 국가간 환율을 고시하는 것이다.

예를 들어, 빅맥햄버거가 일본에서 100엔에 판매되고, 미국에서 1달러에 판매된다면 빅맥지수는 100엔/달러가 된다. 그런데 시장에서 (명목)환율이 110엔/달러로 형성되어 있다면 앞으로 환율은 하락할 것으로 예상할 수 있다.

② 은행간환율과 대고객환율

거래 상대방이 누구인가에 따라 은행간환율(inter-bank rate), 대고객환율(customer rate)으로 나눈다. 은행간환율은 은행간 거래에서 결정된 환율이며, 도매환율 또는 기준환율(basic rate)이라고 한다.

대고객환율은 일선은행에서 기업 또는 개인과의 외환 소매거래에 일괄 적용하는 환율로서, 은행간환율을 토대로 은행별, 고객별로 차등적용한다. 대고객환율이 외환거래를 하는 고객별로 다르게 적용되는 것은 은행간환율이 고시되면 이를 기준으로 A은행이 매입 · 매도환율을 결정하는 것과, B은행이 결정하는 방법이 각기 다르다는데 기인한다.

예를 들어, 오늘 100달러를 매도하는 고객과 1개월 후 100달러를 매입하려는 고객이 있다고 하자. 은행은 오늘 매도고객의 매입상대방으로서 100달러를 매입하여 보관하였다가, 1개월 후 매입고객에게 매도상대방으로서 100달러를 매도한다. 이 과정에서 은행은 100달러를 보관하는 보관비용과 보관기간(1개월) 동안 환율이 변하여 이익이나 손실을 볼 가능성에 노출된다. 그래서 은행은 이를 보전하기 위해 매도 · 매입환율의 차이를 수수료(bid-ask spread) 수입으로 발생시킨다. 또한 각 은행별로 이 보관비용과 손익의 가능성은 일괄적이지 않기 때문에 매도 · 매입 환율의 차이가 다르고 결국 은행에 따라서 대고객매입환율이 달라지게 된다.

③ 현물환율과 선물환율

거래형태에 따라 현물환율과 선물환율로 나눈다. 현물환율(spot rate)은 거래일 이후 2영업일 이내에 대금 지급 및 인수도(delivery and payment)가 이루어지는 외환거래의 환율이고, 선물환율(forward rate 또는 futures rate)은 2영업일을 초과한 기일에 대금 지급 및 인수도가 이루어지는 외환거래의 환율이다.

선물환거래의 대표적인 것으로 차액결제선물환거래(NDF, non-delivery forward)가 있다. 외환시장에서 특정 통화의 보유를 목적으로 하지 않고 환율변화의 시세차익을 위해 거래하는 것이다.
외화의 실물인도가 이루어지지 않고 선물환율 거래에 의한 시세 차액만 결제된다. 주로 뉴욕, 런던, 홍콩과 같은 역외금융시장에서 거래되며, 여기서 형성되는 원/달러 선물환율은 국내 외환시장의 시세형성에 큰 영향을 미친다.

④ 고정환율제도와 변동환율제도

환율제도에는 크게 고정환율제도와 변동환율제도가 있다. 변동환율제도는 국가의 대외거래상황, 신인도, 경제성장률 등의 국가적 요인에 따라 환율이 자유로이 변동하는 것이며, 그렇지 않고 인위적으로 환율을 고정시켜 놓고 이를 변화시키지 않는 것을 고정환율제도라고 한다. 따라서 고정환율제도는 환율 변화가 적고 환율의 예측이 안정적이라는 장점을 가진 반면 환율을 고정시키는데 국가적 비용이 수반된다는 단점이 있다. 고정환율제도의 장단점은 그대로 변동환율제도의 장단점이 된다.

⑤ 환율의 표시법

환율을 표시하는 방법에는 크게 자국통화표시법(direct quotation)과 타국통화표시법(indirect quotation)이 있다. 자국통화표시법은 ₩1,150/U$으로 표기하는 것이고, 타국통화표시법은U$0.000825/₩ (여기서, 0.000825=1/1,200)로 표기하는 방법이다. 통상 자국통화표시법이 쉽게 읽히기 때문에 더 많이 사용된다.

유로피안표기법(European terms)과 아메리칸표기법(American terms)도 있다. 유로피안표기법은 U$1=￥110.50와 같이 미국 달러 대비 각 나라의 통화가치를 표기하는 것이고, 아메리칸표기법은 £1=U$ 1.5580와 같이 반대로 표기하는 것이다.

따라서 통상 우리가 알고 있는 달러당 원화(1,150원/달러) 환율은 자국통화표시법, 유로피안표기법에 해당한다.

(5) 외국환시세

외환시장에서 은행간거래에 의해 기준환율이 고시되면, 각 금융기관이나 중개업자는 기준환율에 대하여 각자가 판단하여 지정한 일정 수준의 스프레드(spread)를 붙여서 매매거래가격을 결정하고 이렇게 결정한 매매거래가격을 소매시장 외환거래에 사용한다.

소매시장 외환거래란 직접 실수요자에게 외화를 교환해주거나 매입하는 외환거래를 말한다. 따라서, 금융기관이나 중개업자에 따라 각각 다른 외국환 시세를 고시하게 된다. 이렇게 외국환시세가 다른 점은 외환시장이 장외시장(non-floor market)이라는 특징을 지니기 때문이다.

외국환시세는 현찰매도율, 현찰매입율일수록 보관비용, 수송비용 등 비용을 수반하여 이로 인해 스프레드가 커져 거래 당사자들이 불리해진다, 현찰이 아닌 전신환(계좌이체환율이라고 볼 수 있다)일 경우 현찰매매율보다 꽤 낮은 스프레드가 붙게 되어 거래 당사자들에게 유리해진다.

〈표 12-3〉 외국환시세, 대고객매매율의 예

현찰매도율(고객이 살때)	1,253.57
수입어음결제율 cf. 여행자수표매도율	1,245.40
전신환매도율(고객이 살때)	1,241.30
기준환율	1,223.00
전신화매입율(고객이 팔때)	1,204.70
기한부어음매입율 cf. 여행자수표매입율	1,201.60
현찰매입율(고객이 팔때)	1,192.43

환율은 기본환율인가, 간접환율인가에 따라 기준환율, 교차환율, 재정환율로 구분한다.

기준환율(basic rate)	각 국 통화에 대해 기본이 되는 미국달러와의 환율
교차환율(cross rate)	자국통화가 개입되지 않은 미국달러와 다른 나라 통화간의 환율
재정환율(arbitrated rate)	기준환율과 교차환율의 관계에서 성립한 자국통화와 미국달러화 이외의 통화간의 환율

여기서, 세 종류의 환율은 삼각균형관계를 맺게 된다. 즉, 기준환율, 교차환율, 재정환율간에는 아래 원화/엔화 환율 결정과 같이 삼각균형관계가 성립하게 되는 것이다. 따라서 미국달러가 아닌 통화와의 환율 결정은 교차환율이 중요한 역할을 하게 된다.

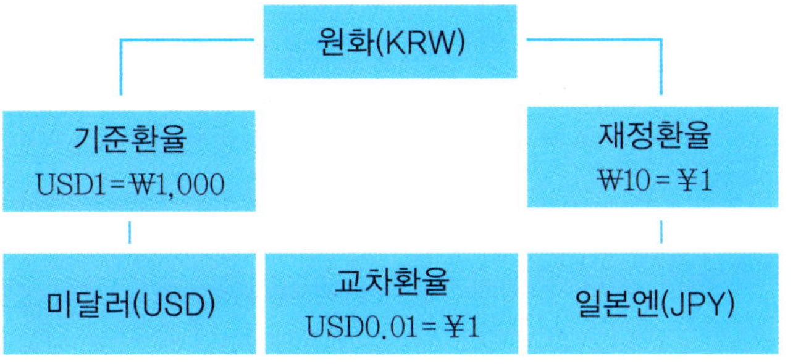

[그림 12-1] 기준환율, 교차환율, 재정환율

위에서와 같이 기준 환율이 KRW1,000/USD이고, 교차환율이 JPY100/USD라면, KRW과 JPY 사이의 환율(재정환율)은 KRW10/JPY1으로 결정된다. 미국달러와 일본엔의 환율이 바뀌면 원/달러, 엔/달러 환율 균형환율도 변경된다. 이러한 연유로 자국통화가 개입되지 않고 역외금융시장에서 이루어지는 교차환율이 의미를 가지게 된다.

(6) 외화수급에 영향을 주는 요인과 환율변동

외환시장의 환율변화에 영향을 주는 가장 큰 요인은 외화의 수요와 공급이다. 이외에도 각 나라의 금리 차이, 정치적 요인도 크게 작용을 하지만 기본적인 요인은 외화수급이라고 볼 수 있다. 외화의 수급에 영향을 주는 요인에는 국제수지, 통화량 등 다양한 형태가 있다.

- 국제수지는 국가의 국제거래 이익, 손실을 나타내는 지표이다. 국제수지 흑자는 외화의 공급을 증가시켜 환율을 인하시키는 효과가 있다.

• 통화량이 증가하면 물가가 상승하므로 이는 그 나라의 통화가치를 약화시키게 된다. 또한 수출이 감소하여 통화가치를 하락시키는 요인으로도 작용한다.
• 실업률 상승은 해외로부터의 투자를 감소시키게 되어 국내 자본의 유출이 일어나 통화가치를 하락시키게 된다.
• 물가 상승은 통화의 구매력을 하락시킨다. 이는 통화가치 하락을 유발하고 환율이 인상되는 결과를 야기한다. 이렇게 물가에 의한 화폐의 실질 구매력으로 환율을 평가하는 것을 구매력평가설(purchasing power parity, PPP theory)이라고 한다.
• 주가와 환율은 어느 한쪽이 다른 한쪽에 영향을 주는 것이 아니라 상호영향을 주는 관계로 나타나 있다. 즉, 아래 그림과 같이 상호영향을 주는 내생적 관계이지만, 실증연구결과 대체로 음(-)의 관계가 발견되었다. 주가가 오르면 환율은 하락하는 경향이 크다는 것이다.

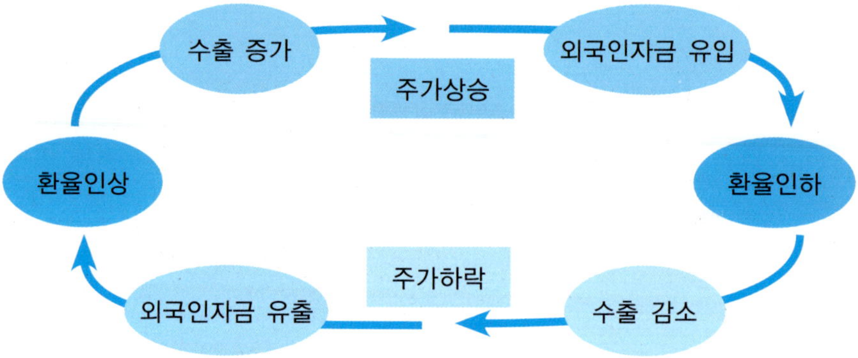

[그림 12-2] 주가와 환율의 내생적 관계

(7) 외환딜링과 환율

외환딜링(dealing)은 외화를 필요로 하거나 팔고자 하는 거래 상대방이 되어 외화를 전문적으로 매도하거나 매입함으로써 외환시장 기능의 핵심을 수행하는 것이다. 외환딜링에서의 외환포지션 구성에 따라 외환손익이 발생하게 되는데, 이들 외환딜링은 현실적으로 시장환율을 형성한다는 점에서 중요한 의미를 지닌다.

외환딜링에 따른 외환포지션은 주식시장, 선물시장 처럼 오픈포지션(open position)과 스퀘어포지션(square position)으로 구성된다. 오픈포지션에는 매입초과(long position), 매도초과(short position)이 있고, 스퀘어포지션은 외화의 매입과 매도를 일치시켜 외화보유에 따른 위험(환리스크)에 노출되지 않은 상태를 뜻한다. 외환포지션을 스퀘어포지션으로 만드는 것이 합리적이지만 환율변동에 대한 예측을 통해 오픈포지션을 구성하여 차익을 취하려 하기도 한다.

〈표 12-4〉 외환딜링에 따른 외환포지션과 손익의 예

<table>
<tr><th colspan="3">스왑 이전</th><th colspan="2">외환포지션</th><th colspan="2">스왑 이후</th></tr>
<tr><th rowspan="2">거래환율
(₩/S)</th><th colspan="2">거래금액</th><th colspan="2" rowspan="2">long: 매입초과포지션
short: 매도초과포지션
square: 매입
= 매도포지션</th><th>매입평균
환율</th><th>1,209.5*</th></tr>
<tr><th>매입</th><th>매도</th><th>매도평균
환율</th><th>1,211.2**</th></tr>
<tr><td>1,207.0</td><td>500</td><td></td><td>+ 500</td><td>(long)</td><td>환율차</td><td>+1.7</td></tr>
<tr><td>1,209.0</td><td>2,000</td><td></td><td>+ 2,500</td><td>(long)</td><td></td><td></td></tr>
<tr><td>1,239.5</td><td></td><td>1,000</td><td>+ 1,500</td><td>(long)</td><td>거래액(A)</td><td>$3,000</td></tr>
<tr><td>1,212.0</td><td></td><td>2,000</td><td>- 500</td><td>(short)</td><td>환율차(B)</td><td>+1.7</td></tr>
<tr><td>1,214.0</td><td>500</td><td></td><td>0</td><td>(square)</td><td rowspan="2">딜링수익
(A×B)</td><td rowspan="2">₩51,000,000</td></tr>
<tr><td>계</td><td>3,000</td><td>3,000</td><td></td><td></td></tr>
</table>

* 매도평균환율 = [(1,239.5×1,000)+(1,212×2,000)]÷3,000

** 매도평균환율 = [(1,207×500)+(1,209×2,000)+(1,214×500)]÷3,000

2. 환위험과 환위험관리전략

(1) 환위험

환위험은 예기치 못한 환율변동으로 인한 경제적 손실을 말한다. 환위험은 환노출에 대한 가격변동성으로 측정하는데 다음에서 쉽게 알아볼 수 있다.

(환위험)		(가격 불확실성: uncertainty)		(환노출: exposure)
시장위험	=	가격변동성	×	가격변동에 대한 민감성

환위험은 ① 자국통화로 환산시 발생하는 가치변동과 ② 환율변동이 기업의 경쟁적 위치에 미치는 영향 등으로 측정하는데, 경제활동을 영위하는 모든 경제적 주체에게 영향을 미치게 된다.

> 100만달러를 보유하고 있다면, 원/달러 환율이 10원이 변동할 때,
> 100만달러 × 10원 = 1,000만원의 환위험에 직면한다.
>
> 즉, 여기서 100만달러 ⇒ 환노출(exposure)　　10원 ⇒ 가격변동성
> 　　　　1,000만원 ⇒ 환위험이 된다.
>
> 따라서 환노출은 환위험을 발생시키는 원인이 되는 것으로 볼 수 있다. 만일 10만달러 보유시 환위험은 100만원이 된다.

(예) 수출기업의 경우 환율변동의 영향

▶달러표시 수출액에 영향을 주지 않더라도 원화로 환산하면 현금유입 변동

▶수출기업의 자체 경쟁력에 영향을 미치므로 달러표시 수출액에도 영향

기타 영향) 은행의 외화보유포지션, 은행의 환전수수료 (bid-ask spread), 기업의 수출입자금, 개인의 외화송금

(2) 기업유형과 환위험

판매와 생산, 원자재 조달에 있어 다음과 같은 유형의 기업들이 있다고 하자. 모두 여덟가지 종류의 유형이 존재하는데 이들 모든 형태의 기업에 있어서 환위험이 공통적인 위험으로 작용한다는 사실을 알 수 있다. 국내에서 판매, 생산, 원자재 조달을 모두 수행하는 기업(I번 유형의 기업)에 대해서도 환위험이 존재한다는 사실은 환위험이 중요하다는 것을 가리킨다.

〈표 12-5〉 기업유형과 환위험

유형	판매시장	공장입지	원자재 조달	산업의 예
Ⅰ	국내(W)	국내(W)	국내(W)	국내조달, 생산, 판매
Ⅱ	국내(W)	국내(W)	해외($)	해외조달, 국내생산판매
Ⅲ	국내(W)	해외($)	국내(W)	해외임가공, 내수판매
Ⅳ	국내(W)	해외($)	해외($)	해외생산, 국내수입판매
Ⅴ	해외($)	국내(W)	국내(W)	국내조달생산, 수출판매
Ⅵ	해외($)	국내(W)	해외($)	해외조달, 가공수출
Ⅶ	헤외($)	해외($)	국내(W)	국내조달, 해외생산판매
Ⅷ	해외($)	해외($)	해외($)	해외생산, 현지판매

(자료: 민상기, 정창영, '글로벌재무전략')

● 유형 I: 국내 내수기업

생수, 연탄제조, 생필품 등이 예이다.

판매와 원자재조달 현금흐름이 모두 원화이므로 일견하면 환위험이 없는 것으로 보인다.

하지만 수입대체품목이 있을 경우 환율하락시 경쟁 열위가 될 수 있으므로 환율변동의 영향이 있다. 예를 들어 생수제조업체라면 외국생수업체와 경쟁하게 되는데, 원화환율이 하락하면 외국생수의 국내판매가격이 저렴해지므로 상대적으로 판매가 불리해진다. 이는 순수 국내 내수기업이라도 환위험에 노출되어 있다는 점을 알 수 있는 것으로 환위험이 모든 기업에 당면한 위험이라는 것을 가리킨다.

● **유형 Ⅲ: 국내 내수기업**

에너지(가스)회사 등을 들 수 있다.

판매는 국내이지만 원자재조달은 외화로 수행하므로 환율인상시 큰 폭의 손실 가능성이 존재한다. 환율하락시 경쟁 우위에 서게 되므로 유형 Ⅰ기업에게도 영향 을 준다.

● **유형 Ⅳ: 해외 수입기업**

해외에서 들어오는 수입품목을 다루므로 만일 원화가치가 하락(환율인상)시 불리해진다.

외국의 생수제조판매기업은 환율하락시 판매 증가로 유형 Ⅰ의 순수국내 내수기업에게도 환율변동의 영향을 준다.

● **유형 Ⅴ: 해외 수출기업**

우리나라의 많은 기업들이 속한다.

판매는 해외에서, 원자재 조달은 국내에서 수행하므로 환노출이 상당히 큰 편이다.

● **유형 Ⅵ: 해외 수출기업**

우리나라의 많은 기업들이 역시 이에 속한다.

판매와 원자재조달이 모두 해외이므로 외화 현금유입과 현금유출의 상쇄 효과가 발생하여 환노출은 비교적 작아지게 된다.

(3) 환위험관리전략

환율변동에 의해 발생하는 환위험에 대해 개별 경제주체 내부적으로 이를 관리하는 전략과 외부적으로 관리하는 전략이 있다. 내부관리전략에는 상계, 매칭, 리딩, 래깅이 주요 수단이고, 외부관리전략으로는 선물환, 통화선물, 통화옵션, 스왑, 환보험 등이 이용된다.

① 내부관리전략

● 상계(netting)

외국과의 거래를 하는 기업에서 발생하는 외화표시 채권 · 채무를 개별적으로 결제하지 않고 일정기간이 경과한 후 채권 · 채무의 차액만을 정기적으로 결제하는 제도이다. 차감이라고도 한다. 국제거래를 하는 기업의 본사와 지사간 또는 계열사간 채권 · 채무 결제시에 그 차액만을 결제하여 결제규모를 축소시킴으로써 환위험을 줄이는 방법이다. 환위험을 줄이는 간단하면서도 현실적으로 유용한 방법이다. 그림에서와 같이 상계 전과 후를 비교할 때 결제에 필요한 외화금액이 대폭 감소함으로써 외환거래에 따르는 환위험을 축소시킬 수 있다.

상계 전 결제금액: U$250,000
상계 후 결제금액: U$ 50,000
(B가 A에게 U$ 50,000만 지급하면 됨)

[그림 12-3] 양자간 상계거래

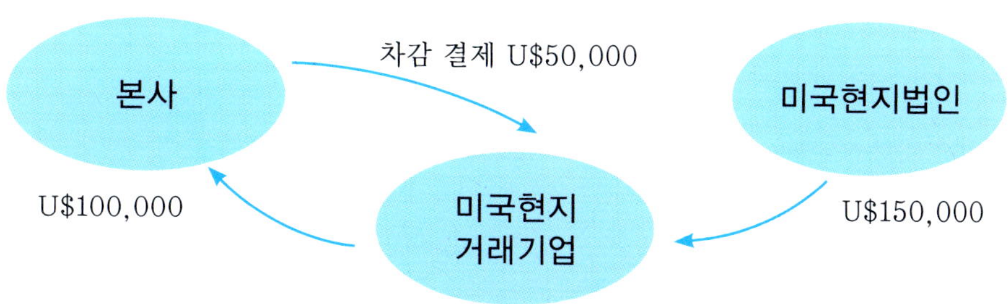

상계 전 결제금액: U$250,000
상계 후 결제금액: U$ 50,000

[그림 12-4] 다자간 상계거래

● 매칭(matching)

외화자금의 유입과 지급을 통화별, 만기별로 일치시켜 외화자금흐름의 불일치로 발생할 수 있는 환위험을 원천적으로 제거하는 방법이다. 상계(차감)와 거의 동일한 의미이지만, 상계가 부분적인 환위험제거전략이라면 매칭은 완전한 환위험제거전략이라는 차이가 있다. 현실적으로 수출에서 수취한 외화로 수입결제에 충당하는 경우가 해당된다. 즉, 수출로 벌어들인 외화를 환전하지 않고 그대로 보관해 두었다가 수입결제에 사용한다면 매칭을 이용한 전략이 된다.

● 리딩(leading)과 래깅(lagging)

환율변동에 대비하여 외화의 수급(결제)시기를 앞당기거나(leading), 뒤로 미루는(lagging) 전략이다. 수출기업이 환율의 하락을 예상하여 선적서류 매입을 가능한 앞당기거나, 수입기업이 환율상승에 대비하여 결제시기를 앞당기는 것은 리딩전략이고, 수출기업이 환율의 상승을 예상하여 선적서류 매입을 늦추거나, 수입기업이 환율하락에 대비하여 결제시기를 뒤로 미루는 것은 래깅전략이다.

하지만 리딩, 래깅은 인위적으로 외환의 수급시기를 조절하기 때문에 만일 환율이 예상에서 빗나갈 경우 애초에 원했던 환위험관리가 이루어지지 않을 수도 있다는 단점이 있다. 그러므로 리딩과 래깅은 환율에 대한 적절한 예측이 이루어졌을 때 수행하는 것이 바람직하다. 실무에서는 리딩과 래깅을 허용하되 통상적으로 그 기간을 한정한다.

[리딩, 래깅의 예]

IF상사는 다국적기업으로 2개월 후 미국현지법인에 100만달러를 지급해야 하고, 영국현지법인으로부터는 10,000만엔을 받을 예정이다.

계약일 현재 환율은 ₩1,000/U$, ₩1,000/￥100인데 1개월 후, 2개월 후, 3개월 후 환율이 다음과 같이 환율인상 추세를 보일 것으로 예상하고 있다.

즉, 달러화와 엔화 모두에 대해 원화가 약세되어 환율이 오를 것으로 예상된다.

〈표 12-6〉 리딩, 래깅의 예

	1개월 후 예상	2개월 후(결제시점)	3개월 후 예상
₩/$	₩1,050/$	₩1,100/$	₩1,150/$
₩/¥	₩1,050/¥100	₩1,100/¥100	₩1,200/¥100

이 경우 지급해야 할 U$에 대해서는 리딩전략으로 1개월 후 선지급하고, 수취할 ¥에 대해서는 래깅전략으로 3개월 후 대금을 수취한다. 그렇게 되면 아래와 같이 1.5억원의 외환수익이 나타나게 된다.

	원 계약(2개월 후 결제)	리딩, 래깅전략 이후
미국법인 선지급(1개월 리딩)	11억원	10.5억원
일본법인 후수취(3개월 리딩)	11억원	12.0억원
순현금흐름	0	1.5억원

② 외부관리전략

경제 주체 내부적으로 수행할 수 있는 내부관리전략과 달리 외부관리전략은 외부의 수단을 이용하여 환위험을 관리하는 전략이다.

● 선물환(forward exchange)

가장 널리 사용하는 외부관리전략이다. 계약일에 미리 약정한 환율로 환전을 하는 것으로서 환율변동과 무관하게 미리 정해진 환율에 거래한다는 점에서 확실하게 환율변동위험을 회피할 수 있는 장점이 있다. 선물환이 장내거래로서 체계적으로 거래가 이루어지는 상품을 통화선물(currency futures)이라고 한다. 제9장 1절 무역업체의 예도 선물환거래의 하나이다.

● 통화옵션(currency option)

계약일에 미리 약정한 환율로 환전할 수 있는 권리를 매입하는 것으로서 선물환이나 통화선물계약이 "미래 매매할 것을 약정한 계약(promise to sell or buy)"이라면 통화옵션계약은 "미래 매매할 권리를 약정한 계약(rights to sell or buy)"이다. 따라서 일정한 가격을 지불하면 원하는 환율에 환전할 수 있는 권리를 매입한 다음 권리 행사에 유리한 경우 외화를 매매하고, 그렇지 않으면 권리 행사를 포기하면 된다.

● 통화스왑(currency swap)

계약일에 미리 약정한 환율로 교환할 것을 약정한 계약(promise to exchange)이다. 선물환이나 통화선물과 유사한 것으로 보이지만, 통화스왑은 거래 상대방이 자기와 유사한 형태의 거래를 수행한 상태에서 거래와 거래를 교환하는 계약이므로 거래 상대방이 유사한 형태의 거래를 수행하지 않은 채 거래하는 선물환이나 통화선물과는 다르다.

● 환보험(exchange insurance)

환율변동위험에 대해 보험에 부보하는 것으로서, 수출대금지급기간이 1년 이상인 자본재를 수출할 때 계약시점과 대금결제시점 사이의 통화가치 변동에 따른 손실을 보전해주는 금융상품이다. 환차손에 대비하여 보험료를 지급하다가 일정금액 이상의 환차손이 발생한 경우 이를 보전하는 차원에서 보험금을 청구한다. 수출보험제도의 일환으로서 1970년대 초 변동환율제도로 이행된 이후 각국에서 도입하여 이용하고 있다. 우리나라에서도 무역보험공사가 설치되어 환보험을 취급하고 있다.

● 기타 비재무전략

이상에서 언급한 전략 이외에 비재무적전략이 있다. 마케팅전략, 생산관리전략, 조직전략 등이 그것인데, 마케팅전략으로서 여러 국가로 수출다변화를 기함으로써 환위험을 축소하는 방법이 있다. 또한 개별 국가내의 시장에서도 판매상품별 또는 수요계층별로 시장을 세분화(market segmentation)하여 환율변동에 따라 시장별, 제품별로 광고, 제품계획을 조정한다면 어느 정도의 환위험은 관리할 수 있다.

생산관리전략으로서는 본국생산, 해외생산 등 생산입지의 효율적 선택을 통해 환위험에 대응하는 것이다. 투입되는 원자재나 부품구조를 아웃소싱 등으로 조정하는 것도 환위험 조절에 효과가 있다.

조직전략의 하나로 본국의 직원과 현지인 채용을 다변화하는 방법을 들 수 있다. 보수지급에 있어서도 본국통화 급여, 현지통화 급여를 혼용함으로써 환위험에 대처할 수 있게 된다.

학습정리

01. 환율은 서로 다른 두 나라 통화간의 교환비율을 의미하며, 이들 통화가 거래되는 시장을 외환시장이라고 한다.

02. 외환시장은 24시간 개설되는 상설시장이며, 글로벌시장이라는 특징이 있다. 따라서 종가의 개념이 없이 최근 거래가격이 고시된다.

03. 환율상승(하락)은 한 나라의 통화가 약세(강세) 통화가 되어 평가절하(절상)되어 가는 과정을 뜻한다.

04. 환율은 거래상대방에 따라 도매환율인 은행간환율과 소매환율인 대고객환율로 구분되며, 선물환율이 현물환율을 지배하는 경우가 많다.

05. 고정환율제도는 환율변화가 적고 환율의 예측이 안정적이라는 장점을 가진 반면 환율을 고정시키는데 국가적 비용이 수반된다는 단점이 있다. 고정환율제도의 장단점은 그대로 변동환율제도의 장단점이 된다.

06. 미국달러화가 아닌 다른 나라의 통화와의 환율을 결정하기 위해 자국통화가 개입되지 않은, 미국달러화와 다른 나라 통화간의 환율을 교차환율이라고 한다.

07. 외환딜링에 따른 외환포지션은 오픈포지션과 스퀘어포지션으로 구성한다. 오픈포지션은 다시 매입초과 · 매도초과포지션으로 나뉘며, 스퀘어포지션은 매입과 매도를 일치시켜 환리스크에 노출되지 않은 상태를 의미한다.

08. 환위험은 예기치 못한 환율변동으로 인한 경제적 손실 가능성으로서, 이에 대한 전략은 내부관리전략(상계, 매칭, 리딩, 래깅)과 외부관리전략(선물환, 옵션, 환보험)이 이용된다.

09. 수출기업이 환율의 하락을 예상하여 선적서류 매입을 가능한 앞당기거나, 수입기업이 환율상승에 대비하여 결제시기를 앞당기는 것은 리딩전략이고, 수출기업이 환율의 상승을 예상하여 선적서류 매입을 늦추거나, 수입기업이 환율하락에 대비하여 결제시기를 뒤로 미루는 것은 래깅전략이다.

제13장

국제금융시장

1. 국제금융시장의 의의
2. 국제채권시장
3. 국제주식시장

들어가기

전업투자자인 김OO씨는 삼성전자 주식이 뉴욕증권거래소에 주식예탁증서(DR) 형태로 상장되어 있어서 뉴욕과 서울의 가격 차이를 비교 분석하여 수익를 내고 있다. 뉴욕에 비해 서울의 가격이 저평가되어 있을 때 매수하여 차익을 내고 있는 것이다.

박OO씨는 2018년 초 오랫동안 가입여부를 놓고 고민하였던 국내 주식형펀드에 가입하였다. 초기 수익률은 양호하였으나 2018년 말 세계적인 경기 침체 사태로부터 촉발된 주식시장 주가 하락으로 투자수익률이 -20%에 육박하는 지경에 이르렀다. 박OO씨는 미국에서 발생한 경기 침체 우려가 왜 한국에 있는 자신의 펀드 수익률에 그토록 영향을 미치게 되는 지에 대해 의구심을 품지 않을 수 없었다.

증권시장 투자는 수익을 안겨다 주기도 하지만 세계 금융시장의 동조화로 인해 국제환경변화에 대한 위험관리가 매우 중요하다는 사실을 일깨워 주었다. 특히 금융의 글로벌화에 따라 국제금융시장에 대한 이해가 절실하게 되었다. 글로벌화에 힘입어 이제 각 나라의 금융시장도 변화하는 세계 경제환경에 대응하는 모습을 갖추고 있다.

자산의 운용 관점에서 봐도 중국, 미국, 브라질, 유럽 등에 대한 외화투자와 같은 금융자산 투자는 필수 불가격한 자산증식 수단으로 자리잡고 있다. 변화하는 세계의 경제환경에서 자신의 자산을 효율적으로 운용해 나가기 위해서는 국제금융시장에 대한 이해가 필요하다.

1. 국제금융시장의 의의

(1) 개념과 범위

① 개념

국제금융시장은 외환시장, 국제주식시장, 국제채권시장과 같이 국가 간의 금융거래가 이루어지는 물리적, 시간적 개념을 포함하여 자본조달, 투자, 파생상품까지 국제간 거래의 모든 행위를 총칭하는 것이다. 즉, 국제적 자금 대차거래의 집합이다. 여기에는 외화의 교환, 외화자금의 차입과 공여, 국제증권투자, 역외금융시장, 무역금융, 국제은행활동 등이 망라된다.

② 발전배경

19세기 영국의 국제무역 확대와 산업혁명에 힘입어 대외거래가 활발해지면서 무역신용을 중심으로 국제금융이 활발해지다가 제2차 세계대전 종전 이후 미국을 중심으로 개발자금과 원조금이 제공되면서 달러자본이 세계적으로 형성되었다.

이는 유로달러 시장(달러가 미국 이외 국가에서 거래되는 시장)과 뉴욕 금융시장의 성장을 이끌고 본격적으로 국제금융시장이 발전하는 계기가 되었다. 달러가 외국으로 유출되어 다양한 역할을 수행한데 힘입어 여러 국가에서 달러라는 명칭을 자국의 통화 명칭으로 사용하는 경우가 많게 되었다. 달러화가 자국의 통화처럼 재화나 서비스의 구입에 통용되는 달러라이제이션(dollarization) 현상도 여전히 다수 국가에서 볼 수 있다. 또한 국제통화기금(IMF), 국제결제은행(BIS), 세계은행(World Bank), 아시아 · 유럽 · 미주 · 아프리카 개발은행(ADB, ERBD, IDB, AfDB), 아시아인프라투자은행(AIIB) 등 국제금융기구가 생성, 발전하고 이슬람금융이 국제금융에서 주목을 받는 것도 국제금융시장의 확대에 일조하고 있다.

이후 세계화 추세에 힘입어 국제금융시장은 비약적으로 발전하고 있으며, 국가 간 장벽이 허물어져가고 있다. 각 경제주체에 있어서 돈이라는 자원을 시간적으로 재분배함으로써 생산과 효율을 증가시키려는 금융의 본연활동을 국제적 관점에서 다룸으로써 효용 증가를 도모하는 것이다. 따라서 금융거래를 통하여 경제주체의 보유자금과 필요자금의 차이를 해소함으로써 자본이 효율적으로 생산에 사용되어 사회 전체의 효율성을 증가시키는데 국제금융시장이 역할을 수행한다.

③ 범위

국제금융시장과 국내금융시장의 구분은 거래에 참여하는 사람의 거래 당사자의 ① 거주성(residency), ② 표시통화(currency of denomination), ③ 적용되는 규제(regulation)의 세 가지 요소를 기준으로 한다.

거주성은 거래 당사자가 내국인이냐 외국인이냐의 기준을 말하고, 표시통화는 발행금액의 표시통화가 자국통화인가 타국통화인가의 기준을 의미한다. 자국법규의 규제를 받느냐 그렇지 않느냐는 규제의 차이로서 유로시장과 같은 시장은 자국의 법규를 적용받지 않는 시장이다. 이 가운데 하나만 제외되어도 국제금융시장으로 분류한다.

국제금융시장은 크게 유로시장(Euromarket)과 역외시장(offshore market)으로 나눈다. 이 가운데 좁은 의미의 국제금융시장은 주로 유로시장을 뜻한다.

■ 유로시장: 본국 이외의 국가에서 본국 통화가 거래되는 국제금융시장

예) 미국 이외 국가에서의 달러화 대출, 예금 활동 → 유로달러
일본 이외 국가에서의 엔화 대출, 예금 활동 → 유로엔
일본 이외 국가에서의 엔화 CD 발행 → 유로CD, ENCD

* 유로화를 취급하는 본국 이외 국가의 은행을 유로은행이라고 함
우리나라의 경우 과거에는 외환은행만이 가능하였으나 지금은 시중은행 대부분이 유로화를 취급하는 유로은행이다.

■ 역외시장: 본국의 규제가 적용되지 않는 외화가 본국에서 거래되는 국제금융시장. 많은 경우 유로거래는 동시에 역외 거래이다.

예) 뉴욕, 런던, 홍콩, 싱가포르 등의 주요 국제금융센터의 성장은 자국 내에서 외화거래에 대해 규제를 하지 않은 것이 무엇보다도 중요한 요인이다.

(2) 국제금융시장의 주요 기능

① 근본적 기능과 성격

국제금융시장에서의 자금조달은 국내보다 저렴하고 통화를 원하는 외화로 조달할 수 있으며, 투자대상을 늘림으로써 포트폴리오 위험분산효과가 커지고 동시에 높은 수익을 추구할 수 있다. 특히, 유로거래는 본국 외 지역에서 이루어지는 금융거래이므로 본국의 규제가 연장되지 않는 시장이 형성된다.

그리하여 유로시장의 범위 안에서는 이익추구와 시장원리에 따라 다른 어느 시장보다 통합된 시장으로서 높은 정보력을 가지고 최적의 거래조건을 얻기 위해 치열하고 효율적인 국제금융시장을 이루게 된다.

한편 유로시장에 존재하는 모든 금융상품의 거래조건들이 외환, 파생 등과 결합되어 세밀하게 검토되어 만일 가격이 균형상태에서 벗어나면 이를 이용한 차익거래가 규제적용을 받지 않고 자유롭게 일어남으로써 국가간 국내금융시장과 연결된다. 그러므로 유로시장은 세계 금융시장이 통합되는 핵심 연결고리의 역할을 수행하게 된다. 외환시장의 한 현상으로서 뉴욕시장의 역외 차액결제 선물환거래(NDF) 거래가 국내 외환시장에 절대적 영향력을 행사하는 것도 이 같은 예이다. 궁극적으로 보면 국제금융시장과 국내금융시장이 경쟁하고 상호 통합되어 감으로써 국제금융시장 확대로 인해 국내금융시장이 존재하지 않는다고도 볼 수 있다.

하지만 국제금융시장 거래는 각 나라 별로 세금제도가 달라 투자수익에 대해 각기 다른 세금을 부과한다는 점과 환율의 차이에 따른 환차손이 발생할 수 있다는 점을 간과하지 말아야 한다.

② 구체적 기능

국제금융시장이 수행하는 구체적 기능에는 투자기회의 확대, 국제대차결제기능, 국제무역중개기능, 국제적 유동성 조절기능, 환위험 관리수단 제공기능 등이 있다.

● 투자기회의 확대

국내 금융시장으로 국한되었던 투자기회를 해외로 확대함으로써 보다 넓은 투자처를 제공한다. 금융거래 자유화와 개방화로 인해 자국이 아닌 타국의 증권시장에 투자하는 것이 용이해짐으로써 국제금융시장의 중요성이 한층 커졌다.

● 국제대차결제기능

국제무역을 통한 상품 및 서비스, 자본거래의 채권과 채무를 원활하게 결제하는 수단을 제공한다.

● 국제무역중개기능

국제간 상품 및 서비스거래의 수출입대금을 융자, 예치함으로써 국제교역을 촉진한다. 국제금융시장 발달은 세계 무역량의 급격한 증가를 가져온 주요 요인이 되었다.

● 국제적 유동성 조절기능

국제투자 및 시설금융까지 취급함으로써 국제수지 적자 및 국제 유동성 부족 상태에 있는 국가지원을 통해 유동성 부족 문제를 해결한다.

● 환위험 관리수단 제공

국제거래에서 야기되는 환위험에 대처할 수 있는 여러 가지 금융수단과 기법을 제공함으로써 자금 운용을 종합적으로 관리할 수 있는 시장기능을 제공한다.

(3) 국제금융시장의 형태

① 시장별 형태

국제금융시장에는 시장의 형태별로 외환시장, 유로시장, 외국상품시장, 파생상품시장이 있다.

■ 외환시장(Foreign Exchange Market)
서로 다른 국가 간의 이종통화가 거래되는 시장

■ 유로시장(Euro Market)
자국 통화가 외국에서 거래되는 시장을 통칭한다. 유로통화(Euro currency, 유로화 예금시장), 유로대출(Euro credit), 유로채권(Euro bond), 유로주식(Euro equity) 등을 취급한다. 예를 들어, 유로대출은 유로화 취급은행이 단기 유로예금을 가지고 주로 각국 정부나 정부가 보증하는 공공기관에 중·장기로 대출해주는 시장. 유로시장 중 1년 이내의 단기 금융을 다루는 유로시장을 유로머니시장이라고 한다.

■ 외국상품시장(Foreign Market)
서국채권(foreign bond), 외국주식(foreign equity)

■ 파생상품시장(Derivatives Market)
선물환시장, 선물시장, 옵션시장, 스왑시장

② 상품별 형태

취급하는 상품에 따라 외환시장, 국제 단기금융시장, 국제채권시장, 국제주식시장으로 나눈다. 또한 국내 금융시장에서처럼 금융중개기관의 역할에 따라 직접금융(direct financing)상품과 간접금융(indirect financing)상품으로 구분한다. 직접금융상품에는 유로CP, 유로CD(ENCD, euro negotiable certificate of deposit), 유로중기채권(EMTN, euro median term note), 유로장기채권(euro bond), 외국채권(foreign bond) 등이 있다. 간접금융상품은 유로은행을 매개로 한 유로예금, 유로대출 등이다.

거래만기에 따라 자본시장과 단기금융시장으로 나눈다. 이 역시 국내금융시장의 분류와 동일하다. 자본시장은 국제금융시장을 이용한 중장기 금융(유로채권, 외국채권, ADR, GDR)이고, 단기금융시장은 1년 이하의 단기금융 즉, 유로CP, 유로CD 등이 속한다.

기타 유로통화시장(euro currency market) 또는 유로화폐시장이 있는데, 이는 유로시장 가운데 각 통화의 정기예금시장으로서 국제금융시장의 유동성을 제공한다, 대표적인 유로통화시장은 유로달러시장, 유로엔시장 등이다. 무역, 외환, 국제금융 등 모든 형태의 국제금융거래의 지불과 결제수단이므로 국제금융시장에서 각 통화의 화폐시장, 자본시장, 외환시장 등의 각 부문을 연결하는 매개기능을 수행한다(제5장 2절 참고).

[본문 용어 설명]

■ 유로채권과 외국채권

유로채권(유로채): 발행지의 통화가 아닌 통화로 발행되는 채권

외국채권(외국채): 외국기업이나 외국정부가 다른 나라에서 그 나라 통화로 발행하는 채권

■ ADR, EDR과 GDR

원주식은 자국에 보관하고 대체증권을 발행하여 외국 주식시장에서 거래되는 것을 주식예탁증서(DR)이라고 하고, 미국에서 거래되면 ADR, 유럽에서 거래되면 EDR, 전체 국제금융시장 차원에서 GDR로 칭함

■ LIBOR와 EURIBOR

LIBOR: 런던소재 은행간 유로예금 적용금리(London inter-bank offered rate)

EURIBOR: 유럽통합통화인 유로(euro)화를 기존의 유로(Euro)거래와 차별화하여 유로화의 은행간거래 기준금리로 적용

③ 국제금융센터와 역외금융센터

● 국제금융센터

국제금융센터(IFC, international finance center)는 국제금융활동이 활발하게 이루어지고 있는 장소를 지칭한다. 뉴욕, 런던, 동경 등의 WFC(world finance center)와 홍콩, 싱가폴, 암스테르담 등의 RFC(regional finance center)가 있다.

국제금융센터는 i) 국내자금이 풍부하여 외국인에게 대출자금 여력이 있거나, ii) 외국인들의 자금투자를 소화할만한 국내 자금수요가 존재 또는 iii) 외국인 상호간에 금융거래를 할 수 있는 기반시설을 갖추고 있다. 또한 정치, 경제, 사회적으로 안정되어 있고 금융규제가 완화되어 있으며, 지정학적 위치나 거래구조가 용이하다는 특징이 있다.

● 역외금융센터

국제금융센터는 흔히 역외금융센터(offshore market, offshore finance center)의 역할도 수행한다. 좁은 의미에서 볼 때 역외금융센터는 국내 거주인이 아닌 외국인들 간에 금융거래가 이루어지는 시장을 역외금융시장이라고 하며, 역외시장의 중심이 되는 거래장소를 역외금융센터라고 한다. 위 ⅰ), ⅱ), ⅲ)에서 ⅲ)의 기능만 수행하는 국제금융센터를 지칭하는 것이다. 위에서 언급한 국제금융센터 이외에 룩셈부르크, 브뤼셀, 바하마, 케이만군도, 파나마, 버뮤다, 바레인, 두바이, 타이베이, 방콕, 마닐라 등이 이에 속한다.

특히, 국제금융시장에서의 자금공급이나 자금모집의 기능만 수행하면서 유리한 세제 및 규제상의 혜택을 주는 곳이 있는데 이를 조세피난처(tax heaven, shell branch)라고도 한다. 케이만군도, 버진아일랜드 등이다. 역외금융센터 운영을 통해 각 국가는 자본시장 발전, 고용 촉진, 선진화, 조세수입, 국내경제의 국제화 등을 꾀하는데, 한편으로는 투기성 자금의 유출입으로 국내금융시장의 건전한 발전을 저해할 가능성도 상시로 존재한다.

이슬람금융(Islamic Finance)

중동지역을 중심으로 오일머니를 바탕으로 성장세를 보이는 독특한 형태의 금융이다. 화폐의 상품으로서의 가치를 인정하지 않아 대출하고 이자를 받는 행위가 금지되어 대신 실물자산의 매매나 이용을 통해 얻는 이윤을 배당하는 방식으로 투자자들에게 대가를 지급한다. 대표적인 금융상품으로 수쿠크(채권), 타카풀(보험) 등이 알려져 있다.

2. 국제채권시장

(1) 국제채권시장의 의의

① 개념

국제채권시장은 기업, 정부 등의 경제주체가 해외에서 채권을 발행하여 자금을 조달하고, 이렇게 발행된 국제채권이 유통되는 시장으로서 국제금융시장의 주요 부분을 차지한다. 자금조달비용 상의 자금조달비용 상의 이점 또는 투자계획에 적합한 조건을 찾아 국제금융시장에서의 채권발행을 모색하게 되는데 국제채권시장은 국내발행에 비해 규제가 적은 완전시장에 가깝고, 국내자본조달에서 올 수 있는 제한도 받지 않아 발전하게 되었다.

② 구분

국제채권시장은 크게 유로채(Euro bond)와 외국채(foreign bond)로 구분한다. 유로채는 채권금액에 표시된 통화가 아닌 다른 국가에서 발행되는 채권으로서 무기명으로 발행한다. 예를 들어, 미국기업이 일본에 가서 엔화자금을 조달하면 유로달러채권이 되고, 일본기업이 미국에 가서 달러화자금을 조달하면 유로엔채권이 된다.

외국채는 외국기업이나 정부가 채권금액 표시통화 국가에서 발행하는 채권으로서 외국채의 경우 통화표시 국가에서 발행되므로 그 나라의 규제를 받게 되며, 이러한 규제에 따라 차입비용이 상승할 수도 있다. 예를 들어, 미국기업이 일본에 가서 달러화자금을 조달하는 경우이다. 따라서 외국채는 미국, 일본 등 상대적으로 채권시장이 잘 발달되고 시장규모가 큰 나라의 금융시장에서 발행된다. 외국채로는 양키본드(미국), 사무라이본드(일본), 불독본드(영국), 김치본드(한국), 메이플본드(캐나다), 캥거루본드(호주) 등이 유명하다.

※외국채: 양키본드(Yankee bond), 사무라이본드(Samurai bond)

미국이나 일본 이외의 국가소재 기관이 미국이나 일본에 가서 달러화/엔화 채권을 발행하는 것. 예를 들어, 우리나라 기업이 미국에서 달러화 채권을 발행하면 양키본드, 일본에서 엔화 채권을 발행하면 사무라이본드가 된다.
특히 2000년대 일본의 초저금리(1%~2%수준)에 따라 사무라이본드 발행이 급격히 증가하기도 하였다.

③ 유로채권시장의 발달

국제채권시장의 발전은 주로 유로채의 발전과 맥을 같이 한다. 뉴욕, 런던, 홍콩과 같은 국제금융센터에서 규제를 최소화하고 잘 발달된 시스템구조에서 유동성이 높고 낮은 자금비용에 편리하게 자금을 조달하게 되었기 때문이다. 1963년 이탈리아 도로공사가 U$15,000,000의 유로달러채권을 런던에서 발행한 것이 유로채권시장의 효시이다. 특히 미국 내 금융시장에서 발행할 경우 높은 이자소득세(interest equalization tax, regulation Q)를 부과함에 따라 미국 외 지역에서 달러채권을 발행할 유인이 커져 이 규제정책이 1974년 폐지될 때까지 유로달러채권시장이 유로채권시장 성장의 원동력이 되었다. 그리고 미국 내 규제정책을 폐지한 이후에도 변동환율제 체제하에서 각 국가에서 유로채권을 이용하게 됨으로써 유로채권 시장은 지속적으로 성장하였다. 그리하여 미국의 조세정책 조정에도 불구하고 외국채인 양키본드보다 유로달러채권이 계속 인기를 누렸다. 또한 1970년대 석유파동, 변동환율제도 시행, 1980년대 이후 금융혁신과 시장환경 변화에 따라 투자자 또는 차입자의 요구에 맞는 발전과 더불어 국제채권시장의 성장이 이어지게 되었다.

(2) 국제채권시장의 구조

① 참가자

국제채권시장의 참가자는 채권발행기관(차입자), 투자자, 중개기관으로 크게 구분한다. 채권발행기관(차입자)은 세계은행(World Bank), 아시아개발은행

(ADB) 등의 국제기구, 각 국가의 중앙정부나 지방정부, 공기업, 다국적기업 등이다. 투자자는 기관(중앙은행, 연기금 등 기관투자가), 개인이 있으나 주로 기관투자가가 차지한다. 중개기관은 발행과 투자를 연결시켜주는 고리역할을 수행한다. 시장조성, 발행시장 인수 및 판매기능, 유통시장 중개 및 딜링, 자문서비스 등을 제공하며 높은 전문성이 요구되어 대형 국제투자은행으로 집중화되는 경향이 있다.

국제채권 발행의 특징은 채권의 발행이 대부분 통화스왑이나 금리스왑과 연계되어 발생되는 경우가 일반적이므로 스왑딜러로서 중개기관의 역할을 수행한다는 점이다. 즉, 다른 국가의 통화표시채권이라도 이를 발행하고, 이후 스왑을 통해 원하는 통화로 전환함으로써 보다 유리한 조건의 자금을 조달한다는 것이다.

② 중개기관의 역할

■ 발행 준비(origination)

발행기관과 인수계약을 체결하고 차입구조, 발행가격 등을 조정한다. 특히 발행가격 산정이 중요한 비중을 차지하는데, 주로 유사한 조건의 채권을 벤치마크수익률로 산정하여 이를 기준으로 발행가격을 산출한다.

■ 인수단 구성(syndication)

주간사 또는 공동간사를 중심으로 채권을 인수할 인수단(syndicate)을 구성한다. 대부분이 단일인수기관이 아닌 여러 인수기관으로 구성된 신디케이트로서 인수단에 참여하는 은행 등의 금융기관에 일정한 비율로 채권을 배정한다.

■ 판매, 배정(distribution)

인수한 채권을 시장에 판매하는 과정으로, 실제 채권이 발행되어 나오기 전에 인수계약서 등을 통해 배정받은 물량에 대한 판매가 이루어진다.

■ 시장거래(trading)

시장의 유동성을 제고하기 위해 채권발행이 이루어지면 각 참여금융기관을 중심으로 활발한 시장거래가 이루어지기 시작한다.

③ 국제채권시장의 상품 구성

상품의 구성은 크게 채권(bond)과 노트(note)로 이루어진다. 노트(note)는 일반적으로 만기가 비교적 짧은 채권, 채권(bond)은 일반적으로 만기가 중장기이며, 고정금리로 발행된다.

〈표 13-1〉 유로 단기채와 중장기채

단기채	중장기채
• 국채 가운데 T-Bill • 기업어음(CP) • 양도성예금증서(CD) • 어음(acceptances) ※단기채는 별도의 인수과정없이 발행 후 바로 시장에서 판매됨.	• 국채(T-Band, T-Note) • 회사채, 전환사채(CB), 신주인수권부사채(BW) • EMTN(euro medium tem note) • 이중통화채(dual currency notc) • 담보부증권(MBD, ABS)

전통적으로 고정금리채와 변동금리채의 비중에서는 고정금리채의 비중이 변동금리채보다 많다. 발행지역은 미국이 가장 다수를 차지하고, 기타 지역(유로지역) 가운데 일본의 비중이 큰 편이다. 발행 표시통화는 달러〉유로〉엔〉기타 통화의 순서로 달러와 유로, 엔화의 비중이 절대적이다. 유로채와 외국채를 볼 때 유로채가 외국채보다 압도적으로 많다.

발행되는 주요 상품에는 변동금리부채권(FRN, floating rate notes), 전환사채(CB), 신주인수권부사채(BW), 이중통화채권(dual currency note), 자산담보부증권(ABS), 주택저당채권(MBS), 미국국채(TB), 유로CP, EMTN 등이 있다. 변동금리부채권의 경우 통상 리보금리에 기간별(3개월리보, 6개월리보), 금리계산(3개월 평균금리인가, 현재 금리인가), 스프레드(가산금리를 얼마나 할 것인가) 등을 조정하여 적용한다. 유로CP는 국내CP처럼 단기

기업자금조달수단이고, 조달한도와 일정기간을 정하여 1개월에서 3개월 만기로 발행한다. 만기연장이 가능하며 차환발행(roll over)을 하는 것이 일반적이다. 만기가 짧아 채권발행에서 인수과정이 없이 곧바로 판매되므로 발행비용이 저렴하다. EMTN은 유로CP의 만기가 1년이상 5년 이하로 길어진 형태이다.

이중통화채권(dual currency note)은 채권과 통화스왑이 결합된 형태로서 채권의 표시통화와 이자지급통화가 서로 다른 채권이다. 두 통화 가운데 금리가 높은 통화를 이자지급통화로 하는 것이 일반적이다.

(예) 엔/달러 이중통화채권

채권의 원금(액면)은 엔화표시로 일본내 투자자들의 환위험을 제거하는 한편 이자지급을 금리가 낮은 엔화가 아닌 금리가 더 높은 달러로 전환하여 투자수익률을 높임으로써 일보내 투자자의 투자유인을 제고함.

하지만 이자가 달러로 지급되는 관계로 달러가치가 이자수익 이상으로 하락하면 손실을 입게 됨.

3. 국제주식시장

(1) 각 국의 주식시장과 주가지수

① 주식시장 국제화

1980년대 이후 각국 정부의 자본시장 개방 및 금융규제 완화정책(예: 1980년대 초반 영국의 Big Bang) 등으로 국제주식투자가 양적으로, 질적으로 크게 성장하였다. 특히 주요국의 증권거래소는 외국기업의 상장을 적극 유치함으로써 주식시장 국제화의 주요 계기가 되었다. 이러한 국제화를 통해 국제금융시장에서 국제주식시장이 중요한 부분이 되었고, 1990년대 후반 이후에는 국제자본이동의 가장 중요한 흐름으로 자리잡았다. 우리나라도 1984년 외국인전용수익증권인 KF(Korea Fund) 발매로부터 자본시장 개방이 간접적으로 허용되었고, 1992년 1월부터 외국인의 직접 국내주식투자가 본격적으로 개시되었다.

② 국제주식투자의 양상과 효과

국제주식투자는 몇 가지 양상을 띠고 있는데, 다음과 같다.

- 연기금 등 투자자가 국제분산투자 차원에서 외국 거래소에 상장된 주식에 직접투자하는 방식 → 외국기업 주식을 편입시키는 포트폴리오 분산투자 기회 제공
- 기업이 ADR, GDR 등을 통해 국내와 외국 거래소에 복수상장(multiple listing)하는 방식 → 해외시장에서 주식발행을 통해 자금조달
- 각국 주식시장 제휴 또는 통합하는 방식 → 유럽 주식시장 통합, 사이버거래의 발전 가속화

한편 국제주식시장간에 자본이동이 자유로워지면서 각 국가간의 주가의 움직임이 상관관계가 높아졌지만, 나라 별로 경제상황과 주기가 달라 국제분산투자 이점은 여전히 큰 편이다.

② 복수상장

금융의 세계화에 따라 세계적인 대기업은 다수의 세계 주요 증권거래소에 복수상장(multiple listing)되어 거래되고 있다. 우리나라의 경우도 2009년 2월 현재 3개의 외국기업이 상장되어 있다(직상장의 형태 2개 기업, DR의 형태 1개 기업). 외국기업을 자국의 거래소에 상장을 허용하는 데에는 국가마다 다른 상장요건을 적용하고 있지만 그 추세는 점점 커지고 있다. 외국에 주식을 상장하는 방법으로는 주식예탁증서(DR)를 발행하여 거래소에 상장하는 예탁증서방식(간접상장)과 원주(元株)를 직접 상장하는 직수입거래 방식이 있다.

복수상장에는 상장비용 등의 비용이 수반되지만 협소한 국내자본시장을 벗어나 규모가 큰 해외시장에서 자본을 조달할 수 있는 기회를 마련하고 해외 고객들에 대해 홍보하는 등의 효과가 크기 때문에 세계적인 대기업의 입장에서는 유인이 큰 편이라고 볼 수 있다.

〈표 13-2〉 주요국 거래소와 주가지수

국 가	거래소	주가지수
한 국	한국거래소	코스피지수, 코스닥지수
미 국	뉴욕증권거래소(NYSE) 나스닥거래소(NASDAQ)	다우존스공업평균지수(DJIA30) 스탠다드 앤드 푸어스지수(S&P500) 뉴욕거래소지수(NYSE Composite 1500)
캐 나 다	토론토거래소(TSE)	토론토지수(TSE100, TSE200)
일 본	동경거래소(TSE)	니케이지수(Nikkei 225) 토픽스지수(Topix)
홍 콩	홍콩거래소(HKSE)	항셍지수(Hans Seng Index 33)
싱가포르	싱가포르거래소	스트라이트지수(Straits Times Index 30)
호 주	시드니거래소	시드니거래소지수(All Ordinaries)
프 랑 스	파리거래소	CAC 40지수 SBF 120, 250 지수
독 일	프랑크푸르트거래소	닥스지수(Xetra DAX 30)
이탈리아	밀라노거래소	BCI All Shares 300 지수 BCI 30 지수
네덜란드	암스텔담거래소	암스텔담거래소지수(AEX)
스 위 스	쥬리히거래소	스위스시장지수(Swiss Market Index 21) SBC Index
영 국	런던거래소	FTSE 100지수 FT All shares 750 지수 Financial Times 30 지수
중 국	상하이거래소 심천거래소	상하이거래소지수 심천거래소지수

(2) 국제주식투자 수단

국제주식투자를 위한 수단으로는 해외 직접투자, 주식예탁증서 매입 및 펀드 투자가 있다.

① 해외 직접투자

외국 증권거래소에 상장된 주식을 직접 매입 또는 매도거래하는 것으로 거래하고 있는 금융투자회사의 해외지점이나 코레스관계를 체결한 현지 금융기관을 통해 매매주문을 처리한다. 통화의 환전서비스가 발생하고, 중개수수료가 이중으로 발생하는 등 거래비용은 일반적으로 국내보다 비싼 편이다. 하지만 대부분의 국가에서 외국인 주식투자에 대한 제한을 철폐하였고, 투자펀드 등을 통해 국제투자의 비용이 낮아지고 있는 추세이다. 최근에는 특히 통신기술의 발달로 인한 사이버거래의 활성화로 거래비용 및 거래방법이 저렴해지고 간편해졌다.

이와 같이 해외직접투자는 국내투자에 비해 환위험과 국가위험을 추가로 부담해야 하고, 개발도상국이나 신흥시장에 투자하는 경우 이러한 위험은 더욱 커진다. 따라서 투자의 기대수익률도 높다. 환위험과 국가위험을 부담하는 반면에 국내시장에만 투자할 때보다 분산투자에 의해 시장위험이나 개별주식위험이 크게 감소하므로 부정적이라기 보다 긍정적 효과가 크다고 볼 수도 있는데, 특히 펀드와 같은 간접투자상품은 이러한 효과가 더욱 크게 나타난다.

② 주식예탁증서(DR)

은행이 대규모의 외국증권을 사들이고 이를 신탁계정(trust)에 예치한 후 신탁자산을 기초로 발행한 증권을 주식예탁증서(depository receipt, DR)이라고 하며, 이를 거래소에서 거래하게 되는 상품이다. 전술한 대로 ADR(American DR)은 미국시장에서 거래되는 미국주식예탁증서, EDR(European DR과 JDR(Japanese DR))은 각각 유럽과 일본시장에서 거래되는 유럽주식예탁증서, GDR(Global DR)은 국제금융시장 전체를 대상으로 하는 주식예탁증서이다.

우리나라에도 외국기업의 주식이 DR형태로 상장되어 있는데 신문의 주식시세면에 외국기업으로 표기되어 있고 이들을 KDR(Korean DR)이라고 한다.

주식예탁증서의 주요 특징

첫째, 기초주식 한 주와 주식예탁증서 한 주가 서로 일대일(1:1) 대응이 아니라는 점이다. 원주와 주식예탁증서의 비율은 발행하는 신탁은행에 의해 정해지므로 가격 움직임이 동일하지 않게 된다.

둘째, 주식예탁증서 공급이 제한적이므로 해당 국가 증권거래소의 수급에 의해 가격이 결정되어 거래되지만 국내 원주의 가격과 큰 괴리를 보이지 않고 유사한 패턴을 보이게 된다. 가격이 차이를 보이는 경우도 있지만 이 때 국제적인 헤지 펀드나 투자자들이 가격차이를 이용하여 차익을 거두려는 거래(arbitrage)를 하게 되므로 다시 균형에 이르게 된다.

셋째, 주식예탁증서가 매우 활성화되는 해외투자방식이지만 주식예탁증서의 소유권이 외국증권에 대한 소유권이 아니라는 점이다. 주식예탁증서는 신탁계정에 대한 소유지분, 즉 간접적 지배권을 나타낸다.

③ 펀드투자

간접투자상품인 컨트리펀드(country fund) 또는 글로벌펀드(global fund)에 투자하는 방법으로 글로벌펀드는 특정 국가에 투자하는 컨트리펀드와 달리 전 세계지역을 대상으로 주로 개방형으로 펀드가 설정되어 있다는 차이가 있다.

컨트리펀드는 해외주식투자로 고수익을 경험한 투자자들이 외국의 주식을 포트폴리오에 편입하기 시작하면서 각광을 받기 시작하였다. 예를 들어, 미국의 투자자가 한국 주식시장의 상승세가 기대되면 포트폴리오에 한국기업의 주식을 상당량 편입하게 되는데, 이 때 개별기업 주식보다는 한국 주식시장 전체의 성장성을 보고 투자하는 것이므로 개별기업보다는 해외 주식시장 전체에 대한 전망으로 투자할 때 적절하게 이용할 수 있는 수단이 컨트리펀드이다. 대부분의 주요 국가에 대한 펀드가 형성되어 있으며, 인접지역 국가 여러 곳을 포괄하여(예: 태평양연안, 유럽지역, 신흥국가시장, 남미지역, 브릭스지역) 이를 대상으로 한 컨트리펀드(섹터펀드)도 등장하고 있다.

글로벌펀드는 본국을 포함하여 글로벌 포트폴리오를 구성한 펀드이다. 흔히 대형 뮤추얼펀드가 운용한다. 컨트리펀드에 비교할 때 각 국가나 특정지역이 지닌 개별적 비체계적위험을 제거하고 전체 세계시장의 체계적 위험만을 보유하게 된다는 큰 특징이 있다.

(3) 우리나라의 자본 자유화와 주식시장 국제화

① 자본 자유화

우리나라의 자본 자유화는 1984년 컨트리펀드로서 외국인의 한국주식간접투자펀드인 코리아펀드(KF)가 발매됨으로써 시작되었다. 코리아펀드는 외국 거주인으로부터 자금을 모아 국내주식에 투자한 후 그 수익금을 외국 거주인에게 분배한 펀드이다. 이후 경제개방 추이와 금융시장개방압력이 높아져 단계적 자본 자유화 계획이 발표되어 1992년 1월 외국인 직접주식투자를 허용하였으나 투기자금의 유입과 시장 불안정화 우려 때문에 제한적으로 운영하였다(종목당 5% 투자한도 설정). 그러던 것이 1997년 5월 종목당 23%까지 확대되었고, 1997년 12월 외환위기와 함께 외국인투자한도를 완전 철폐, 1998년 완전 자유화를 실시하였다.

② 주식시장 국제화의 영향

주식시장 국제화는 먼저 국내 주식시장에서의 외국인의 영향력을 크게 확대하였다. 이는 우수한 경영시스템 도입, 경영 투명성 제고, 금융기법 발달, 외자도입 효과, 시장효율성 제고, 지배구조의 변화 등 긍정적인 영향을 가져오기도 했지만 시장불안정화 요인도 함께 증가하였다. 즉, 급격한 투기자금의 유출입, 외국인의 국내기업 인수합병, 여타 금융시장 자유화와의 관계 등에서 외국인 주식투자 자유화는 단점도 초래하였다.

③ 주식시장 국제화와 국제분산투자

국제분산투자는 투자대상을 국내상품에 국한하지 않고 해외 투자상품까지 포함시켜 투자포트폴리오를 구성하는 것이다. 국제분산투자는 분산투자효과, 환위험효과를 동시에 만족시킨다.

■ 분산투자효과

국내에만 투자하는 경우보다 자산 간의 상관관계가 낮은 외국증권을 포함함으로써 포트폴리오 분산투자 효과를 높이게 된다

■ 환위험효과

여러 국가의 통화에 투자하는 효과가 있어 상관관계에 의한 분산투자와 더불어 환위험을 감소시키게 된다. 즉, 한 나라의 통화가치 감소는 다른 나라의 통화가치 증가로 상쇄된다는 것이다. 하지만 새로운 환위험 발생이라는 부정적 측면으로 외국주식에 대한 투자비중은 현실적으로 아직은 국내투자에 비해 크게 낮은 수준이다.

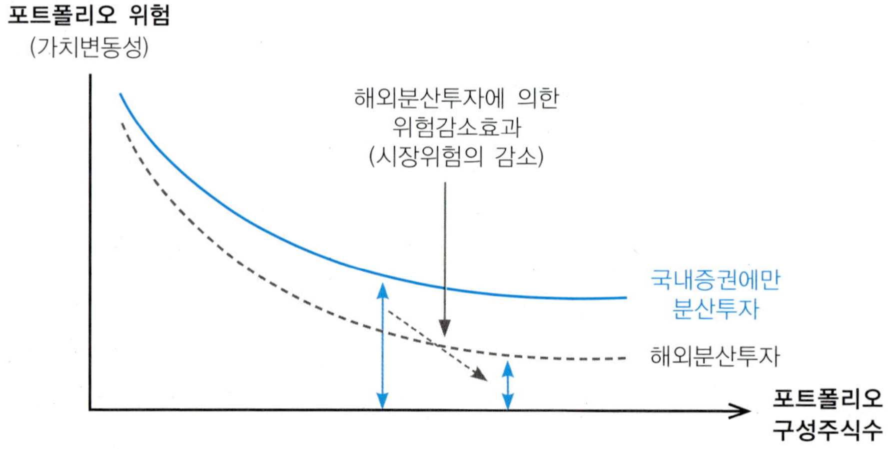

[그림 13-1] 국제분산투자의 효과

④ 세계 증권시장의 통합과 동조화

국제자본이동의 자유화로 각 국의 자본시장간 가격 차이를 이용한 차익거래가 가능해져 국가 간의 실질수익률 차이가 줄어들고, 동일한 위험에 대한 위험프리미엄도 유사해지는 등 통합현상이 나타나는 현상을 동조화(synchronization)라고 한다. 세계 증권시장이 동조화되면 국내와 외국의 실질수익률은 같아지며, 국내투자와 국제투자의 구분도 없어지게 된다. 또한 동조화 현상의 진행은 가격균형이라는 시장효율성은 제고하는 기능이 있지만 국제분산투자효과를 약화시키게 된다. 하지만 현실적으로 환위험, 국가 간 장벽, 물질적 거래비용, 정치사회적 위험, 금융제도의 차이 등으로 완전한 통합은 어렵다고 볼 수 있다.

(4) 국제금융시장과 차익거래

차익거래는 자산의 가격이 시간 또는 장소에 따라 다른 상황을 이용하여 저평가된 때나 지역에서 자산을 매입하여 이를 고평가된 때나 지역에서 매도함으로써 이익을 얻는 거래이다. 이러한 차익거래의 기회가 존재하지 않는 가격을 차익거래균형가격이라고 한다. 국제금융시장의 발달은 세계 각 국의 금융시장을 이용하여 차익거래를 거둘 수 있는 기회를 발생시키기도 한다.

■ 차익거래와 차익거래균형가격의 예

뉴욕증권거래소(NYSE)와 런던증권거래소(LSE)에서 동시에 거래되고 있는 HUFS Co. 주식의예를 들어 차익거래와 차익거래균형가격을 설명해보자.
HUFS 주식이 양 증권시장에서 거래되고 있으며, 환율은 $1.6/£이다. 그런데, 동 주식이 뉴욕에서는 $170, 런던에서는 £100에 거래되고 있다면 런던에서 1주를 매입하여 뉴욕에서 이를 매도함으로써 주당 $10의 차익거래이익을 거둘 수 있게 된다.

런던시장에서 매입하여 뉴욕시장에서 매도	$160에 매입하여 $170에 매도하므로 주당 $10 차익

이러한 차익거래 기회에 따라 뉴욕에서 공급을 증가시키고, 런던에서는 수요를 증가시키게 되어 두 증권시장에서의 거래가격이 균형을 이루게 된다. 즉, 뉴욕에서는 가격하락이, 런던에서는 가격상승이 나타나 차익을 발생시키지 않는 가격을 형성하고, 이 가격이 HUFS의 균형가격이 된다는 것이다.

런던시장에서 수요 ↑ (가격 ↑) 뉴욕시장에서 공급 ↑ (가격 ↓)	균형 회복	차익거래 기회 소멸 차익거래균형가격 형성

학습정리

01. 국제금융시장은 외환시장을 포함한 국제적 자금 대차거래의 집합을 의미한다. 유로통화시장과 같은 곳은 유로예금을 형성하여 국제금융시장에 유동성을 제공하는 역할을 수행한다.

02. 국제금융시장의 핵심적 위치에 있는 유로시장은 이익추구와 시장원리에 따라 다른 어느 시장보다 통합된 시장으로서 높은 정보력을 가지고 최적의 거래조건을 얻기 위해 치열하고 효율적인 국제금융시장을 이루게 되었다.

03. 국내거주인이 아닌 외국인들간에 금융거래가 이루어지는 역외시장은 자본시장을 발전시키고 국내경제의 국제화를 가져오는 장점이 있지만, 투기성자금으로 인해 건전한 자본시장 육성이 저해될 수도 있다.

04. 국제채권시장은 국내발행에 비해 규제가 적은 완전시장에 가깝고, 국내자본조달에서 올 수 있는 규모나 자본비용상의 제한도 받지 않아 발전하게 되었다. 유로채는 채권금액 표시통화가 아닌 국가에서 발행되는 채권, 외국채는 채권금액 표시통화 국가에서 발행되는 채권이다.

05. 이중통화채권(dual currency note)은 채권과 통화스왑이 결합된 형태로서 채권의 표시통화와 이자지급통화가 서로 다른 채권으로서 금리가 높은 통화를 이자지급통화로 하는 것이 일반적이다.

06. 1980년대 이후 각국 정부의 자본시장 개방 및 금융규제 완화정책 등으로 국제주식투자가 양적으로, 질적으로 크게 성장하였고 1990년대 후반 이후에는 국제자본이동의 가장 중요한 흐름으로 자리잡게 되었다.

07. 국제주식투자는 해외 직접투자, 주식예탁증서 매입, 펀드투자 등을 통해 이루어진다.

08. 우리나라의 자본시장 자유화로 인해 외국인의 영향력이 확대되면서 우수한 경영시스템 도입, 경영 투명성 제고, 금융기법 발달, 외자도입 효과, 시장효율성 제고, 지배구조의 변화 등의 장점이 있지만 이들이 시장불안정화 요인으로 작용하는 단점도 초래하였다.

09. 국제분산투자는 분산투자효과, 환위험감소효과 등으로 투자수익률을 제고하고 위험을 감소시키는 효과가 있는데, 각 국의 주식시장 동조화 현상은 가격균형이라는 효율성을 제고하는 반면 국제분산투자의 효과를 약화시킬 수 있다.

INDEX

ㅇ

ㅈ

ㅊ, ㅋ

ㅌ, ㅍ

ㅎ

S

T

U

V

W

Z

참고문헌

백재승(2016), 증권시장의 이해, 명경사
백재승(2011), 외환시장의 이해, 명경사

Financial Market

금융시장의 이해

2019년 2월 22일 초판인쇄
2019년 2월 25일 초판발행

저 자 백재승
발 행 인 석종환
디 자 인 정현진
발 행 처 도서출판 예림

서울특별시 광진구 아찬산로78길 170 한강빌딩 207호
Tel: 02) 921-6045~6 Fax: 02) 921-4524
E-mail: yaelim21c@hanmail.net
http://www.yelimbook.com

등록번호 제 1-2685호
ISBN 978-89-6475-158-9

정가 22,000원